FOLIO BIOGRAPHIES

collection dirigée par

GÉRARD DE CORTANZE

Modigliani

par

Christian Parisot

Gallimard

Crédits photographiques

Nous tenons à remercier tous les collectionneurs dont les œuvres sont reproduites ici : Lydie Lachenal et Ken Ritter, Laure Modigliani-Nechtschein, Sarah Nechtschein, Daniel François-Damboise, Isabelle Muller, Claude Séférian, Sylvie Buisson, Gérard-Georges Lemaire, Rosemarie Napolitano, Pascale Lismonde, Claude Mollard ainsi que le Musée de Montparnasse.

Toutes les photos proviennent du Modigliani Institut Archives Légales.

Historien et critique d'art, professeur à l'Institut d'arts visuels d'Orléans, Christian Parisot a publié plusieurs ouvrages consacrés à la vie et à l'œuvre de Modigliani, dont les trois premiers tomes du *Catalogue raisonné*, et organisé, dans les plus importants musées du monde, plus de vingt expositions consacrées à cet artiste et à l'École de Paris. Directeur des Archives légales Amadeo Modigliani, à Paris et à Livourne, Christian Parisot est aujourd'hui la référence absolue quant aux études et à la classification des œuvres de l'artiste.

38 via Roma

La lune descendante jouait à cache-cache avec les nuages qui s'effilochaient, lentement déchirés par le sirocco, et laissaient derrière eux de longues traînées blanchâtres comme une queue de comète. Bercée par la mer, Livourne languissait dans la torpeur moite et le silence épais de la nuit d'été.

Dans l'hôtel particulier à deux étages des Garsin-Modigliani, situé au centre de la ville, au 38 via Roma, après douze ans de mariage, Eugénie Garsin attendait la naissance imminente de son quatrième enfant. Elle avait vingt-neuf ans. Son mari, Flaminio Modigliani, en avait quarante-quatre.

La nuit avait été longue, oppressante, peuplée de rêves prémonitoires. À plusieurs reprises Eugénie s'était levée pour trouver, près de la fenêtre de la cuisine ouverte sur le jardin, un peu de soulagement à sa souffrance. À l'approche de l'aube, à peine rafraîchie par une brise odorante de menthe mélangée de lavande et de romarin, Eugénie s'était enfin assoupie malgré le grincement des fiacres et le bruit des sabots sur la chaussée.

Depuis une semaine, des parents Garsin étaient

venus, pour la plupart de Marseille. On les avait installés au premier étage. Le deuxième était occupé par la famille Modigliani : Eugénie, Flaminio, et leurs trois aînés, Giuseppe Emanuele, douze ans, qui deviendra député socialiste ; Margherita, neuf ans, qui sera institutrice, et Umberto, six ans, futur ingénieur des mines. Ils attendaient tous l'heureux événement avec impatience.

— Vite, vite, réunissez tous les objets précieux que vous pourrez trouver dans la maison et apportez-les sur le lit de votre maman ! avait ordonné Flaminio d'une manière un peu brusque.

Réveillés en sursaut aux premières lueurs du jour, les trois enfants encore ensommeillés s'empressèrent d'obéir à leur père, ramassant avec gravité, et sans en comprendre la raison, tout ce qu'ils pouvaient trouver de petits trésors domestiques sur les meubles et dans les tiroirs. Les parents du premier étage, alertés par le remue-ménage, étaient montés en hâte, fébriles et chuchotants, pour se joindre aux enfants et participer à ce jeu qui consistait à entasser bijoux, argenterie, tableaux, dentelles, sur et sous les draps d'Eugénie. Mais eux savaient pourquoi : la veille, Flaminio leur avait confié que ses affaires allaient mal, son entreprise de bois et charbons en Sardaigne était au bord de la faillite. Il savait, et leur avait révélé, que ce matin-là des huissiers viendraient le saisir et jetteraient sur le pavé une grande partie de ses biens. Mais il connaissait aussi une très providentielle loi selon laquelle on ne pouvait pas saisir les objets qui se trouvaient sur le lit d'une femme sur le point d'accoucher, et il avait décidé de l'appliquer à la lettre.

Une heure plus tard, les coups sourds et répétés du heurtoir, frappés violemment contre la porte de la maison, matérialisaient la mauvaise nouvelle tellement redoutée par Flaminio. La chaleur, l'énervement général ajoutaient à la contrariété du moment. Il alla ouvrir, la mort dans l'âme. Les deux huissiers se présentèrent. L'un d'eux sortit de sa serviette de cuir une liasse de documents qu'il commença à lire d'une voix de fausset, procédurale et ridiculement solennelle ; et tandis que l'autre accomplissait les premières formalités d'inventaire, Eugénie se mit à gémir dans la pièce voisine. Elle demandait de l'aide.

— Vite, la sage-femme et le médecin ! commanda Flaminio.

Giuseppe Emanuele se précipita aussitôt chez Sara qui habitait tout près. La sage-femme qui avait déjà mis au monde les trois premiers enfants du couple accourut sans tarder.

Avant même l'arrivée du médecin de famille, ce vendredi 12 juillet 1884, à neuf heures du matin, le premier cri du nouveau-né résonna dans la grande maison. Eugénie venait de mettre au monde Amedeo Clemente sur la table de marbre noir de la cuisine. Huit jours plus tard, selon la tradition juive, le *mohel* pratiqua la circoncision de l'enfant, le faisant ainsi entrer dans la communauté en l'an 5644 du calendrier hébraïque.

Histoires de familles

Les deux familles, les Garsin et les Modigliani, toutes deux juives, connaissaient des fortunes diverses. Alors que les Garsin étaient parvenus à conserver une certaine aisance, surtout grâce à l'un des frères d'Eugénie, Amédée Garsin, qui s'était enrichi par des spéculations immobilières et commerciales, les Modigliani, eux, s'étaient appauvris au point de connaître l'humiliation de la faillite. Mais il n'en avait pas toujours été ainsi.

— Les Modigliani ont été banquiers du pape, murmurait-on à la maison, les jours où joindre les deux bouts devenait particulièrement difficile, racontera plus tard Jeanne, la propre fille d'Amedeo Modigliani.

En fait, la famille Modigliani, dont le nom proviendrait, selon toute vraisemblance, de Modigliana, un petit village de Romagne des environs de Forli, se serait dans le passé transférée à Rome à la suite d'un ancêtre, prêteur sur gages, qui aurait rendu d'importants services financiers à un cardinal. Jeanne Modigliani, doutait de cette mythologie familiale et en donna une version plus simple dans l'un de ses livres : « La vérité est plus modeste : En 1849, un Emanuele Modigliani avait été chargé par le gouvernement pontifical de fournir le cuivre nécessaire à des émissions extraordinaires de monnaie dans les deux ateliers pontificaux. » Il n'en reste pas moins qu'en échange des services rendus l'ancêtre s'était cru autorisé à acquérir un vignoble sur les coteaux d'Albani, au mépris d'une loi des États pontificaux qui interdisait aux juifs de posséder des terres. Mais bien sûr, il avait été aussitôt prié par les autorités ecclésiastiques de s'en défaire dans les vingt-quatre heures sous peine des plus graves sanctions. Furieux, il aurait alors décidé de quitter Rome avec toute sa famille pour s'installer à Livourne.

D'après une autre légende familiale, les Modigliani, et toute la communauté juive de Rome, auraient joué un grand rôle en soutenant, aux côtés de Garibaldi, le triumvirat du gouvernement de la République romaine, autoproclamée le 9 février 1849 contre le pape Pie IX. Pour la première fois, les juifs romains eurent le droit de quitter le ghetto et de se considérer comme des citoyens romains à part entière. Mais le triumvirat de Giuseppe Mazzini ne dura que cinq mois et capitula le 2 juillet sous les coups du corps expéditionnaire français commandé par le général Oudinot. La République tombée, beaucoup de juifs choisirent de suivre Garibaldi à travers l'Italie, les Modigliani, eux, auraient alors quitté Rome pour aller s'installer à Livourne à la fin de la même année.

En 1849, l'année même où la famille Modigliani emménageait à Livourne, Giuseppe Garsin installait la sienne à Marseille.

Les Garsin étaient originaires d'Espagne d'où, chassés par les persécutions, ils étaient passés à Tunis. Un ancêtre, lecteur et commentateur de textes sacrés, y avait fondé une école talmudique de grand renom à la fin du XVIIIe siècle. Ils s'étaient ensuite transférés à Livourne où Giuseppe Garsin, tout d'abord prénommé Moïse mais dont on avait par la suite, selon une vieille coutume, changé le nom pour conjurer le mauvais sort qui l'affligeait de nombreuses maladies infantiles, était né le 6 février 1793 de Salomon Garsin et de Régine Spinoza. À une époque que rien n'a pu permettre de déterminer avec précision, la veuve de Salomon, Régine Spinoza, resta seule pour subvenir aux besoins d'une famille nombreuse car, outre Giuseppe, elle avait deux autres fils, Giacomone et Isacco, un petit Cesare était mort en bas âge, et trois filles, Anna, Esther, Rachel. La veuve Spinoza-Garsin vivait modestement, élevant sévèrement toute cette nichée dans l'austérité et la dignité. Elle fit étudier ses fils et les poussa de bonne heure au travail. Giuseppe devint courtier, travailla d'arrache-pied et s'associa avec un certain Moscato dont il épousa la fille, Anna, pas très belle mais bonne, active et sensée. Leur maison commerciale de Livourne était prospère ; et elle prospéra jusqu'au moment où un bey de Tripoli qui devait une très grosse somme refusa de payer, ou plutôt, ne refusa pas de payer, mais tout en reconnaissant sa dette, fit valoir qu'il n'avait pas d'argent et ne pouvait l'honorer. Cette mésaventure mit le négoce familial en grandes difficultés. La forte perte subie obligea Giuseppe à procéder à une liquidation afin de reprendre l'activité sur un plus petit pied. Il ne manquait ni de courage ni de savoir-faire, mais les choses allèrent mal. Giuseppe décida alors de fermer définitivement le comptoir de Livourne et de s'embarquer avec toute sa famille pour Marseille où il avait de sérieuses relations commerciales sur lesquelles il espérait s'appuyer pour développer ses affaires avec la Tunisie.

À Marseille, après des premiers temps assez difficiles, les choses allèrent mieux, la maison commerciale refit des affaires, prit de l'importance et Giuseppe fut bientôt connu et estimé sous le nom de « Consul de Livourne ». Giuseppe Garsin et Anna Moscato avaient un fils : Isaac. L'année même de leur installation à Marseille, en 1849, Isaac épousait sa cousine germaine, Régine Garsin, la fille de son oncle Isacco. Eux aussi donneront naissance, coup sur coup, à un grand nombre d'enfants, et parmi les sept restés en vie, Eugénie, arrivée le 28 janvier 1855.

Même après douze ans de mariage, Eugénie ignorait tout des déboires professionnels de son mari, d'autant plus qu'elle le voyait assez rarement. Flaminio passait la majeure partie de son temps en Sardaigne avec ses frères, Abramo et Alberto, pour essayer coûte que coûte de maintenir en vie une entreprise familiale qui s'enfonçait malheureusement dans les dettes de jour en jour.

Dans la première moitié du XIXᵉ siècle, leur grand-père, Abramvita, et leur père, Emanuele Modigliani, avaient acheté dans les environs de Cagliari une propriété qu'il était encore possible de déboiser et d'exploiter en bois et charbons grâce à une concession accordée par le ministre de l'Agriculture, du Commerce et de la Marine de l'époque, Camille, comte de Cavour. Quelques années plus tard, ils agrandissaient le patrimoine et se trouvaient ainsi, entre Macomer, Oridda et Domus Novas, à la tête de soixante mille hectares comprenant douze mille hectares de terrain agricole, une forêt et vingt-cinq zones minéralogiques. L'acte d'achat notarié, conservé dans les Archives historiques de l'Université de Cagliari, porte la date de 1862. La partie la plus fertile de ce vaste domaine se trouvait à Grugua. Les Modigliani décidèrent d'y faire construire une belle résidence et une ferme modèle.

Des trois enfants du chef de famille, Flaminio était celui qui participait avec le plus d'enthousiasme à l'activité. Dès 1862, il s'était installé dans la maison de Grugua, et tout en continuant à développer l'exploitation agricole, il commençait également à s'intéresser à l'activité minière. En 1863-64, on découvrit à Iglesias un important gisement de minerai de zinc dont une grande partie se trouvait sur les terres appartenant aux Modigliani.

La petite ville provinciale d'Iglesias, jusque-là insignifiante, fut alors subitement envahie par de nombreux spéculateurs, investisseurs, ingénieurs des mines, hommes d'affaires et politiciens. Elle connut un renom industriel européen. Des magasins, des boutiques, des auberges, des restaurants y surgirent, mais il y manquait un bel et grand hôtel moderne et confortable.

Parmi tous ces personnages, fraîchement établis en Sardaigne pour des raisons professionnelles, beaucoup de Toscans y avaient été amenés par leur expérience dans le milieu minier, et le bruit se répandit assez vite en Toscane : on avait besoin d'un bon et grand hôtel moderne en Sardaigne. Tito Taci, un entrepreneur toscan qui deviendra l'ami intime de Flaminio Modigliani, décida en 1870 d'y bâtir cet hôtel dans le centre historique d'Iglesias.

Le Lion d'or fut inauguré en 1872 et devint très vite le centre de toutes les réunions et transactions importantes. Et c'est au Lion d'or que Flaminio Modigliani se fit des amis parmi les hommes d'affaires et les politiciens avec lesquels il savourait les spécialités gastronomiques de la région : canard de la cuisinière ; galantine de poule farcie ; sanglier au cannonau, un grand vin rouge de Sardaigne. Les produits cultivés sur ses terres et le vin de ses propriétés trouvaient une place d'honneur sur la table de son ami hôtelier.

C'est aussi au Lion d'or, et par l'intermédiaire d'Enrico Serpieri, premier président de la chambre de commerce et d'industrie de Cagliari, que Flaminio Modigliani rencontra Isaac Garsin, le père de sa future épouse.

Lors d'un voyage à Marseille où les Garsin

avaient leurs activités commerciales, Flaminio fit la connaissance d'Eugénie. La décision de les fiancer fut prise par les parents à l'insu de la jeune fille qui n'avait alors que quinze ans. Le mariage, arrangé entre les deux vieilles familles liées par des relations d'affaires, eut lieu deux ans plus tard, et fut suivi par une série de grossesses, œuvres des brefs séjours de Flaminio dans la grande maison familiale des Modigliani à Livourne où Eugénie vivait, auprès de ses beaux-parents, parmi de nombreux beaux-frères, belles-sœurs, oncles, tantes, neveux, nièces et cousins de la tribu Modigliani.

Les vaches maigres

Le début de la vie conjugale fut terne pour Eugénie et, pendant les quinze années qui suivirent, son mari n'exista pratiquement pas pour elle. Matériellement, il était toujours absent ; il ne venait à Livourne que pour une dizaine de jours à Pâques et une quinzaine en été.

Les Modigliani semblaient alors jouir d'une certaine fortune. Preuve en est la première impression de luxe qu'Eugénie eut de la grande maison de via Roma, grouillante de domestiques, la table toujours dressée pour une foule de parents, alliés et amis qui se retrouvaient pour des repas plantureux, des réceptions incessantes dans les vastes salons en enfilade du premier étage et celui du rez-de-chaussée qui donnait sur le jardin. Mais cette vie aisée ne dura qu'une dizaine d'années et s'arrêta brusquement lorsque Flaminio se trouva face aux premières difficultés économiques, tant en Sardaigne qu'à Livourne. La famille était sans doute trop nombreuse à vivre sur les revenus de l'entreprise et la majeure partie des bénéfices s'en allait en dépenses absurdes, remboursements incessants de dettes, intérêts d'emprunts. Parallèlement, l'incompréhension entre les Garsin de Marseille et les Modigliani de Livourne, qui avaient mis quelques capitaux dans une succursale Garsin de Londres, grandissait. Liées par des questions financières et commerciales mal résolues, des actes notariés et des ergoteries d'avocats, les deux entreprises commerciales, celle des Garsin et celle des Modigliani, seront l'une et l'autre acculées à la faillite.

Ainsi le jour de la naissance d'Amedeo, le 12 juillet 1884, coïncida avec la première saisie faite aux Modigliani pour couvrir des taxes impayées sur la maison de Livourne et les propriétés de Sardaigne. Flaminio dut vendre le domaine de Grugua et la propriété minière de Salto di Gessa, mais malgré cela il ne renonça pas à ses affaires en Sardaigne et prit pension au Lion d'or chez son ami Tito Taci.

Peu auparavant, au moment du mariage d'Olimpia, la fille de son frère Alberto, avec un Giacomo Lumbroso — encore un mariage arrangé pour des questions d'intérêt —, il avait été obligé, frémissant de colère, d'accéder à la demande de la belle-famille de donner la maison de via Roma en garantie de la dot. À la suite de ce « magnifique » contrat de mariage, sans trop savoir comment Flaminio avait pu acquiescer à des manœuvres qui visaient à priver leurs enfants d'un toit, Eugénie vit la famille Lumbroso s'emparer de sa maison et séquestrer ses meubles.

Biens de plus en plus lourdement hypothéqués, soucis matériels quotidiens, le désastre est désormais irrémédiable. À Livourne, l'argent vient à manquer cruellement. La maison d'Eugénie est fort dépourvue :

> Je disais que je ne sentais jamais le froid, écrit-elle dans son *Histoire de notre famille*, car il m'eût été impossible de m'acheter un manteau d'hiver ; j'allais à pied quand tout le monde roulait en voiture. Bien entendu, la première économie se faisait sur la table ; la mienne était spartiate. N'avoir jamais même un verre d'eau à offrir, car entre autres mesquineries, ma maison manquait de service de table décent, ni linge, ni assiettes, ni rien... que le pur nécessaire.

Pour éviter le pire, la maison où Eugénie avait dû déménager après la saisie des Lumbroso fut mise à son nom. Désormais, elle assurera de plus en plus seule, avec beaucoup de courage, l'entretien et l'éducation de ses enfants, d'abord en donnant des leçons particulières de français ; par la suite en organisant une petite école privée avec sa sœur Laure.

La première institutrice d'Eugénie Garsin, Miss Whitfield, qui était anglaise, l'avait éduquée dans la discipline rigide, les principes stricts, voire étroits, et les manières formalistes des convenances protestantes de l'époque, lui inculquant la notion que la vie n'est pas une partie de plaisir mais bien un sacrifice permanent dont il faut accepter la souffrance sans regimber. Avait suivi une période plus heureuse et plus libérale dans une école privée française, catholique et mondaine, l'Institut Anceau de Marseille.

21

De langue maternelle italienne, Eugénie avait étudié l'anglais avec une bonne réussite scolaire, puis le français avec le même succès, au point de l'imposer en famille. Ajoutées à la culture juive-italienne familiale d'un ton intellectuellement élevé, ces influences contradictoires reçues dans sa jeunesse lui avaient ouvert l'esprit et la prédisposaient à l'enseignement. C'est l'ami chaleureux et dévoué des jours tristes, le professeur Rodolfo Mondolfi, à qui elle doit un peu de paix et d'apaisement dans ses moments les plus noirs, qui l'encourage à se tourner vers l'enseignement et lui donne la force de fonder une petite pension privée, avec sa sœur, et l'aide de quelques amis livournais : Marco Alatri ; Giuseppe Moro ; Padre Bettini, un prêtre catholique qu'Eugénie avait rencontré lors d'un séjour en villégiature à Vico et qui lui sera toujours d'un très grand réconfort moral ; et le professeur Rodolfo Mondolfi lui-même.

Dedo, le philosophe

Eugénie avait prénommé son fils Amedeo Clemente en hommage à son frère préféré, Amédée Garsin, son cadet de cinq ans, à cause de ses qualités morales et intellectuelles et aussi en souvenir de sa sœur, Clémentine, un sourire plein de bonté et d'intelligence et des yeux noirs merveilleux, morte à Tripoli deux mois avant la naissance de Dedo, comme on avait surnommé Amedeo.

Le père d'Eugénie, Isaac Garsin, qui dans sa jeunesse à Marseille avait été un jeune homme brillant, élégant, distingué, puis un courtier habile et estimé, habitué de la bourse du commerce, avait dû fermer boutique et liquider les succursales de sa maison commerciale à Londres et à Tunis. Il s'était ensuite brouillé avec toute sa famille, ses associés, ses collaborateurs, et ayant de surcroît perdu sa femme, avait commencé à donner des signes évidents de déséquilibre. En 1886, on l'avait envoyé habiter chez sa fille Eugénie, à Livourne, où il terminera sa vie. Il parlait plusieurs langues, jouait aux échecs, vivait dans le souvenir nostalgique de son passé radieux et pas encore complètement oublié, mais il devint très vite un vieillard grognon, despote et coléreux, souvent en proie à des crises de dépression. Seul, le petit Dedo qui n'a encore que deux ans, « un rayon de soleil fait enfant. Un enfant un peu gâté, un peu capricieux, mais joli comme un cœur » comme disait sa mère, le comprenait et devint son compagnon inséparable.

Dès que Dedo sut marcher, son grand-père prit l'habitude de l'emmener se promener le long des quais et sur le Vieux-Port. Ensemble, ils contemplaient la mer, admiraient les grands bateaux dans le Nouveau-Port cerné par son môle en hémicycle, allaient voir les trains à vapeur entrer en gare, rêvaient de lointains voyages, se plaisaient dans l'agitation et le vacarme des marchés, regardaient passer les nuages dans les couchers de soleil flamboyants, écoutaient pleurer les mouettes. Au pied de la statue du grand-duc Ferdinand Ier flanqué de ses quatre esclaves mauresques, les *Quattro Mori*, ils refaisaient le monde.

Au contact d'Isaac, Dedo devenait grave et soucieux. Sans doute, l'image de son grand-père avait-elle peu à peu effacé et remplacé pour lui celle de son père toujours absent. Nul ne sait ce que lui racontait le grand-père, mais plus tard, dans la famille, Dedo fut surnommé « le philosophe ». Peut-être est-ce le grand-père Isaac qui lui avait mis en tête la fameuse histoire selon laquelle le grand philosophe Baruch Spinoza aurait compté au nombre de leurs ancêtres, et qu'il se complaira volontiers à évoquer — tout comme celle de l'ancêtre banquier — lorsqu'il habitera à Paris.

En réalité, le grand-père paternel d'Isaac, Salomon Garsin, avait épousé une femme du nom de Régine Spinoza, juive séfarade d'origine espagnole, mais qui ne pouvait en aucune manière descendre du grand philosophe puisqu'il n'eut pas d'enfant. En revanche, l'arrière-arrière-grand-mère d'Amedeo pouvait très bien descendre d'une lignée collatérale du grand philosophe. Alors, pourquoi Amedeo aurait-il dû se priver d'un rêve qui lui permettait d'échapper au formalisme étriqué de la petite bourgeoisie juive livournaise ?

L'enfance de l'art

À cinq ans, Dedo savait déjà lire et écrire, ayant spontanément appris au contact des autres enfants qui fréquentaient l'institution de sa mère. Très jeune, il faisait aussi preuve d'un goût prononcé pour le dessin et la calligraphie, comme le montrent les caricatures griffonnées et datées de sa propre main de 1893 à 1895 dans les deux seuls livres restés de son enfance qui avaient précédemment appartenu à sa tante Clémentine, *Jacques le bossu* et *Le Magasin des enfants*, et qu'il s'était très habilement approprié en surchargeant avec une application malicieuse le nom de sa tante « Clémentine » pour le transformer en « Clemente Amedeo ».

À onze ans, pendant l'été 1895, il attrape une pleurésie et, comme tous les enfants obligés de garder la chambre, il trompe son impatience en gribouillant des dessins qui ont sans doute déjà assez belle allure puisque sa mère se demande s'il ne va pas devenir un artiste.

Dedo a eu une pleurésie très grave l'été passé, écrit-elle le 20 avril 1896, et je ne me suis pas encore remise de la peur terrible qu'il m'a faite. Le caractère de cet enfant n'est pas encore très formé pour que je puisse dire ici mon opinion. Ses manières sont celles d'un enfant gâté qui ne manque pas d'intelligence. Nous verrons plus tard ce qu'il y a dans cette chrysalide. Peut-être un artiste ?

Dedo passe beaucoup de temps avec Uberto, l'un des fils du professeur Rodolfo Mondolfi, qui, bien qu'ayant sept ans de plus que lui, devint son inséparable grand ami. Un jour, ils se mettent à décorer ensemble une étagère en bois, vraisemblablement un vide-poches ou un présentoir. Le petit meuble à trois pieds, d'environ quatre-vingt-dix centimètres de hauteur, se compose de quatre tablettes rondes superposées et reliées par deux planchettes rectangulaires, creusées d'une poignée dans leur partie supérieure, d'une quinzaine de centimètres de largeur, qui en constituent les montants. C'est sur ces montants qu'ils peignent d'un côté une tête de mort et une tête de femme aux traits anguleux et grimaçants d'une couleur très vive évoquant une sorte de sorcière ; de l'autre côté le portrait d'un vieil homme à longue barbe et très grandes oreilles qui peut faire penser à un diable. Réminiscence de lectures enfantines ou représentation de personnages de leur entourage ? De son côté, Uberto fait un portrait d'Amedeo à l'huile sur carton.

Durant toute sa vie, Amedeo se souviendra des Mondolfi : Rodolfo, le père qui lui avait enseigné le latin et avait été une sorte de maître de vie et le fils, Uberto, un bon compagnon à l'esprit généreux, homme de cœur, homme de lettres et de culture, un humaniste qui participera activement à la lutte socialiste et deviendra, de 1920 à 1922, maire de Livourne.

En 1897, Dedo fréquente le lycée Guerrazzi avec des résultats scolaires pour le moins médiocres. Ses bulletins trimestriels révèlent des notes à peine supérieures à la moyenne. Le 11 juillet il écrit de sa main dans le journal de sa mère : « Je suis en train de passer mes examens. J'ai déjà fait l'écrit de latin et je devrais faire mon *miniam*. Les examens sont pour passer de cinquième en quatrième. » Et le 31 juillet, il ajoute : « Il y a quelques jours, j'ai écrit dans ce journal de famille que j'étais en train de passer mes examens, j'annonce maintenant que j'ai été reçu. »

Un samedi du mois d'août, il fait son *miniam*, qui consiste à lire la *paraschiah* de la semaine, un chapitre de la Bible, et à réciter les prières à la synagogue devant une assemblée de dix hommes pour solenniser son entrée dans la communauté des adultes. Il réalisait ainsi, à treize ans, le rêve de son grand-père Isaac qui l'avait initié à la tradition des ancêtres. Plus tard, il inscrira parfois au dos de certains de ses tableaux des caractères hébraïques ou des signes kabbalistiques.

Sur une population de soixante-dix mille âmes, il y avait alors à Livourne une communauté juive d'environ cinq à six mille membres, en grande partie descendants des juifs séfarades chassés d'Espagne à la fin du XVe siècle par Isabelle la Catholique au moment où elle avait réorganisé et renforcé l'Inquisition dans ses États. Au XVIe, le premier grand-duc de Toscane, Côme Ier de Médicis, avait transformé un petit village du littoral en port franc pour se donner par la mer un débouché sur le monde. Perfectionnant son œuvre, son fils, le grand-duc Ferdinand Ier, fin politique et entreprenant, attira, accueillit et travailla à faciliter l'installation en Toscane de toutes sortes de marchands, humbles artisans, riches négociants. Le petit village allait devenir une cité pluriethnique, pluri-confessionnelle, l'un des plus grands ports de la Méditerranée, un grand centre industriel et commercial avec ses forges, ses chantiers navals, ses aciéries, et plus tard une prestigieuse école d'officiers de marine. Livourne était née. Depuis 1593, coexistant paisiblement avec les habitants locaux et les ressortissants des autres nations étrangères, les juifs y jouissaient des privilèges de la *livornina*, une loi constitutionnelle par laquelle le grand-duc Ferdinand leur avait octroyé la citoyenneté toscane, la libre circulation des personnes et des biens, le droit de propriété dans toute la province et leur avait permis de vivre sans les restrictions du ghetto en vigueur dans beaucoup d'autres grandes villes d'Italie.

À vous tous, marchands de toutes nations, Levantins, Occidentaux, Espagnols, Portugais, Grecs, Allemands, Italiens, juifs, Turcs, maures, Arméniens, Persans, et autres... nous concédons réelle, pleine et entière liberté de circulation et libre faculté et permission d'aller et venir, rester, commercer, passer et séjourner avec vos familles et, sans pâtir, revenir et négocier dans la ville de Pise et en terre de Livourne...

De 1896 à 1901, Amedeo Modigliani eut à plusieurs reprises l'occasion de se rendre en Sardaigne avec son père durant les brefs séjours autorisés par Eugénie. Dans l'auberge d'Iglesias, il se lia d'amitié avec tous les enfants de la famille Taci, Norma, Medea, Anita, Clelia, Ezio et Caio, mais c'est Medea, fragile et introvertie comme lui, qu'il préférait. Leur amitié, hélas, dura peu, rapidement et brusquement interrompue par la méningite qui emporta Medea en juin 1898. L'événement marqua douloureusement la sensibilité du jeune homme qui fit un portrait représentant le visage de profil de son amie disparue d'après une photo. Le tableau fut conservé par Tito Taci, le père de Medea, et transmis ensuite à sa sœur, Clelia, qui le garda jalousement. Le neveu Carlo, toujours résident à Iglesias, le détient de Clelia. La technique picturale en est fluide, le profil a été exécuté sur une toile à trame très fine, les couleurs diluées à l'essence de térébenthine sont posées à la manière *macchiaiola* (impressionnisme italien). En bas à droite, le peintre a ménagé un espace pour inclure des dates qui semblent correspondre à celles de sa première rencontre avec le modèle et de l'exécution du tableau. L'œuvre est signée en rouge d'initiales imbriquées où la lettre « A » se trouve englobée dans le « M ». Après nettoyage et restauration de la toile et du châssis ayant révélé l'authenticité du support et l'ancienneté de la couleur, la signature « modigliani » est apparue au dos du tableau sur la marge interne.

À Sulcis en Sardaigne, une légende locale parle d'une autre toile, *La Farfalla* (« Le Papillon ») *de Modigliani*, longtemps exposée dans le bureau directorial de la Société minière de Monteponi, un endroit à l'époque souvent fréquenté par Umberto Modigliani, ingénieur des mines. Les ex-employés de la Monteponi, qui ont spontanément apporté leur témoignage au sujet de cette œuvre disparue, affirment que la toile était encore au mur de la salle d'exposition de la société minière jusqu'à la Seconde Guerre mondiale. Cette salle est aujourd'hui consacrée à l'exposition d'artistes contemporains. Il se pourrait que *La Farfalla* fût une œuvre de jeunesse d'Amedeo, mais peut-être aussi, tant le sujet est inhabituel pour Amedeo, celle d'un parent, par exemple de Margherita qui peignait également ou d'Umberto lui-même. Les souvenirs des témoins sont imprécis. Ce qu'il en reste après des années de recherches : les détails, la documentation cadastrale, les traces photographiques des deux familles amies, comblerait au moins en partie le fameux « trou noir » de la production italienne du jeune Amedeo qui s'était destiné et avait décidé de vouer sa vie, dès l'âge de treize ans, à sa passion pour la peinture, le dessin et la sculpture.

Je veux peindre et dessiner

L'année scolaire 1897-98 a été catastrophique pour Amedeo. Quatre sur dix en italien et quatre en grec. Il est loin des beaux résultats de son frère Giuseppe Emanuele qui, à son bac, avait obtenu neuf sur dix en italien, neuf en philosophie, dix en latin, dix en grec, dix en mathématiques, dix en histoire-géographie. Contrairement à ses frères et à sa sœur qui avaient fait de brillantes études — Giuseppe Emanuele est devenu avocat, Umberto termine ses études d'ingénieur à Pise et à Liège, Margherita est diplômée en langues étrangères —, l'école ennuie profondément Amedeo. Ne parlons pas de ses notes de discipline, rarement supérieures à la moyenne, qui trahissent lassitude, impatience, et une certaine instabilité. Se peut-il que la classe l'eût ennuyé à ce point parce qu'il était, comme on dirait aujourd'hui, un enfant « surdoué » ? Mais pour quelqu'un qui étudie mal à l'école, il fait preuve d'une belle culture, nourrie par les conversations et les activités littéraires et intellectuelles familiales. Sa tante, Laure Garsin, qui se consacre à la rédaction d'articles philosophiques et sociaux ; sa propre mère, Eugénie, qui traduit en anglais des poèmes de D'Annunzio, des romans, des articles, qui écrit elle-même quelques livres originaux, et deviendra pour de longues années le « nègre » d'un universitaire américain, lui donnent l'occasion, en marge de ses études classiques, de découvrir de grands auteurs modernes. Il préfère donc rêvasser, vivre dans son petit monde intérieur peuplé de philosophes et de poètes, et sera toujours dans l'obligation de passer de pénibles examens de rattrapage.

Le 17 juillet 1898, Eugénie confie à son journal :

Dedo n'a pas été brillant aux examens, ce qui ne m'a guère surprise car il avait fort mal étudié toute l'année. Il commence le 1er août des leçons de dessin dont il a grande envie depuis longtemps. Il se voit déjà peintre. Pour moi, je n'aime pas trop à l'encourager de crainte qu'il ne néglige ses études pour courir derrière cette ombre. Cependant, j'ai voulu le contenter pour le faire sortir de cet état de langueur et de tristesse où nous glissons tous plus ou moins en ce moment.

En effet, aux difficultés matérielles de plus en plus pressantes auxquelles Eugénie doit faire face, la petite école où elle s'éreinte jour après jour procurant des ressources à peine suffisantes, vient s'ajouter un autre drame familial : Giuseppe Emanuele est en prison. Il a été arrêté comme subversif au mois de mai lors d'une manifestation à Piacenza, ville où la section socialiste l'avait invité, en sa qualité de fondateur du Club socialiste de Livourne, à venir donner une série de conférences rétribuées. Jugé par le tribunal militaire de Florence le 14 juillet, sous le chef d'accusation d'incitation à la révolte, il a été condamné à six mois de prison ferme et à une forte amende.

Moins d'un mois après avoir commencé ses cours de dessin dans l'atelier du maître qu'il s'était lui-même choisi, le peintre livournais Guglielmo Micheli, voilà qu'Amedeo tombe à nouveau gravement malade. Cette fois, c'est une fièvre typhoïde qui le fait jongler entre la vie et la mort pendant plusieurs semaines. Dans les délires de la fièvre, puis pendant toute sa convalescence, il ne cessera de déclarer et d'affirmer :

— Je veux peindre et dessiner ! Je veux seulement peindre et dessiner !

Il en fera son credo, sa devise, son idéal, et abandonnera définitivement le lycée Guerrazzi après sa maladie. Sa première sortie à l'air libre à la fin de l'année coïncide avec la libération de son frère le 3 décembre 1898.

Plus d'école, plus de lycée, mais il retourne au cours de dessin de Guglielmo Micheli, y travaille avec ardeur et donne très vite de grandes satisfactions à son professeur.

Le premier atelier

Implanté dans l'esprit artisanal des boutiques florentines du *Quattrocento* italien (XVᵉ siècle), l'atelier de Micheli est une grande pièce éclairée par trois fenêtres, au rez-de-chaussée de la villa Baciocchi, via delle Siepi. Une légère âcreté d'huile de lin s'y mêle aux effluves résinés et toniques de la térébenthine. Une atmosphère joyeuse, intime et laborieuse y règne dans un grand silence accentué par le grincement nerveux et fervent des fusains qui vont et viennent, griffant et caressant tour à tour, à grands traits rapides, les toiles, les cartons, les papiers posés sur des chevalets disposés autour de la salle. Derrière les chevalets, ils sont absorbés, attentifs, appliqués, soucieux de bien faire. Ils s'appellent Aristide Sommati, Silvano Filippelli, Lando Bartoli, Renato Natali, Llewelyn Lloyd, Benvenuto Benvenuti, Gino Romiti et Oscar Ghiglia, tous livournais, et si certains vont jouer un petit rôle dans l'histoire de la peinture, d'autres n'y laisseront pas un très grand souvenir.

Aristide Sommati, gentil jeune homme affable, doux et effacé, manquant de confiance en lui, au caractère tout aussi inquiet et encore plus introverti que celui d'Amedeo, partage avec lui les mêmes goûts pour la lecture, la musique, la peinture, et l'initie à la technique de la fresque qu'il a apprise à l'École des arts et métiers de Livourne. Plus tard, lorsque à la veille d'une exposition un incendie détruira toutes ses toiles, il abandonnera définitivement la peinture et se fera boulanger pour subvenir aux besoins de sa nombreuse famille.

Silvano Filippelli, de loin le moins perturbé par les affres de la recherche créatrice, ouvrira une boutique-atelier et fera une carrière de professeur de dessin.

Renato Natali ne se laissera jamais aveugler par ses succès et encore moins par les millions que ses œuvres finiront par atteindre :

— Ce sont des filouteries, un tableau n'est fait que d'un morceau de toile et d'un peu de couleur : il ne peut pas valoir des millions ! Je voudrais que chaque famille livournaise eût au moins l'un de mes tableaux, dit-il à ses marchands, car sa seule ambition est de peindre, et de repeindre, pour les Livournais, pour les petites gens, la Livourne des ruelles et des quartiers sombres.

Fils d'un courtier gallois qui s'est établi à Livourne, Llewelyn Lloyd a fait des études de commerce avant de s'orienter, sur le conseil de ses professeurs, vers le dessin et la peinture. Il participera à de nombreuses expositions en Italie et dans le monde.

Benvenuto Benvenuti, comme Aristide Sommati, a commencé par suivre les cours de l'École des arts et métiers de Livourne. Son caractère éclectique le pousse à rechercher et à tenter, successivement ou simultanément, les différentes manières picturales qui foisonnent en cette fin de XIXe siècle. Et, tantôt seul, tantôt en groupe, il participera jusqu'à la fin de sa vie à de multiples expositions.

Mais c'est surtout avec Gino Romiti, Manlio Martinelli, Llewelyn Lloyd et Oscar Ghiglia qu'Amedeo fera un bout de chemin artistique et tissera des liens d'amitié plus étroits.

Dans le recueil de ses mémoires, *Tempi andati* (« Les Temps révolus »), Llewelyn Lloyd se souvient de l'arrivée à l'atelier d'un

petit jeune homme malingre, pâle, avec de proéminentes lèvres rouges ; bien élevé. C'était Dedo Modigliani, d'une très bonne famille juive livournaise. Ils étaient tous érudits dans sa famille. Son père, un petit homme grassouillet, qui portait toujours une redingote à queue de pie et un chapeau melon, courtier en affaires, était très cultivé. Son frère Emanuele était avocat, sa sœur professeur de français. Dedo dessinait et peignait davantage avec le cerveau qu'avec les yeux et le cœur. Il aimait raisonner et discuter, me mettant plus d'une fois dans l'embarras avec son puits de science. Moi, pauvre gars, qui n'avais pas assez de mes yeux pour dialoguer avec la nature, qui cherchais sur la palette comment rendre le scintillement d'une feuille, comment obtenir la profondeur infinie d'un ciel, comment pouvais-je approfondir une théorie de Nietzsche ou une pensée de Schopenhauer ?

Ainsi, Llewelyn Lloyd avait bien de la peine à suivre les préoccupations abstraites de son jeune camarade. C'est que Amedeo — qui n'avait encore que quinze ans alors que Llewelyn en avait déjà vingt — lisait *Les Vierges aux rochers* de D'Annunzio, *Ainsi parlait Zarathoustra* de Nietzsche, ne se lassait pas de Baudelaire et admirait beaucoup les préraphaélites anglais, ce mouvement pictural qui s'était constitué à la Royal Academy de Londres au milieu du XIXᵉ siècle en réaction contre le manque d'idéal de la révolution industrielle et s'était donné les primitifs italiens, prédécesseurs de Raphaël, pour modèles. En guise de taquinerie, avec un petit clin d'œil complice pour ses deux auteurs favoris du moment, Micheli surnommait Amedeo le « surhomme ». Son père, Flaminio, se plaisait volontiers, avec humour et tendresse, à l'appeler « Botticelli ». En fait, à travers ses lectures, c'est lui-même qu'Amedeo recherche et il cherche les forces, les énergies qui le conduiront à mettre au monde l'œuvre qu'il sent confusément poindre en lui. Le 10 avril 1899, sa mère écrit :

Dedo a renoncé aux études et ne fait plus que de la peinture, avec une ardeur soutenue qui m'étonne et me ravit. Si ce n'est pas là le moyen de réussir, c'est qu'il n'y a rien à faire. Son professeur est très content de lui. Pour moi, je n'y entends rien, mais il me semble que pour n'avoir étudié que trois ou quatre mois, il ne peint pas trop mal et dessine tout à fait bien.

Amedeo Modigliani acquiert donc les premières règles de l'art auprès de Guglielmo Micheli. Le maître livournais avait lui-même été, à l'Académie des beaux-arts de Florence, l'élève du peintre et graveur Giovanni Fattori. Tout jeune peintre, Giovanni Fattori avait passé un mois à Paris, en 1875, et avait eu l'occasion, à plusieurs reprises, d'y rencontrer Camille Corot dont l'œuvre tardive et notamment paysagiste l'avait beaucoup influencé. À son retour en Italie, il était devenu l'un des chefs de file du mouvement *macchiaiolo* qui consistait, tout en se construisant sur l'enseignement classique des grands peintres de la Renaissance, à clamer haut et fort la modernité, à sortir des ateliers pour aller peindre dans la nature, sur le modèle, afin d'en saisir la vivacité, la spontanéité, et à utiliser des taches de couleurs naturelles pour rendre les impressions reçues de la vérité. Une sorte d'impressionnisme à l'italienne.

Afin de les affranchir au maximum, de les obliger à éprouver par eux-mêmes le sentiment de liberté qu'il cherchait à tout prix à leur communiquer à travers leur propre expérimentation personnelle et non d'une manière dogmatique et sclérosée, Micheli laissait ses élèves seuls dans l'atelier une grande partie de la journée, allant lui-même peindre à l'extérieur des paysages, des vues du port, et nombre de marines qu'il affectionnait particulièrement. Lorsqu'il rentrait en fin d'après-midi, il faisait des remarques ou des commentaires sur le travail de la journée, mais ne prenait jamais un fusain ni un pinceau pour corriger un tracé ou rectifier une couleur.

— Faites ce que vous ressentez avec la plus grande honnêteté, leur disait-il, se comportant plus en guide amical et respectueux qu'en professeur dirigiste.

Il n'était pas rare qu'à l'occasion de ses séjours à Livourne, Giovanni Fattori vînt à l'atelier rendre visite à Guglielmo Micheli, son ex-élève préféré devenu son ami, qui avait totalement adhéré à ses points de vue humanistes, à ses théories poétiques et esthétiques.

Manlio Martinelli, le dernier du groupe à s'être inscrit à l'atelier Micheli, en juin 1899, avait vu Fattori remarquer le travail d'Amedeo et l'en complimenter :

Quand je suis arrivé chez Micheli, Dedo dessinait une nature morte au fusain sur un carton entoilé, un vase sur fond de draperie. La technique de ses dessins consistait souvent à brûler partiellement le papier, en employant le noircissement comme demi-teinte. Fattori regarda le dessin et l'apprécia beaucoup.

Les amis de Livourne

Le dimanche, Amedeo et ses camarades se cotisaient pour payer un modèle qu'ils faisaient venir à l'atelier et s'exerçaient ensemble au nu avant d'aller goûter chez Eugénie. Comme ils étaient tous jeunes et sans un sou en poche, pour la plupart issus de familles plutôt modestes, l'accueil d'Eugénie leur paraissait une véritable fête. Le soir, ils se retrouvaient sous les arbres séculaires chers à Fattori et à Micheli, puis ils poussaient la porte du Caffè Bardi, le bistrot culturel à la mode dans le centre de Livourne entre via Cairoli et piazza Cavour. Devant un *caffè-grappa*, dans le brouhaha et la confusion, ils échangeaient leurs expériences, partageaient des avis sur les jeux d'ombres et de lumière, s'exaltaient, se rebellaient et, discutant sans fin comme tous les étudiants du monde, se mettaient en tête de rénover l'art.

Introverti, timide, rougissant pour un rien, Amedeo, paraît-il, parlait volontiers de femmes. Le photographe des peintres Bruno Miniati a raconté qu'ayant, déjà très jeune, un tempérament érotique, il tentait de séduire la bonne de Micheli, une petite pâlichonne aux yeux noirs comme du charbon.

— N'aimerais-tu pas te faire recoudre un bouton de ton pantalon par elle ? avait-il demandé à Martinelli.

Mais ensuite, lorsqu'ils allaient faire un tour via dei Lavatoi ou via del Sassetto où se trouvaient les maisons closes, Dedo avait honte ; il se dégonflait dès qu'il s'agissait d'entrer.

Dedo fait donc de la peinture « tous les jours et tout le jour », nous dit sa mère. Parmi ses toutes premières œuvres de jeunesse dont l'authenticité est avérée, signalons *Le Déchargeur*, fusain sur papier de 1898 ; *La Stradina*, une petite route toscane au coucher du soleil d'hiver, à la luminosité très délicate, huile sur carton de 1898 que Llewelyn Lloyd l'avait vu brosser du côté de Salviano, au sud de la ville, lorsqu'ils allaient peindre ensemble à l'air libre dans la campagne livournaise ; un portrait de sa petite cousine Corinne Modigliani, huile sur toile de 1899 ; un *Autoportrait* au fusain sur papier de 1899 ; *Le Garçon assis*, pour lequel Manlio Martinelli se rappelait avoir vu poser Albertino, le fils de Guglielmo Micheli, dans l'atelier de son père. Ces premières œuvres révèlent une maturité picturale peu commune pour un adolescent de quinze ans.

Manlio Martinelli était si enthousiaste des œuvres d'Amedeo qu'il entreprit de le suivre partout dans la campagne quand ils allaient peindre sur le vif. Un jour qu'ils peignaient un paysage près du pont de l'Ardenza, un torrent à trois kilomètres au sud de Livourne, un gamin se mit à leur jeter des pierres en visant bien précisément les boîtes de couleurs, les contraignant à se réfugier sous le pont avec tout leur matériel. Un autre jour, tandis qu'ils arpentaient la campagne à la recherche d'un sujet digne de leur inspiration, ils s'entendirent demander s'ils ne vendaient pas des peignes par une paysanne qui avait confondu leur boîte de couleurs portée en bandoulière avec le baluchon des colporteurs.

De trois ans plus âgé que lui mais alors qu'il n'avait encore que dix-sept ans, son camarade Gino Romiti, qu'il aimait beaucoup et dont il admirait le travail, avait déjà exposé son *Ruscello* (« Ruisseau ») dans une exposition permanente de Milan. Très désireux d'en faire autant au plus vite, Amedeo décide de mettre au point avec lui une manière plus fluide de peindre. Mais visiblement, il n'en tire pas la satisfaction attendue car, quelques années plus tard, Amedeo Modigliani détruira lui-même la plupart de ses œuvres de jeunesse et en tout cas, toutes celles restées en sa possession. Par l'intermédiaire de Gino Romiti, Amedeo fait la connaissance de Giulio Cesare Vinzio qui l'initie au divisionnisme, dont il a adapté la technique au paysage toscan.

Après la mise au point de la photographie par Niepce et Daguerre, un grand doute s'était emparé des peintres : à quoi bon continuer à s'échiner à reproduire la réalité des détails et des matériaux le plus fidèlement possible si la photographie peut les capter facilement, encore plus fidèlement, et quasi instantanément ? S'éloignant des sentiers battus du réalisme descriptif, Claude Monet résout le dilemme en inventant l'impressionnisme. Plus que la forme aux contours précis, il se met à peindre la lumière de ses sujets. Georges Seurat et Paul Signac vont encore plus loin en appliquant à leur peinture la « loi du contraste simultané », formulée par le chimiste Eugène Chevreul, selon laquelle les impressions lumineuses et les couleurs placées côte à côte persistent sur notre rétine et sont synthétisées par le nerf optique. Ils s'attachent à séparer, à diviser la lumière entre les couleurs qui la composent (les trois primaires et leurs complémentaires) et les juxtaposent sans les mélanger sur la toile par touches minuscules. Le pointillisme, qu'on appelle divisionnisme en Italie, est né.

Mais Amedeo n'est guère convaincu par le divisionnisme qui passionne ses amis et abandonne très vite ce qu'il appelle une manière de peindre trop paisible et trop léchée. En fait, elle ne convient pas à son tempérament inquiet et tourmenté, en perpétuelle recherche de singularité. Après s'être tourné un temps vers ce divisionnisme, en compagnie de Llewelyn Lloyd et de Benvenuto Benvenuti, Gino Romiti se refusera, lui aussi, à se ranger sous quelque étiquette que ce soit :

— Je ne suis ni impressionniste ni divisionniste. Mais je suis l'un et l'autre, parce que je tire avantage de tout élément pictural ; et je peins selon ce que me dicte la nécessité de traduire mon émotion sur la toile, et non pour acquérir le droit de cité de telle ou telle autre école.

Il deviendra l'un des plus célèbres continuateurs de Micheli et de Fattori, souvent qualifié de peintre des fleurs, des arbres et du printemps.

Oscar Ghiglia, un autre ami du petit groupe de l'école de Guglielmo Micheli, comptera beaucoup pour Amedeo, au point qu'il dira souvent :

— Mis à part Oscar Ghiglia, il n'y a rien de bon en peinture en Italie.

Lorsque Amedeo entre à l'école de Micheli, Oscar a vingt-trois ans, il lui arrive de travailler comme commis dans un magasin de tissus. À Florence où il avait déjà étudié l'autoportrait avec Giovanni Fattori, il avait un jour montré à Lloyd un tableau intitulé *Allo specchio* (« Au miroir »), un autoportrait qui le représente assis, palette et pinceaux en mains. Lloyd aima tant cette toile qu'il lui conseilla de l'envoyer à la commission de sélection internationale de la Biennale de Venise et en réalisa lui-même l'encadrement. Oscar se laissa convaincre et le tableau fut sélectionné par la commission. Exposé à la Biennale de 1901, il remporta un vif succès. Quelques mois plus tard, Oscar Ghiglia devenait en Italie un peintre important.

À la fin de l'année 1899, Aristide Sommati, Manlio Martinelli et Amedeo louent ensemble un atelier via della Scala dans le quartier populaire de San Marco à Livourne. Amedeo aimait se promener dans ces ruelles des bas quartiers et au bord des canaux. Les odeurs, les scènes de rues, le petit monde des pauvres trimant pour quelques sous, celui des mendiants, celui des opprimés et des désespérés de toutes sortes, l'inspiraient bien mieux que les paysages, qu'il détestait peindre. Cet atelier avait été auparavant celui d'un jeune peintre, mort de tuberculose. Il n'est pas impossible qu'Amedeo y eût contracté la maladie qui l'emportera vingt ans plus tard, en tout cas, sa sœur Margherita le croyait, d'autant plus que deux autres membres de la bande de Micheli avaient aussi été contaminés. À moins qu'il eût hérité d'une fragilité familiale car, d'après Jeanne Modigliani, au moins trois membres de sa famille maternelle avaient succombé à la tuberculose : sa grand-mère Regina, sa tante Clémentine et son oncle Amédée.

À la fin de l'année 1900, Amedeo retombe malade. Une nouvelle crise de pleurésie. Les affections précédentes lui ont laissé des séquelles aux poumons. Cette fois, les médecins diagnostiquent la tuberculose et prescrivent du repos dans le Sud, au soleil et au grand air. L'angoisse reprend Eugénie : comment financer un tel voyage ? C'est son frère, Amédée Garsin, qui pourvoira aux frais de voyage et de séjour, grâce aux bénéfices substantiels réalisés par la Nouvelle Compagnie pour l'exploitation de Madagascar, qu'il venait de créer à Marseille. Il écrit à sa sœur : « Ma chère Eugénie, je considère ton fils comme le mien. Je me charge de toutes les dépenses que tu jugeras nécessaires. » Eugénie décide d'emmener Amedeo à Naples.

Grand tour dans le Sud

Le voyage de convalescence va prendre l'allure d'un voyage d'études et se révéler initiatique pour Amedeo. Quelques-uns des plus importants musées d'Italie sont sur sa route. En janvier 1901, il séjourne avec sa mère à l'hôtel Vesuvio, à Naples. Lorsqu'il n'est pas trop fatigué, ils profitent de la douceur des après-midi pour visiter les musées, les églises baroques, les ruines de Pompéi. Pompéi, la grande affaire culturelle de l'Italie depuis l'unification du pays. Sous l'impulsion de l'architecte Michele Ruggiero, on vient d'y passer une quinzaine d'années à consolider et restaurer plus de six cents peintures murales. Amedeo s'intéresse aux vestiges archéologiques romains, aux fresques antiques. Au Musée national de Naples, les statues d'un silène ivre, d'un garçon s'ôtant une épine du pied, d'un Hermès, d'une Aphrodite aux nombreuses mamelles, le fascinent. Sans savoir pourquoi, il commence à se sentir tout particulièrement séduit par la sculpture. En visitant les églises de Naples, il découvre les œuvres du sculpteur siennois Tino di Camaino, le premier à avoir érigé, au début du

XIVᵉ siècle, des tombeaux monumentaux dans un esprit de complémentarité parfaite entre la ligne et le volume. Parmi les plus grandioses, ceux de Charles de Calabre, prince de la maison d'Anjou, dans l'église de Santa Chiara ; de sa première épouse, Catherine de Habsbourg, dans la basilique de San Lorenzo Maggiore ; de sa grand-mère, Marie de Hongrie, dans l'église Santa Maria Donnaregina. Amedeo a l'intuition que la clef de ses aspirations artistiques n'est peut-être pas loin.

À Torre del Greco, Amedeo et Eugénie descendent à l'hôtel Santa Teresa, visitent Amalfi, puis Capri où ils s'installent, d'abord à l'hôtel Pagano, puis à la Villa Bitter. L'île de Capri était alors un endroit très à la mode où se retrouvaient régulièrement aristocratie décadente et bourgeoisie fortunée mais notablement dépravée. Des Anglais, des Allemands, des Hollandais, quelques Américains. Parmi les plus pervers, le baron prussien Wilhelm von Gloenden mémorable pour ses photos érotiques de jeunes gens qu'il faisait poser nus, jouant de la flûte de Pan, le front ceint de feuilles de vigne, ou habillés en fille. Et aussi le roi de la sidérurgie allemande, Alfred Krupp, dont les frasques l'ont à tel point rendu importun qu'il sera déclaré *persona non grata* par les autorités italiennes et instamment prié de quitter le pays. Margherita, la sœur d'Amedeo, racontera : « Maman voulut quitter Capri en toute hâte, impressionnée par le milieu de ces Allemands dont les turpitudes furent plus tard révélées au grand public. »

Durant son séjour à Capri, Amedeo écrit deux

lettres à son ami Oscar Ghiglia, parti entre-temps étudier à Venise, dans lesquelles il lui livre ses anxiétés et ses rêves les plus secrets.

Très cher,

Je viens de lire dans la Tribuna *l'annonce de ton acceptation à Venise : Oscar Ghiglia,* Autoportrait. *Je te félicite vraiment très sincèrement. Tu peux imaginer comme cette nouvelle m'a ému ! Je suis ici à Capri, lieu délicieux entre parenthèses, où je fais une cure. Et il y a maintenant quatre mois que je n'ai rien réalisé, j'accumule du matériel. J'irai bientôt à Rome, puis à Venise. Mais le moment viendra où je m'installerai, à Florence sans doute, pour y travailler, et dans le vrai sens du terme, c'est-à-dire pour m'y consacrer avec foi, corps et âme, à l'organisation et au développement de toutes les impressions, de tous les germes d'idées que j'ai recueillis dans cette paix, comme en un jardin mystique. Mais venons-en à toi : nous nous sommes quittés au moment le plus critique de notre développement intellectuel et artistique et nous avons pris des chemins différents. Je voudrais te retrouver maintenant et parler avec toi. Ne prends pas cette lettre pour une lettre quelconque de félicitations, mais comme le témoignage de l'intérêt sincère que te porte ton ami,*

MODIGLIANI

À mesure qu'il reprend des forces, Dedo remet de l'ordre dans sa vocation. Le contact avec les œuvres classiques qu'il découvre avec émerveillement l'aide à voir clair en lui-même. La deuxième lettre, datée du 1er avril 1901, contient une sorte de reniement à l'égard de Guglielmo Micheli, signe que le jeune homme, ébloui par la diversité et la beauté des chefs-d'œuvre qu'il lui est donné de contempler, se sent pousser des ailes. Peut-être pense-t-il déjà être de taille à surpasser son maître ?

Très cher Oscar,

Encore à Capri. J'aurais voulu attendre et t'écrire de Rome. Je partirai dans deux ou trois jours, mais le désir de bavarder un peu avec toi me fait prendre la plume. Je crois bien volontiers que tu as dû changer sous l'influence de Florence. Croiras-tu que j'ai changé en voyageant par ici ? Capri, dont le nom suffisait seul pour éveiller en mon esprit un tumulte d'images, de beauté et de volupté antique, m'apparaît maintenant comme un endroit essentiellement printanier. Dans la beauté classique du paysage, il y a, à mon sens, un sentiment toujours présent et indéfinissable de sensualité, et même malgré les Anglais qui envahissent tout avec leur Baedeker, une fleur éclatante et vénéneuse qui surgit de la mer. Suffit pour la poésie. Imagine du reste — ce sont des choses qui n'arrivent qu'à Capri — que je me suis promené hier avec une jeune fille norvégienne, très érotique en vérité, et aussi très jolie. Je ne sais pas encore avec précision quand je serai à Venise, je te le ferai savoir. Je désirerais visiter cette ville avec toi. Micheli ? Mon Dieu, il y en a à Capri... des régiments ! Comment va Vinzio ? Il avait bien commencé avec son petit tableau. Avance-t-il ou piétine-t-il ? Réponds-moi. C'est pour cela au fond que je t'écris, pour avoir des nouvelles de toi et des autres. Mon souvenir à Vinzio. Salut !

DEDO

Écris : Rome — Poste restante.

Dans une troisième lettre, expédiée de Rome où il passe une partie de l'été et de l'automne 1901, il s'autoanalyse, décrit ses tourments et trace plus clairement les contours de son intuition. Il sent qu'avec un peu de chance, il se remettra à peindre sérieusement dès son retour.

Cher ami,

Je t'écris pour m'épancher et pour m'affermir envers moi-même. Je suis moi-même le jouet d'énergies très fortes qui nais-

sent et meurent. Je voudrais au contraire que ma vie soit comme un fleuve très riche qui coule avec joie sur la terre. Tu es désormais celui à qui je peux tout dire : eh bien, je suis désormais riche et fécond de germes et j'ai besoin de l'œuvre. Je suis plein d'excitation, mais de cet orgasme qui précède la joie à laquelle va succéder l'activité vertigineuse et ininterrompue de l'intelligence. Déjà, rien que de t'avoir écrit ceci, je pense que cette excitation est bénéfique. Et de cette excitation, je me délivrerai en jetant à nouveau une énergie et une lucidité, inconnues jusqu'ici, dans la grande lutte, dans le hasard, dans la guerre. Je voudrais te dire quelles sont les nouvelles armes avec lesquelles j'éprouverai à nouveau la joie de la guerre. Un bourgeois m'a dit aujourd'hui — il m'a insulté — que moi, ou du moins que mon cerveau paressait. Cela m'a fait beaucoup de bien. Il me faudrait un avertissement semblable tous les matins au réveil : mais ils ne peuvent nous comprendre, comme ils ne peuvent comprendre la vie. Je ne te dis rien de Rome. Rome qui est non pas en dehors mais au-dedans de moi-même tandis que je te parle, semblable à un joyau terrible serti sur ses sept collines comme sur sept idées impérieuses. Rome est l'orchestration dont je me ceins, la circonscription où je m'isole et place ma pensée. Ses douceurs fiévreuses, sa campagne tragique, ses formes de beauté et d'harmonie, toutes ces choses sont miennes, à travers ma pensée et mon œuvre. Mais je ne puis te dire ici toute l'impression qu'elle me fait, ni toutes les vérités que j'ai su puiser en elle. Je vais me mettre à une nouvelle œuvre, et depuis que je l'ai précisé et formulé, mille autres aspirations ressortent de la vie quotidienne. Tu vois la nécessité de la méthode et de l'application. J'essaie en outre de formuler, avec le maximum de lucidité possible, les vérités sur l'art et sur la vie, que j'ai recueillies éparses dans la beauté de Rome ; et comment leur lien intime m'est venu à l'esprit, j'essaierai de le révéler et d'en recomposer la construction, je dirais presque l'architecture métaphysique, pour en créer ma vérité sur la vie, sur la beauté et sur l'art.

Parle-moi de toi comme je te parle de moi. N'est-ce pas là le but de l'amitié, de composer et d'exalter la volonté suivant son penchant, de se révéler l'un à l'autre et à nous-mêmes ? Ciao.

Ton DEDO

51

Tout ce qui a pu être écrit de plus intéressant et de plus révélateur sur Modigliani, sur sa gestation artistique, sur son art en devenir, est sans le moindre doute ce qu'il en a écrit lui-même. Sa correspondance avec Oscar Ghiglia trahit son besoin impérieux de conquérir sa propre personnalité et d'innover.

De Rome, il rapportera diverses études de têtes, une assiette en terre cuite, peinte à l'huile, représentant une tête de Méduse, et l'ébauche d'un tableau, *Il Canto del cigno* (« Le Chant du cygne »), une vue boisée de la Villa Borghèse en automne, commencé dans l'atelier du peintre romain Nino Costa, tableau pour lequel il avait fait — rapportera Llewelyn Lloyd — de nombreux essais de grattage et de raclage à la spatule sur de mystérieux fonds dorés, à base de terres vertes et rouges. Ce peintre romain, Giovanni Costa, dit Nino, qui avait été parmi les premiers à sortir pour aller peindre sur le modèle, avait travaillé une dizaine d'années avec les *macchiaioli* à Florence, leur apportant l'influence des préraphaélites, qu'il avait bien connus à Londres, et celle de Corot avec qui il s'était d'abord lié d'amitié à Paris, puis avait peint des paysages de la campagne romaine. C'est lui qui avait entraîné et encouragé Giovanni Fattori sur la voie du réalisme naturel. Quand Amedeo le rencontre à Rome, il vient de fonder une société d'art, qu'il a baptisée In Arte Libertas, résumé éloquent de ses conceptions esthétiques.

Est-ce sous l'influence de Nino Costa, ou spontanément pour fuir la banalité quotidienne de Livourne, ou encore à l'instigation de Guglielmo Micheli lui-même qui, très généreusement, conseillait aux meilleurs de ses propres élèves de quitter Livourne pour aller faire un stage chez Fattori à Florence, toujours est-il qu'en mai 1902 Amedeo s'inscrit à l'École libre de nu de l'Académie de Florence, où Giovanni Fattori enseigne la peinture.

Florence

L'atelier de Giovanni Fattori à Florence, une grande pièce assez délabrée et mal chauffée, au plafond bas plein de toiles d'araignées, aux murs sales et fissurés, se trouve dans une dépendance du palais de l'Académie des beaux-arts. Il y règne un désordre invraisemblable. Toiles, pinceaux et brosses de toutes tailles et de toutes sortes ; palettes et chiffons desséchés ; pots d'oxydes vides et pleins ; bidons d'huile et de térébenthine ; cartons à dessins débordants d'esquisses strapassées ; bustes et modèles en plâtre, plus ou moins brisés, plus ou moins noircis de poussière ; mousselines, moires, velours, soies, taffetas, satins de toutes couleurs ; étagères surchargées de livres et d'objets disparates, travaux en cours trônant fièrement sur leurs chevalets. Le vieux maître *macchiaiolo* peint sous les yeux de ses élèves d'après le carnet de croquis — qui ne le quitte jamais — où il a noté les scènes, les mouvements, les profils, les couleurs qui l'ont ému dans le « grand livre de la nature ».

— Faites ce que vous sentez et n'aimez pas ce que les autres font, leur dit-il.

Le soir, Amedeo, Llewelyn Lloyd et Oscar Ghiglia, qui sont eux aussi chez Fattori, se retrouvent avec les autres étudiants des Beaux-Arts à la trattoria Cencio Maremmano dans le quartier Pinti, ou dans la salle de concert de la brasserie Gambrinus, place Vittorio Emanuele. Ils y rencontrent de jeunes intellectuels comme Giovanni Papini qui deviendra journaliste polémiste, poète, romancier et critique ; comme les peintres Adolfo De Carolis et Giovanni Costetti qui est déjà un maître portraitiste et leur parle du pouvoir expressif de la couleur chez Cézanne pour traduire l'intériorité ; comme le sculpteur Gemignani, le poète Ercole Luigi Morcelli et d'autres.

Amedeo, qui a maintenant dix-huit ans, est devenu un très beau jeune homme. Pas très grand, mais d'allure gracieuse, une élégance naturelle, le front haut couronné d'une épaisse tignasse noire et brillante, en partie rejetée sur la droite par une raie à gauche, le nez aquilin, deux grands yeux embrasés sous les arcades volontaires ombragées d'épais sourcils noirs, un demi-sourire sur les lèvres joliment dessinées. De l'enfance, il a gardé des traits délicats, un teint pâle, une peau fine et lisse, encore imberbe, une grande timidité. Toujours impeccable dans son costume de velours sombre sur une chemise blanche fermée par une lavallière. Et beaucoup de succès auprès des jeunes filles de son entourage. Mais s'il ne dédaigne pas jouer à leur plaire, rien de bien sérieux de ce côté-là, tant il est pris par son énergie créatrice. Comme il l'avait annoncé dans ses lettres à Oscar Ghiglia, il se plonge corps et âme dans le travail. La « chrysalide », comme disait sa mère, a enfin percé son cocon. Il travaille et quand il n'est pas à l'atelier, il visite les musées avec une application systématique. La Galerie de l'Académie, le Palazzo Vecchio, la Galerie des Offices, le Palais Pitti, où il admire les chefs-d'œuvre des maîtres florentins de la Renaissance, parmi lesquels Uccello, Masaccio, Verrocchio, Botticelli, Ghirlandaio, le fameux trio Léonard de Vinci, Michel-Ange et Raphaël, mais aussi ceux des écoles flamande, vénitienne, espagnole et française.

Llewelyn Lloyd lui rendait souvent visite dans la petite chambre qu'il avait louée via Boccaccio. Un matin du début de l'hiver 1903, quelques flocons descendus des Apennins s'étaient aventurés jusqu'aux rives de l'Arno. Llewelyn arriva à neuf heures, emmitouflé dans un épais pardessus, un bonnet de laine enfoncé jusqu'aux yeux et les mains fourrées dans une paire de grosses moufles. Fatigué, il s'assied sur un tabouret, la pointe des pieds posée au sol de chaque côté du tabouret et le talon en l'air, comme il en a l'habitude. Après l'avoir observé un petit moment, soudain Amedeo lui demande :

— Tu te sens de garder la pose jusqu'à ce soir ?

— Vas-y. Prends ta palette et tes pinceaux et commence. Tu peux être tranquille, je ne bougerai pas.

Et il ne bougea pas d'un cil jusqu'à ce que la lumière du jour décline. Il était quatre heures de l'après-midi. Ils ne s'étaient pas arrêtés, même pas pour se restaurer à midi, ni pour boire, mais le portrait était terminé. Un chef-d'œuvre de portrait sur fond verdâtre.

À la même période, Amedeo fera un petit portrait de la fiancée de son oncle Amédée Garsin, dans la pure facture impressionniste de l'enseignement de Fattori. Une œuvre sage, pleine de tendresse, en témoignage de sa reconnaissance à son oncle, toujours aussi généreux, qui continue à aider au financement de ses études. Sans doute aussi pour montrer son talent et le prouver à la famille.

Au musée du Bargello, Amedeo reçoit un deuxième choc pour ce qui est de la sculpture. Donatello, Michel-Ange, Benvenuto Cellini et Jean Boulogne l'envoûtent. Et pas seulement dans les musées mais partout dans la ville. Les jardins, les places, les fontaines abondent de marbres et de bronzes plus beaux les uns que les autres. Amedeo visite, revisite, contemple, réfléchit et bouillonne. La sculpture suscite en lui une émotion plus violente et plus impérieuse que la peinture. Il ne parvient plus à en détacher son esprit. Un nouveau rêve prend forme. Se mesurer à la pierre, au marbre, les tailler, les creuser, les polir pour en tirer figure humaine, leur donner vie. Lorsqu'il rentre à Livourne, il se précipite à Pietrasanta, la capitale artistique du travail du marbre, près de Carrare. Dans les carrières d'une blancheur éblouissante, sa vocation glisse sur une pente irrésistible. Il veut désormais devenir sculpteur, sculpteur avant tout, sculpteur envers et contre tout. Toutefois, sans encore abandonner la peinture dont il sent bien qu'il n'a pas encore fait le tour, même s'il pense que les milieux de la peinture toscane ne peuvent plus l'aider à progresser beaucoup dans sa recherche d'identification artistique personnelle.

Et voilà qu'il décide brusquement de quitter Florence pour aller passer quelque temps à Venise.

Venise

L'express avait mis vingt minutes pour avaler les dix-neuf kilomètres qui menaient à Pise, puis il avait laissé les monts Pisans sur la gauche, la jolie petite San Miniato haut perchée sur la droite, la belle architecture de la *villa Ambrogiana* encore sur la gauche, à Montelupo, où le train avait traversé l'Arno. Il avait suivi le défilé de la Gonfolina où le fleuve serpente à l'ombre des monts Albano. Puis Empoli, puis la bourgade fortifiée de Signa. À partir de San Donnino, d'innombrables villas annonçaient l'arrivée sur Florence. Une heure et quarante-cinq minutes de collines et de vallons, de paysages inchangés depuis le Moyen Âge, pour parcourir les soixante-dix-huit kilomètres de Pise à Florence. À Santa Maria Novella, la gare centrale de Florence, il avait fallu changer pour le rapide de Bologne. Succession de vignes, champs d'oliviers, remblais fleuris, ronflement lancinant de la locomotive à vapeur, sifflements stridents à l'approche des gares que l'on traversait sans s'y arrêter. Les superbes terres d'ocre rouge et jaune, ponctuées de tours et de châteaux crénelés entrevus à travers la brume, lui rappelaient Giotto et Masaccio, les vastes vergers en fleurs, Filippo Lippi et Botticelli. Avaient ensuite défilé, entre tunnels et viaducs, de magnifiques vues sur les vallées et les gorges des Apennins, des monastères, des villages, les rives du Reno et la plaine fertile jusqu'à Bologne. Après Bologne, l'impatience grandissait. Des canaux, des rizières, un pays plat et marécageux, Ferrare, Rovigo, un pont sur l'Adige, un château en ruine, Monselice, Battaglia, les collines Euganéennes avec leurs eaux thermales et le village natal de Tite-Live accroché à leurs pentes, Padoue. La voie ferrée franchissait les trente derniers kilomètres de Padoue à Venise en longeant le canal de Battaglia. L'impatience s'était faite énervement. Enfin, Mestre, dernière étape sur la terre ferme ; le pont sur la Lagune ; et quelques minutes plus tard, mais les plus longues, la gare Santa Lucia suspendue au-dessus des eaux.

Au lieu de prendre la navette comme la plupart des autres voyageurs, Amedeo saute dans une gondole pour rejoindre la paroisse San Marco où il a loué un petit appartement dans l'élégante calle del 22 Marzo, non loin des lieux à la mode. Comme à son habitude lorsqu'il s'installe pour un certain temps dans une nouvelle ville, il a décidé de s'offrir quelques jours de vie oisive et luxueuse malgré ses moyens modestes. Du reste, c'est toujours l'oncle de Marseille, Amédée Garsin, qui l'aide à assumer ses frais d'étudiant. La soirée est douce et superbe. La pleine lune lance sur les eaux du Grand Canal des reflets argentés qui lèchent les façades des palais. Où que se porte le regard, des silhouettes de campaniles et de coupoles détachées sur le ciel veillent sur la lagune. Le long des canaux de traverse, quelques ombres attardées se hâtent dans un silence accentué par le chant des multitudes de rossignols qui agrémentent presque toutes les maisons vénitiennes.

Quelques jours plus tard, le 19 mars 1903, Amedeo s'inscrit à l'École libre de nu de l'Institut royal, devenu depuis l'Accademia, mais bientôt il sèche les cours, trop scolaires à son goût, pour se jeter à travers la ville miroitante comme un décor de théâtre sur fond d'or. La cité des Doges le trouble. La magnificence de ses façades de dentelles gothiques et baroques lui coupe le souffle.

Comme à Florence, il se lance à l'assaut des églises et des musées. Ses camarades du moment, Fabio Mauroner, Guido Marussig, Mario Crepet, le jeune Guido Cadorin, l'accompagnent parfois à la découverte des plus grands de la peinture vénitienne : Giovanni Bellini, Vittore Carpaccio, Giorgione et le Titien pour le XVe siècle, le Tintoret, Paul Véronèse et Tiepolo pour le XVIe. Comme à Florence, il visite et revisite furieusement, prend des notes, copie des détails, s'imprègne des couleurs, étudie surtout les lignes. Il est obsédé par le problème de la ligne qu'il considère comme une valeur spirituelle de simplification, d'accomplissement et de solution de l'essentiel.

D'après Ardengo Soffici, peintre, écrivain et critique, qui l'a rencontré à Venise en août 1903 :

C'était un jeune homme avec de très jolis traits de visage, il n'était ni grand ni petit, mince et vêtu d'une sobre élégance. Ses manières étaient gracieuses et tranquilles, ainsi que sa personne ; et ce qu'il disait, inspiré d'une grande intelligence et de sérénité. Nous avons passé ensemble, très agréablement, plusieurs heures pendant mon séjour à Venise, en nous promenant dans la surprenante ville dont il me faisait les honneurs. Il nous conduisit dans une trattoria populaire, où, pendant que nous mangions du poisson frit, dont je me rappelle encore le fort parfum, notre nouvel ami nous parla de ses recherches, de ses techniques picturales d'après des ébauches de nos maîtres primitifs ; et aussi de ses études passionnées sur l'art des maîtres siennois du XVIe siècle ; et spécialement du Vénitien Carpaccio, pour lequel à cette époque il semblait avoir une prédilection.

Les musées le passionnent, mais aussi les ruelles des quartiers populaires, les *campi* et *campielli*, ces petites esplanades typiques de Venise ménagées autour des églises, des couvents, ou entre les maisons. Il ne se lasse pas du grand marché du Rialto, de la Ve Biennale internationale d'art contemporain qui se tient cette année-là du 22 avril au 31 octobre, des célèbres cafés de la place Saint-Marc, où il fait parfois des croquis. Le Florian et le Gran Caffè Quadri, face à face, sur la place depuis le XVIIIe siècle, à la fois très vénitiens et halte obligée de tous les voyageurs de passage, italiens et étrangers, surtout des intellectuels, qui s'y retrouvent en fin d'après-midi pour échanger des nouvelles du monde, des arts, de la culture, de la politique et même des affaires. Mais Venise, c'est aussi pour Amedeo l'occasion de quelques « péchés » de jeunesse. Entraîné par un jeune noble napolitain, le baron Mario Croccolo, qui fait partie d'un certain « Cercle du fantastique » — l'ésotérisme est alors à la mode —, il participe avec ses amis de l'académie et quelques jeunes filles à des soirées organisées dans une église désaffectée où l'on boit de l'alcool, où l'on fume du haschisch et où l'on se livre à l'occultisme. Guido Cadorin, qui n'avait alors que quatorze ans, racontera bien des années plus tard que les soirées vénitiennes s'étaient terminées par l'irruption des carabiniers, qu'ils avaient tous été très sévèrement sermonnés et Amedeo forcé de rentrer à Livourne pour au moins deux mois.

Au cours de l'hiver 1904, la santé toujours fragile d'Amedeo languit dans les brumes et l'humidité du climat vénitien. La fatigue générale s'ajoutant aux angoisses de sa recherche artistique, il décide, pour se reposer, d'aller passer quelques jours en montagne, à Misurina dans les Dolomites. Il y peindra le portrait du *Jeune étudiant à la blouse bleue*. De là, c'est encore une fois à son ami Oscar Ghiglia, resté à Livourne, qu'il confie ses tourments :

Très cher Oscar,
Tu m'avais promis le journal de ta vie depuis que nous nous sommes quittés jusqu'à aujourd'hui. Je l'attends avec impatience. Quant à moi, je manque à ma promesse, c'est-à-dire que je ne puis la tenir, car je ne peux écrire de journal. Non seulement parce que aucun événement extérieur ne s'est produit pour l'instant dans ma vie, mais parce que je crois que même les évé-

nements intérieurs de l'âme ne peuvent être traduits, tant que nous sommes en leur pouvoir. Pourquoi écrire tandis que l'on ressent ? Ce sont des évolutions nécessaires à travers lesquelles il nous faut passer, et qui n'ont d'importance que le but où elles mènent. Crois-moi, seule l'œuvre arrivée à son stade complet de gestation, qui a pris corps et s'est libérée des entraves de tous les incidents particuliers qui ont contribué à la féconder et à la produire, seule cette œuvre vaut la peine d'être exprimée et traduite par le style. L'efficacité et la nécessité du style résident justement en ce qu'il éclaire l'idée de l'individu qui a conçu l'œuvre, et laisse la voie ouverte à ce qui ne se peut, ni ne se doit dire ; en outre il est l'unique vocabulaire capable d'extérioriser cette idée. L'on devrait considérer toute grande œuvre d'art comme toute autre œuvre de la nature. D'abord dans sa réalité esthétique, ensuite en dehors de son développement et des mystères de sa création, de ce qui a agité et ému son créateur. Ceci est d'ailleurs du pur dogmatisme. Mais pourquoi ne m'écris-tu pas ? Et que représentent tes tableaux ? J'ai lu la description de l'un d'eux dans un article du Corriere. Pour ma part, je ne puis encore prétendre au tableau ; ici, je suis obligé de loger dans un hôtel ; tu comprends donc l'impossibilité où je me trouve de me dédier pour l'instant au tableau ; mais j'y travaille beaucoup mentalement et dans la contemplation de la nature. Je crois que je finirai par changer de résidence : la barbarie des touristes et des vacanciers me rend impossible le recueillement dans les moments où j'en aurais le plus besoin. Je finirai par monter jusque dans le Tyrol autrichien. N'en parle pas encore chez moi. Écris toujours Hôtel Misurina.

Ciao.

Écris-moi. Envoie-moi ce que tu m'as promis.

L'habitude de la contemplation de la campagne et de la nature alpestre marquera, je pense, l'un des changements les plus grands dans mon esprit. Je voudrais te parler de la différence qu'il y a entre les œuvres des artistes qui ont le plus communiqué et vécu avec la nature et ceux d'aujourd'hui qui cherchent leur inspiration dans l'étude et veulent s'éduquer dans les villes d'art.

S'amuse-t-on à Livourne ?

De son propre aveu, Amedeo est donc en proie à une bataille intérieure, qu'il ne parvient même pas à exprimer par des mots, faute de vocabulaire, tant que la conception mentale de son œuvre, dont il sent confusément qu'il ne l'atteindra qu'à travers l'étude dans les villes d'art, et non pas au contact de la nature comme les maîtres anciens, n'est pas achevée. Cette lettre est d'une importance capitale pour comprendre les affres que vivait la chrysalide Amedeo Modigliani pour naître à son idéal créateur. Les réponses d'Oscar Ghiglia aux lettres d'Amedeo n'ayant malheureusement pas été retrouvées, les éléments manquent pour reconstituer le dialogue artistique entre les deux peintres. Mais il y a fort à supposer qu'Oscar se trouve, alors, dans un état d'esprit à peu près semblable à celui d'Amedeo, si l'on en juge par la dernière lettre connue que Modigliani lui adresse de Venise.

Très cher Oscar,

J'ai reçu ta lettre et je regrette terriblement d'avoir manqué la première que tu dis m'avoir envoyée. Je comprends ta douleur et ton découragement — hélas, par le ton de ta lettre plus que par l'aveu que tu en fais. J'en saisis à peu près les raisons, et j'en ai éprouvé et en éprouve, crois-moi, une sincère douleur. Je n'en connais pas encore les causes exactes et les circonstances, mais je sens que sur toi, qui es une âme noble, elles doivent produire une terrible affliction pour te réduire à cet état de découragement. Je ne sais de quoi il s'agit, je répète, mais je crois que le meilleur remède pour toi serait que je t'envoie d'ici, de mon cœur si fort en ce moment, un souffle de vie, car tu es fait, crois-moi, pour la vie intense et pour la joie. Nous autres (excuse ce pluriel), nous avons des droits différents des gens normaux, car nous avons des besoins différents qui nous mettent au-dessus — il faut le dire et le croire — de leur morale. Ton devoir est de ne jamais te consumer dans le sacrifice. Ton devoir réel est de sauver ton rêve. La Beauté a, elle aussi, des droits douloureux, qui créent cependant les plus beaux efforts de l'âme. Tout obstacle franchi marque un accroissement de notre volonté, produit la rénovation nécessaire et progressive de notre aspiration. Aie le feu sacré (je le dis pour toi et pour moi) de tout ce qui peut exalter ton intelligence. Essaie de les provoquer, de les perpétuer, ces stimulants féconds, car seuls ils peuvent pousser l'intelligence à son pouvoir créateur maximum. C'est pour cela que nous devons lutter. Pouvons-nous nous renfermer dans le cercle d'une morale étroite ? Affirme-toi et dépasse-toi toujours. L'homme qui ne sait pas tirer de son énergie de nouveaux désirs, et presque un nouvel individu, destinés à toujours démolir tout ce qui est resté de vieux et de pourri, pour s'affirmer, n'est pas un homme, c'est un bourgeois, un épicier, ce que tu voudras. Tu aurais pu venir à Venise ce mois-ci, mais décide-toi, ne t'épuise pas, habitue-toi à mettre tes besoins esthétiques au-dessus de tes devoirs envers les hommes. Si tu veux fuir Livourne, je peux t'aider dans la mesure de mes moyens, mais je ne sais si cela est nécessaire. Ce serait une joie pour moi. De toute façon, réponds-moi. J'ai reçu de Venise les enseignements les plus précieux de ma vie ; j'ai l'impression de sortir de Venise grandi, comme après un travail, me semble-t-il. Venise, la tête de Méduse aux innombrables serpents azur, œil glauque immense où l'âme se perd et s'exalte dans l'infini.

DEDO

À part celles de la famille Olper, il ne reste, hélas, que fort peu d'œuvres de cette période vénitienne d'Amedeo Modigliani. D'après sa sœur, Margherita, il détruisait systématiquement chaque nouvelle tentative parce qu'il était toujours insatisfait et dépassé par un nouvel idéal. Ce que confirme une mention figurant au catalogue de la rétrospective qui lui a été consacrée à la Galerie de France en décembre 1949 : « Les premières peintures de Modigliani que nous possédions encore marquées par des influences datent de 1908 ; car les œuvres réalisées antérieurement en Italie furent détruites par sa volonté. » Quelques-unes pourtant ont survécu à cette furie destructrice, essentiellement des portraits, sans doute ceux qu'il avait offerts, ou peut-être vendus, à leurs modèles et qui n'étaient plus en sa possession. Un portrait d'une amie assise dans une position qui rappelle la peinture viennoise. Un portrait d'Albertina Olper, la fille de son professeur de latin de Livourne et amie de la famille. Devenue elle-même professeur, elle enseignait depuis l'année 1898 la littérature française à l'École normale de Venise et habitait paroisse San Marco, non loin de l'atelier d'Amedeo qui profite de ce voisinage pour faire d'elle un joli portrait dans des tonalités fortes. Un portrait de la tragédienne Eleonora Duse, la muse de Gabriele D'Annunzio, l'un de ses auteurs de prédilection, dont il imite inconsciemment le style romantique emphatique dans ses lettres. Un portrait de son camarade Fabio Mauroner, pastel monochrome, qui fut exposé à la Biennale de 1930 en parallèle avec un portrait d'Amedeo par Mauroner. Les deux peintres amis avaient posé l'un pour l'autre. Signe de sa sensibilité exacerbée, il peint rarement des anonymes et préfère des personnages qu'il connaît personnellement ou pour lesquels il a des sympathies affectives. Si le dilemme ligne-volume est toujours au centre de ses préoccupations, il a progressé dans sa recherche chromatique, presque monochrome mais légère et flamboyante.

Son aventure vénitienne, qui dura trois années, fut entrecoupée de nombreux retours à Livourne. Outre sa famille, il y retrouvait ses compagnons de chez Micheli. Llewelyn Lloyd qui continuait brillamment sur le chemin divisionniste, Gino Romiti qui suivait de plus en plus scrupuleusement les traces de Fattori, Manlio Martinelli qui se consacrait fidèlement à sa vocation de paysagiste, Renato Natali qui, ne peignant jamais d'après nature mais observant minutieusement les scènes populaires de la vie quotidienne, les intérieurs de cafés, les lupanars, les rues, les reconstituait une fois rentré dans son atelier. Natali avait une gaieté communicative, une spontanéité et une sûreté dans sa manière de peindre qui enchantait Amedeo. En retour, Renato Natali aimait beaucoup le savoir-faire d'Amedeo, sa finesse, son éducation, sa sensibilité. Mais Dedo étouffait chaque fois un peu plus dans l'ambiance de la petite bourgeoisie provinciale livournaise et n'avait qu'une hâte : repartir au vent de la liberté. Au printemps de l'année 1904, avec Renato, ils décident de regagner Venise ensemble.

Cette fois, Amedeo s'installe dans un petit atelier de cinquante mètres carrés au campiello Centopiere à niveau de canal. Il sert de guide à son ami, lui fait visiter les musées et les galeries, lui montre les œuvres des grands peintres vénitiens. Ils échangent leurs impressions. Mais Amedeo, idéaliste et entier, supporte assez mal qu'on soit d'un avis différent du sien, leurs discussions s'animent de plus en plus et parfois jusqu'à la querelle. Il commence à donner des signes d'irascibilité. Ainsi, un soir au Caffè Florian, les deux amis rencontrent deux autres Toscans, le peintre Plinio Nomellini et le compositeur Giacomo Puccini tout content du récent triomphe, au Teatro Grande de Brescia, de sa *Madame Butterfly* qu'il venait de retoucher après l'échec de sa création à la Scala de Milan trois mois auparavant. À propos d'opéra, Amedeo aimait bien gribouiller les livrets au crayon bleu dans l'intention d'apporter sa touche personnelle. Mais ce soir-là, peut-être avaient-ils un peu trop fêté le succès. Dans la griserie générale, Nomellini, lui aussi livournais, s'était cru spirituel en faisant remarquer à ses deux compatriotes qu'il était imprudent pour de jeunes provinciaux comme eux de s'attarder le soir dans Venise et qu'ils risquaient d'y faire de mauvaises rencontres. Amedeo déteste s'entendre traiter de provincial. Il prend très mal la plaisanterie, pourtant bien anodine, se met en colère, insulte, menace et en serait sans doute venu aux mains sans l'intervention du garçon de café. C'est qu'il n'est déjà plus sur la même longueur d'onde que ses camarades, il lui arrive parfois de devenir très désagréable à leur égard. Sa recherche esthétique l'agite en permanence, ses questionnements artistiques et philosophiques le torturent au point de lui faire perdre le contact avec la réalité. Llewelyn Lloyd, qui eut l'occasion de le rencontrer à Venise en 1905, racontera quelques années après :

Une année que j'étais à Venise pour étudier, non pas à l'Accademia, mais quelques heures dans les musées et beaucoup d'autres dans les ruelles vénitiennes, un matin j'ai rencontré Modigliani sur la place Saint-Marc. Il commença immédiatement à parler de problèmes techniques et picturaux, passant de l'art à la philosophie et ainsi de suite. La journée était belle, la place était un enchantement, les pigeons roucoulaient autour de nous, les foulards des Vénitiennes faseyaient dans la brise de la lagune. Je n'en pouvais plus. Je l'ai quitté. Il a dû penser que j'étais un ignorant, inculte, superficiel, une cervelle vide. Une fois libéré, je m'en consolais en regardant la voile orangée d'une barque de pêcheur prendre le vent Riva degli Schiavoni.

L'appel de Paris

En 1905, tandis que Llewelyn Lloyd franchissait les portes de la Biennale avec deux paysages, *Marina* (« Marine ») et *Paese* (« Campagne »), et qu'Oscar Ghiglia y revenait avec deux nouvelles toiles, la *Moglie* (l'« Épouse ») et l'*Ava* (l'« Ancêtre »), Amedeo commençait à nourrir le vif désir de se transférer à Paris.

Il avait beaucoup admiré les dessins d'Henri de Toulouse-Lautrec dans l'hebdomadaire satirique *Le Rire*, largement diffusé en Italie dans les années 1895-1900. Ses lignes incisives, souples et bien marquées transparaissant souvent sous la couleur éclatante, parfois acide, barbouillée plutôt que posée, son inspiration dans les cabarets et les maisons closes, résonnaient comme un écho aux propres recherches d'Amedeo. Si l'on en croit Fabio Mauroner qui partageait alors avec lui l'antichambre commune à leurs deux ateliers contigus, dans le quartier Dorsoduro près de l'église San Sebastiano, église et tombeau de Véronèse :

Il passait ses soirées jusqu'à une heure avancée de la nuit dans les bordels les plus perdus où, disait-il, il apprenait davantage que dans n'importe quelle académie. J'ai eu l'occasion de lui montrer des fascicules du critique Vittorio Pica, *Attraverso gli albi e le cartelle* [« À travers albums et feuillets »], la première et peut-être la seule étude italienne sur les peintres-graveurs et dessinateurs modernes. Il en resta extraordinairement impressionné, au point qu'il décida de quitter Venise pour Paris, afin de mieux connaître ces artistes qui l'avaient le plus ému ; surtout Toulouse-Lautrec.

Bien que d'une manière très différente, la Sécession viennoise l'attire aussi. Sa devise « À chaque époque son art, à l'art sa liberté » gravée au fronton du Palais de la Sécession à Vienne et ses formes stylisées coïncident point pour point avec ce que pense Amedeo.

Mais à Venise, c'est surtout Ardengo Soffici et Manuel Ortiz de Zarate qui lui parleront de Paris.

Le premier, comme lui toscan et formé à l'école de Giovanni Fattori à Florence, avait été parmi les premiers artistes livournais à se rendre dans la capitale française, à y découvrir la peinture de Paul Cézanne, avant de s'y établir de nouveau de 1900 à 1907. Soffici lui avait parlé du Bateau-Lavoir, du premier Salon d'automne qui avait ouvert ses portes le 31 octobre 1903 dans les caves du Petit Palais, et du Salon des Indépendants dont le principe « ni jury ni récompense » démontrait la liberté d'esprit universelle, loin de toute préoccupation marchande et loin de tout conventionnalisme.

— En arrivant à la Ruche, lui racontait Soffici

lorsqu'il venait à Venise, j'ai rencontré des artistes, des bohèmes, des artisans de tous âges, français, scandinaves, russes, anglais, américains, des sculpteurs et des musiciens allemands, des mouleurs italiens, des graveurs, des faussaires de statuettes gothiques, des aventuriers balkaniques, sud-américains et du Proche-Orient. Dans ce caravansérail, j'ai un grand atelier mansardé avec une large verrière et une soupente. Au début, je possédais un sommier, une planche sur deux tréteaux en guise de table, un chevalet, une paire de chaises et un poêle en fonte. Je n'avais besoin de rien d'autre pour mon travail et j'ai pu me mettre à l'œuvre.

En 1902, des dessins et gravures sur bois d'Ardengo Soffici avaient été publiés dans la revue *La Plume.* Il avait aussi travaillé pour le *Gil Blas* avec Steinlen, au *Rire* et au *Sourire* avec Toulouse-Lautrec, à *L'Assiette au Beurre,* avec Ricciotto Canudo qui dirigeait la revue *Montjoie* ainsi que le *Risveglio italiano,* le journal des Italiens de Paris et sera le premier à qualifier le cinéma de « septième art » en 1912. À La Closerie des lilas, brasserie littéraire à la mode, il avait rencontré Guillaume Apollinaire, Pablo Picasso, Georges Braque, Paul Fort.

— Et avec Yadwiga (la baronne Hélène von Œttingen), disait encore Soffici, nous peignons des natures mortes, des fleurs, des ébauches de portraits et nous lisons des livres d'amour en nous embrassant. Elle m'apporte le parfum poétique de son esprit, de son corps, de ses fourrures. Je l'aimerai toujours. Je lui dois une grande partie de mon âme, de mon caractère et tout mon bonheur. Comme je l'ai déjà compris depuis longtemps, Yadwiga est une de ces femmes désastreuses, de la race des héroïnes des poèmes de Pouchkine, de Lermontov, des romans de Dostoïevski et autres écrivains russes, colombes et tigres royaux, anges et démons, caressantes, innocentes, et tout à la fois cruelles, perverses, menteuses, traîtresses, capables de tout autant dans le bien que dans le mal...

Lui parlant ainsi, Soffici alimente en Amedeo le rêve d'un Paris qui l'aurait accueilli dans ses bras comme une maîtresse, bercé de ses chants bénéfiques, soutenu de ses modèles libérateurs. Le chant des Sirènes était si présent qu'il l'étourdissait.

Le second, Manuel Ortiz de Zarate, Chilien né à Côme pendant une tournée en Europe de son père, pianiste et compositeur renommé, avait aussi déjà habité Paris et tout comme Amedeo qui se vantait volontiers de ses ancêtres Spinoza, Ortiz se vantait d'ancêtres conquistadores. « Manuel Ortiz de Zarate Pinto Carrera y Carcaval, descendant d'une des plus glorieuses époques de l'histoire, bourgeon de héros mythiques et de princesses, héritier des compagnons d'aventure du grand capitaine Pizarro, conquérant du Chili et du Pérou », s'amusait-il à se présenter.

Ravivant sa passion pour la culture française, pour la poésie de Baudelaire, Ardengo Soffici et Ortiz de Zarate lui ont parlé de Paris, ce grand creuset artistique, comme d'un rendez-vous permanent de l'art international et de la liberté. Tous deux lui ont parlé de la peinture de Cézanne, de sa révolution picturale des formes et des couleurs. Ils lui ont aussi parlé des débuts souvent difficiles, mais assez rapidement couronnés, des noms qui remplissaient les revues d'art de l'époque, Degas, Renoir, Monet, Sisley, Toulouse-Lautrec, Gauguin, Van Gogh, Cézanne lui-même.

— Alors, pourquoi pas moi ? se demande Amedeo, convaincu qu'il y trouvera enfin sa voie personnelle.

À la fin de l'année 1905, Eugénie vient voir Dedo à Venise. Elle lui remet un peu d'argent sur l'héritage que son oncle Amédée Garsin a laissé en sa faveur et lui offre un exemplaire de la *Ballade de la geôle de Reading* d'Oscar Wilde. Publié en 1899 à la mémoire d'un *horse-guard* qui avait été pendu pour avoir tué celle qu'il aimait, le poème est un hymne à la liberté. Un cadeau symbolique d'Eugénie qui a compris que son fils aspire lui aussi à son « minuscule lopin d'azur » comme le personnage de la *Ballade*. « Tout être tue ce qu'il aime », dit l'un des derniers vers. Comme Amedeo lorsqu'il détruit ses tableaux. Comme Amedeo qui veut partir pour Paris.

Il partira au cours de l'hiver 1906.

Avant son départ, son ami Fabio Mauroner, qui deviendra par la suite un vrai grand peintre-graveur, lui rachète ses chevalets et quelques objets personnels qui meublent l'atelier.

Paris

Son petit pécule en poche, Amedeo débarque un beau matin à la gare de Lyon. Un tramway blanc l'amène dans le quartier de la Madeleine, où il prend pension, dans un premier temps comme à son habitude, dans un bon hôtel confortable.

Lors de leur dernière rencontre à Venise, Ortiz de Zarate lui avait donné une lettre d'introduction pour Sam Granowsky, peintre et sculpteur ukrainien de ses amis. Dès le lendemain de son arrivée, Amedeo lui rend visite. C'est un original, bohème et insouciant en diable, au sens de l'humour aussi prononcé que son accent chaud et rocailleux. Voyant Amedeo si bien mis dans son costume de velours côtelé, un foulard rouge négligemment noué autour du cou, des bottines noires lacées montant aux chevilles et un chapeau à larges bords, lui qui s'habille d'une chemise à carreaux rouges et blancs, d'un pantalon à franges et d'un chapeau qui lui valent le surnom de « cow-boy de Montparnasse », est impressionné par l'élégance d'Amedeo, par son charme, son allure sage et timide, mais décidée.

— Alors jeune homme, lui demande-t-il dans un français approximatif, maintenant que te voilà à Paris, que vas-tu faire ?

— Je veux faire de la sculpture, des sculptures grandes comme ça, répond Amedeo d'un ton déterminé en ouvrant largement les bras, rien que de la sculpture, comme Michel-Ange.

— Et la peinture alors ?

— Aussi. Mais je veux surtout sculpter.

Le Paris de 1906 est un Paris rénové, modernisé dans les cinquante dernières années. Un Paris rajeuni depuis qu'un bouillant préfet de la Seine, conjuguant ambition et réussite, l'a rendu plus accessible, plus propre, plus vivable et plus beau ; depuis que le baron Georges Haussmann a doté la capitale, restée médiévale à bien des égards, de larges avenues plantées d'arbres, les plus larges qu'on ait jamais vues. Il l'a aussi équipée d'égouts et d'un réseau d'adduction d'eau courante, l'a agrémentée de parcs, de grands jardins et de squares, en a réglementé la construction pour harmoniser les architectures et les alignements. Corniches, balcons et moulures se doivent maintenant d'embellir les façades. En ce début de XXe siècle, Paris est redevenu, comme à la Renaissance, comme au Grand Siècle et comme au siècle des Lumières, une capitale culturelle rayonnante, le centre du monde des arts et des lettres, synonyme d'imagination, d'invention, d'audace, voire de fronde. L'esprit parisien attire, séduit, enchaîne et donne des ailes à tout un monde international de peintres, sculpteurs, poètes, écrivains, musiciens en quête de grands espaces où repousser les limites de leurs murs intérieurs et donner libre cours à leur soif de créativité. Les deux collines, l'une au nord, l'autre au sud, de Montmartre et de Montparnasse, sont animées par un tourbillon de fantaisie et d'énergie libératrice. Toute une tribu bigarrée venue d'horizons lointains, des steppes d'Europe de l'Est, des montagnes de Castille, des lacs scandinaves ou des terres de Toscane, s'y mêle aux artistes français et au peuple parisien. « L'imagination des peuples énervés tourne autour d'une invisible flamme dont le foyer est à Paris », comme dit si joliment et si justement l'historien de l'art Élie Faure.

Amedeo qui a fui la mentalité petite-bourgeoise provinciale, étroite et étouffante de sa Livourne natale, est enthousiasmé par la grande ville qui se déploie de part et d'autre de la Seine, majestueuse et harmonieuse, par cette atmosphère de joyeuse liberté où l'âme des vieux quartiers rivalise avec la vitalité des nouveaux. Il passe ses premières semaines à visiter la ville, les églises, les musées, il ne décolle plus du Louvre. Il change souvent d'hôtel, va d'un logement à l'autre, dépense sans compter, offre à boire et invite à déjeuner, mettant en pratique le Talmud qui lui avait enseigné que le seul argent qui t'appartient vraiment est celui que tu dépenses. Sa prodigalité, sa façon de vivre et de s'habiller faisant dire un jour à quelqu'un qu'il doit être le fils d'un banquier, il ne démentira pas. Au contraire, il entretiendra volontiers la rumeur qui rejoint et conforte la légende familiale. Personne ne sait, alors, qu'il doit en réalité son aisance aux économies de sa mère, Eugénie, et au legs de son oncle Amédée qui venait de mourir au début de l'année précédente.

Ortiz de Zarate, rentré de Venise entre-temps, l'accompagne dans ses explorations artistiques. Après s'être nourri des merveilles de la peinture ancienne, Amedeo brûle de voir, enfin, les acteurs de l'art moderne. Ils se mettent à visiter les galeries. Les impressionnistes sont à la mode. Chez Paul Durand-Ruel, rue Laffitte, il reste sans voix devant les Pissarro, les Renoir, les Degas, les Toulouse-Lautrec. Un peu plus loin, dans la même rue Laffitte, à la galerie Ambroise Vollard, il découvre des tableaux de Gauguin et des Cézanne, éblouissants, il est complètement séduit par le peintre qui représente pour lui l'avant-garde française. La galerie est un véritable entrepôt de chefs-d'œuvre, et c'est stupéfiant de voir le marchand réunionnais, apathique, épousseter de la manche de sa veste une *Montagne Sainte-Victoire,* une *Vue de l'Estaque, Trois baigneuses* ou une *Coupe de pommes.* C'était la boutique la plus sale et la plus mal tenue de Paris. Il paraît que quand ce grand marchand organisa sa première exposition de Vlaminck, celui-ci envoyait chaque matin sa bonne avec un plumeau pour dépoussiérer ses œuvres. Ambroise Vollard, un des premiers marchands à avoir exposé Cézanne, avait aussi été parmi les premiers à apprécier Matisse et Picasso qu'il exposait depuis 1901. D'autres tableaux de l'Espagnol sont présentés, un peu plus haut toujours rue Laffitte, chez Clovis Sagot, un ancien clown de Médrano qui ayant débuté dans le commerce des estampes avait été le premier à s'être intéressé à la période bleue de Picasso ; d'autres encore chez Berthe Weill, rue Victor-Massé. Dans le quartier de la Madeleine où il habite, la galerie Georges Petit, dans un hôtel particulier de la rue de Sèze, propose des toiles plus classiques, comme celles de Gustave Moreau, des objets d'art et d'ameublement, et des portraits mondains ; celle des frères Bernheim-Jeune, 25 boulevard de la Madeleine, offre des Bonnard et des Vuillard.

Chaque fois qu'il visite une galerie d'art contemporain, Amedeo découvre une nouvelle manière de peindre que personne ne connaît en Italie, pas même ses maîtres Fattori et Micheli, et une manière originale. Il est émerveillé par leurs façons si diverses de faire varier la lumière et les couleurs avec les saisons, les jours ou les heures. « Oui, vraiment, ici, les artistes livrent quelque chose de neuf et de révolutionnaire », pense-t-il.

Paris accueillant, Paris providence, Paris nouveauté, espoir des créateurs assoiffés de changement, d'extravagance et de défi, ne dément pas sa renommée de ville lumière. Les innovations explosent, les revues d'art se multiplient, les avant-gardistes s'affrontent. Déjà, les impressionnistes, puis les post-impressionnistes avaient suscité dénigrement et défiance de la part des gens ordinaires qui étaient restés perplexes devant une manière de peindre qu'ils ne comprenaient pas. Ce qu'ils avaient ressenti comme imprécision des lignes, approximation des formes, confusion des contours, équilibre incertain des lumières, dans le paysage comme dans le portrait ou la nature morte, les avait indignés, poussés à refuser cette peinture qu'ils considéraient comme de l'amateurisme. Ces peintres étaient loin de la netteté figurative, de la solidité du trait régulier, du jeu virtuose des clairs-obscurs, des références religieuses, mythologiques, historiques ou bucoliques de leurs classiques aînés. Monet lui-même n'avait-il pas essuyé les sarcasmes de Louis Leroy, le critique du *Charivari*, pour son *Impression soleil levant* qui devait donner son nom au mouvement ? Mais, quelle que soit l'époque, l'innovation en matière d'art a toujours choqué les braves gens peu enclins à entrer dans l'avantgarde et alimenté les controverses sinon le mépris des critiques. Heureusement que les artistes ne s'y sont jamais laissé décourager dans leurs recherches, bien au contraire. Maintenant ce sont ceux que l'on ne va pas tarder à appeler les « Fauves », Henri Matisse en tête de file, suivi par Maurice de Vlaminck, Kees Van Dongen, André Derain, Raoul Dufy, Georges Braque, qui défraient la chronique avec leurs couleurs exaspérées et criardes, à tel point que « braque » passera dans le langage courant comme synonyme de bizarre ou farfelu. Amedeo regrette bien de ne pas s'être trouvé là, quelques mois plus tôt, pour la troisième édition du Salon d'automne qui s'était déroulée du 18 octobre au 25 novembre 1905 au Grand Palais, et où ils avaient fait grand scandale. Matisse y avait exposé un portrait de sa femme, intitulé *La Femme au chapeau,* au visage vivement peinturluré de rouge, de vert, de jaune et de bleu agressifs, qui fit grincer les dents des visiteurs et des critiques. En voyant une jolie petite tête d'enfant en bronze de style classique exposée dans le même secteur, Louis Vauxcelles, le critique du *Gil Blas*, s'était écrié : « Regardez-moi ça, ils ont même mis un petit Donatello dans cette cage aux fauves. » La tête d'enfant bien sage était d'Albert Marquet. D'autres sources indiquent que ce Donatello désignait un petit vase d'inspiration florentine. Mais peu importe. Dans *Le Matin* on avait écrit : « Ils ont jeté leurs pots de peinture à la face du public », et ni Mme Matisse qui avait posé pour le tableau ni le député socialiste Marcel Sembat qui était un ami intime du couple et un fervent admirateur du peintre n'avaient osé visiter l'exposition tant les quolibets étaient virulents. Deux jeunes collectionneurs américains fortunés, épris d'art moderne, Léo Stein et sa sœur Gertrude, installés à Paris depuis 1903 pour se mêler à la vie de bohème, avaient payé 500 francs (environ 1 600 euros d'aujourd'hui) pour *La Femme au chapeau*. À cette occasion, ils avaient fait la connaissance de Matisse, et comme peu de temps auparavant ils avaient déjà acquis deux toiles de Picasso qui était justement en train de travailler à un portrait de Gertrude, ils avaient incité les deux artistes à se rapprocher.

Oui, Amedeo regrette vraiment d'avoir manqué ce Salon.

Au fil de ses promenades, il commence à rencontrer des artistes venus des quatre coins du monde. Un jour qu'il est assis devant un petit bordeaux à la terrasse d'un café de la rue Godot-de-Mauroy avec son ami Ortiz de Zarate, il voit passer un homme brun, pas très grand, des yeux de feu, la casquette anglaise, une mèche noire lui tombant sur le front. Vêtu d'une courte veste bleue ouverte sur une chemise rouge à pois blancs, d'un pantalon retenu par une ceinture de flanelle rouge, chaussé d'espadrilles, l'homme promène tranquillement une chienne blanche tenue en laisse.

— Tiens, voilà Pablo qui va faire pisser sa Frika, lui murmure Ortiz en riant.

— Il est drôlement mal fagoté pour quelqu'un qui a autant de talent, répond Modigliani qui a déjà vu certains mendiants bleus et des saltimbanques de l'Espagnol.

Brusquement, il se lève et s'approche de l'homme au chien.

— Excusez-moi, monsieur Picasso, je m'appelle Modigliani, Amedeo Modigliani, italien et peintre. Je viens d'arriver à Paris. J'ai vu chez Sagot ou chez Vollard, je ne sais plus bien, un pastel et une gouache de vous. Je voulais justement vous rencontrer et voilà que le hasard...

— ... Oh, des vieilleries, mon cher, l'interrompt Picasso, mais que j'ai faites avec amour. Et vous, que peignez-vous ? lui demande-t-il, un demi-sourire aux lèvres.

— À vrai dire, je suis un artiste sans œuvre encore, je cherche ma véritable voie.

— Chercher c'est trouver, lui dit Picasso.

— Puis-je vous offrir quelque chose ? demande Amedeo.

Cédant aux politesses du Livournais, l'Espagnol accepte.

— Où logez-vous ?

— Dans un petit meublé près de la rue Royale.

— Je connais ça. Moi aussi j'ai habité dans un petit hôtel, Hôtel du Maroc au carrefour Buci, avec un ami sculpteur, mais c'était une toute petite mansarde assez minable. Je ne pouvais pas peindre. Puis j'ai déménagé chez mon ami Max Jacob boulevard Voltaire. Là, c'était une grande chambre au cinquième étage. J'y travaillais la nuit et j'allais me coucher quand Max se levait pour aller travailler car nous n'avions qu'un lit. Maintenant j'ai un atelier sur la Butte, au Bateau-Lavoir, 13 rue Ravignan. Vous devriez venir à Montmartre.

Leurs verres terminés, Picasso dit :

— Je paierais bien ma tournée, mais en ce moment je suis fauché, j'attends des rentrées d'argent.

En bluffeur italien et fils de bonne famille qu'il est, Amedeo proteste en faisant signe au garçon de remettre les consommations.

— Si vous le permettez... Je peux même vous prêter cent sous sans difficultés. Ma famille ne me laisse jamais sans ressources.

— J'accepte, grogna l'Espagnol, je vous les rendrai assez vite.

— Avec intérêts, j'espère, ajoute Modigliani pour faire un peu d'humour.

— Vous savez, dit Picasso avant de s'en aller,

moi aussi j'ai des origines italiennes. Par ma mère, qui est d'origine génoise. D'ailleurs, Picasso, c'est son nom. Chez nous, en Andalousie, il est d'usage d'ajouter le nom de famille maternel. Mon véritable patronyme à moi, c'est Pablo Ruiz Blasco y Picasso... Mais, venez donc à Montmartre. Il y a tant de filles prêtes à poser. Vous verrez, ça vous plaira. Vous n'êtes sûrement pas un peintre de fleurs, alors ne restez pas à la Madeleine.

Et il s'éloigne avec sa petite chienne blanche qui commençait à s'impatienter au bout de sa laisse.

Plus tard, les deux peintres se croiseront souvent dans Paris, mais ils ne se fréquenteront jamais vraiment beaucoup. Si leurs intelligences artistiques s'apprécient mutuellement, sans toutefois l'avouer ouvertement, il y aura toujours entre eux une certaine rivalité, émaillée de temps à autre de petites phrases perfides. Orgueil, défi ou jalousie relative ? Les mauvaises langues disent que c'est parce que Modigliani buvait beaucoup, d'autres que Picasso était envieux des conquêtes féminines du bel Italien.

De plus en plus enthousiasmé par sa vie parisienne, Amedeo dévore la ville des yeux. Antiquaires, bouquinistes, couturiers, modistes, bottiers, marchands de quatre-saisons, cafés, bougnats, tramways, et tous ces gens qui se bousculent pour se rendre au travail. Il fréquente l'atelier de son concitoyen Leonetto Cappiello, caricaturiste et affichiste, livournais comme lui, qui est déjà un

« vieux Parisien » installé dans la capitale française depuis 1897. Cappiello l'emmène au très à la mode cirque Médrano, à l'angle de la rue des Martyrs et du boulevard de Rochechouart. Lorsqu'ils entrent un moment Au rendez-vous des artistes, le café situé juste en face, pour se réchauffer avant une représentation, Amedeo ne peut s'empêcher de songer qu'il est assis, ou qu'il le sera tout à l'heure sur les gradins du cirque, alors cirque Fernando, aux endroits mêmes qui avaient accueilli Henri de Toulouse-Lautrec.

Au Salon d'automne 1906, la rétrospective Paul Gauguin, qui présente deux cent trente pièces du maître entre gravures, dessins, toiles et céramiques, fait l'admiration de tous. Pablo Picasso, Pierre Bonnard, Édouard Vuillard, Félix Vallotton se disent tous disciples de Gauguin. C'est à partir de là qu'Amedeo va commencer à s'immerger dans les méandres du primitivisme dont ses dessins, ses peintures, ses sculptures, seront plus tard influencés. Alors même que le Salon est en pleine effervescence, le 22 octobre, Paul Cézanne s'éteint à Aix-en-Provence. L'événement marque Amedeo qui se met à méditer longuement sur la nature chromatique et formelle de l'art du peintre aixois. Mais c'est seulement l'année suivante, après avoir vu l'exposition de soixante-dix-neuf aquarelles de Cézanne chez Bernheim-Jeune, qu'il se remettra vraiment en question. Pour le moment, puisqu'il n'a pas encore trouvé son véritable chemin, il va essayer de s'orienter entre les différents courants parisiens. Il se dit qu'il tentera de faire cohabiter la tradition et l'innovation en apportant à l'ancien le trait de la nouveauté qui est en train de révolutionner l'art de ce début de siècle. Mais il lui faut davantage d'expérience, se familiariser avec les nouvelles techniques, lutter avec lui-même sans refuser sa culture, trouver comment faire éclore ses idéaux et son propre style.

Montmartre

En attendant l'argent d'Eugénie, Amedeo est obligé de quitter l'Hôtel de la Madeleine pour une petite pension de famille tenue par les époux Mollet, un couple de braves gens, modestes et dignes, dans le quartier Port-Royal-Observatoire. M. Mollet travaille dans une maison d'édition mais il fait aussi de la musique et tous les soirs, il joue des valses pour distraire ses clients. Amedeo a l'impression de goûter à l'ordre et à la paix de la chaleur familiale ; mais très vite, il se sent à l'étroit, trop loin du monde artistique qu'il est venu conquérir et de ses nouveaux amis. Il va donc suivre le conseil de Picasso et chercher quelque chose à Montmartre ; et il trouvera un petit atelier au Maquis.

Ce Maquis était un vaste terrain sur d'anciennes carrières de gypse, couvert de baraques faites de toutes sortes de matériaux de fortune et de petites maisonnettes délabrées, qui s'étendait du Moulin de la Galette à la rue Caulaincourt, sur l'emplacement occupé par l'actuelle avenue Junot, et descendait jusqu'à la place Constantin-Pecqueur en longeant le Château des Brouillards. On avait commencé à le démolir peu après l'exposition de 1900 pour construire les immeubles qui portent les numéros pairs de la rue Caulaincourt. Il abritait alors toute une faune de marginaux un peu brigands ainsi que des brocanteurs, des mouleurs, des artistes pauvres et tenait bien davantage d'une cité de chiffonniers que d'une cité d'artistes. Outre l'insalubrité et l'humidité, ces logements du Maquis fermaient si mal qu'il était parfois à craindre d'y trouver des intrus en rentrant chez soi. Le quartier était truffé de moulins, de cabarets, de tonnelles, de ruelles silencieuses bordées de chaumières, de granges, de jardins touffus, de plaines vertes entrecoupées de précipices où des sources filtraient dans la glaise, détachant peu à peu certains îlots de verdure où s'ébattaient des chèvres qui broutaient l'acanthe suspendue aux rochers, comme disait Gérard de Nerval lorsqu'il habitait le Château des Brouillards.

Avec la complicité de quelques ouvriers des chantiers avoisinants, Amedeo se procure des pierres de taille subtilisées aux façades des maisons et se met à faire de la sculpture. Sans relâche, il frappe du marteau et du ciseau. Le soir, il s'en va avec sa brouette, sur les chantiers des maisons en démolition, pour se procurer des pierres. Mais ses poumons sont trop fragiles, il s'épuise vite et doit bientôt renoncer à sculpter — au moins provisoirement. Il commence alors à mener une existence vagabonde, change sans cesse d'adresse, habite tour à tour rue Lepic, sur les bords du Maquis, rue Norvins, place Jean-Baptiste-Clément, rue du Delta, dans un couvent désaffecté de la rue de Douai où, pendant l'été, il se régale en plein air des féeries cinématographiques de Georges Méliès. En même temps, il s'inscrit à l'Académie Colarossi, 10 rue de la Grande-Chaumière, à Montparnasse, à l'autre extrémité de la ville. Cette académie avait été fondée au début du XIXe siècle et pas mal de ses élèves, comme Auguste Rodin, Camille Claudel, Paul Gauguin, Alphonse Mucha, Whistler, étaient devenus célèbres. À Colarossi, il se met au travail avec enthousiasme. Très critique envers lui-même, il se dit qu'il lui faut oublier Livourne, s'éloigner de la vision italienne et provinciale de la peinture. Il sait cependant qu'il ne pourra jamais rejeter la tradition d'où il vient, ni ses maîtres toscans et siennois. Il est anxieux, orgueilleux, susceptible. Il lui arrive de couvrir ses dessins de sa main afin que ses camarades ne puissent pas les voir. Il étudie les modèles proposés à l'atelier dans de grands carnets, mais c'est un Modigliani très appliqué, formel, que les critiques n'apprécient guère. Sont restés de cette époque une trentaine de dessins exécutés à l'encre de Chine ou rehaussés d'ocre et de noir. Certains de ces carnets serviront par la suite à Max Jacob qui y tracera quatre de ses propres dessins, ainsi qu'à Jeanne Hébuterne en 1917.

À cette époque, alors que j'étais à Paris depuis à peine quelques mois, à l'automne 1906, raconte le peintre Gino Severini dans son autobiographie, *La Vita di un pittore* (« La Vie d'un peintre »), le hasard me fit rencontrer Modigliani. Je montais par la rue Lepic jusqu'au Sacré-Cœur, lorsque devant le fameux bal du Moulin de la Galette, je croisai un autre jeune homme brun, au chapeau mis comme seuls les Italiens peuvent et savent le mettre. Nous nous dévisageons. Quelques secondes plus tard, nous nous retournons tous les deux et revenons sur nos pas. Les mots qu'on échange dans ces cas-là, et peut-être n'y en a-t-il pas d'autres :

— Vous êtes italien, je crois ?

— Mais oui. Vous aussi, j'en suis sûr.

Nous nous abordons donc à peu près comme cela, puis nous nous informons mutuellement que nous sommes peintres, que nous sommes toscans et que nous habitons Montmartre. Son petit atelier était justement à deux pas. De la rue Lepic, on voyait une espèce de serre à fleurs ou de cage de verre, située en haut d'un mur et au fond d'un petit jardin. C'était un atelier tout petit mais très agréable ; fermé des deux côtés par des verrières. Ce pouvait être une serre ou un atelier sans être parfaitement ni l'un ni l'autre. En tout cas, il avait pu se louer une petite demeure pas très confortable mais suffisante. Il en était très satisfait, et à vrai dire, elle me plaisait davantage que mon sixième étage. Mais il vivait dans un isolement absolu, tandis que moi, heureux parmi les femmes, j'étais presque trop entouré. Ce fut lui qui m'indiqua, pour que l'on s'y retrouve bientôt et souvent, le Lapin agile, cabaret rustique, vraiment typique, fréquenté surtout par les artistes et situé tout près de là, au croisement de la rue des Saules et de la rue Cortot. Nous nous retrouvions aussi volontiers dans un autre cabaret, celui de la mère Adèle, lui aussi tout près, à deux pas de la place du Tertre, et que fréquentait également Maurice Utrillo.

Toujours à l'automne 1906, un jour de décembre, alors qu'ils viennent d'arriver à Paris tout récemment, Anselmo Bucci et ses deux collègues et amis, le peintre Leonardo Dudreville et l'écrivain et sculpteur Mario Bugelli, passant devant l'Art

Gallery, une boutique tenue par la poétesse anglaise Laura Wylda à l'angle du boulevard Saint-Germain et de la rue des Saints-Pères, aperçoivent en vitrine une nouveauté : « Trois visages de femmes, exsangues et hallucinés, presque monochromes, peints avec des terres vertes en pâte maigre, sur de petites toiles. » Intrigués, ils entrent et demandent :

— Qui a peint ces tableaux ?

— C'est un peintre de Montmartre, un certain Modigliani, qui me les a laissés en dépôt.

Les trois Italiens décident aussitôt de monter sur la Butte à la recherche de leur compatriote livournais. Le jour même, après diverses indications, ils le retrouvent chez Bouscarat, à l'Hôtel du Tertre, un petit hôtel-restaurant de la rue Norvins à l'angle de la rue du Mont-Cenis et de la place du Tertre. On l'appelle et Modigliani descend par le petit escalier très raide, tout ébouriffé, l'air gêné, il se force à sourire en découvrant ses dents blanches.

— Qui êtes-vous ? demande Amedeo, d'un ton laissant deviner qu'il n'aime pas être dérangé.

— Nous sommes italiens. Nous avons vu vos toiles à Saint-Germain et...

Interrompant Bucci, Amedeo qui était déjà un peu ivre ce jour-là se met à marmonner à l'adresse du patron :

— Ce gredin m'a confisqué mes toiles et mes pinceaux parce que je ne l'ai pas payé mais... c'est à cause du plafond que je ne l'ai pas payé... voilà pourquoi...

Amedeo occupait chez le logeur une chambre dont le plâtre du plafond s'était en partie effondré sur lui, le blessant légèrement pendant son sommeil, mais surtout lui causant une terrible frayeur. Puis revenant à ses visiteurs :

— Alors… Vous êtes peintres. Il n'y a rien de bon en peinture en Italie, je suis allé partout, il n'y a qu'un peintre valable, Oscar Ghiglia, et c'est tout. Ici, il y a Matisse, il y a Picasso et tant d'autres.

Malgré cet accueil un rien brutal, Amedeo revit souvent les trois Italiens au café Vachette, au Quartier latin, où ils allaient entendre du jazz et dessiner. L'un de ces dessins réalisés à grands traits larges et rapides par Amedeo chez Vachette représente le philosophe, publiciste, homme de lettres et sculpteur sicilien Mario Bugelli. Dans son livre *Modigliani dal vero* (« Modigliani d'après nature »), Anselmo Bucci confie : « J'ai un feuillet de sa main, un simple dessin du premier jet, signé et dédicacé ; un merveilleux portrait orthodoxe, sans cou allongé, sans gifles sur les joues : un dessin comme il en faisait en ce temps-là, la main guidée par son ange. » Et à bien regarder le dessin, le bon ange devait être Toulouse-Lautrec, commentera Jeanne Modigliani. La peinture de Bucci à ce moment-là se manifestait par un brillant esprit impressionniste ; il faisait des paysages magnifiques et de beaux portraits, un de ces portraits de Mario Bugelli qui figure dans l'un de ses albums de 1907 aux côtés de plusieurs visages de femmes à grands chapeaux, d'une violoniste et de femmes attablées, porte en bas à droite, la légende au crayon : « Au café Vachette avec Modigliani. »

Comme Modigliani, Bucci prend le chemin de Montmartre. Il s'installe avec Gino Severini dans un atelier qu'ils partagent au 36 rue Ballu. Bien vite, ils deviennent des habitués du Lapin agile où ils retrouvent Amedeo et toute la bohème du quartier. L'hiver, ils s'entassent dans les deux pièces de l'estaminet, pleines de tableaux d'artistes, y compris de Picasso. L'été, ils s'asseyent sur la terrasse et parlent des Fauves, de leur nouvelle poésie picturale. Il n'est plus question d'ambiances ni de lumières dans le sens impressionniste, mais de rythmes, de volumes, d'espaces à trois dimensions, de la couleur et du dessin en tant que tels et non plus comme expression ou suggestion de la réalité du sujet.

La vieille taverne, qui avait ouvert sa porte en 1860 au coin de la rue des Saules, face au mur du cimetière Saint-Vincent, s'était autrefois appelée Au rendez-vous des voleurs, puis Le Cabaret des assassins. En 1875, le caricaturiste André Gill l'avait dotée d'une enseigne représentant un lapin coiffé d'une typique casquette de titi montmartrois s'échappant d'une casserole. On avait alors pris l'habitude dans le quartier de dire qu'on allait au Lapin à Gill. En 1886, le cabaret est repris sous le nom de Ma campagne par une ancienne danseuse de cancan, la mère Adèle. Mais le lapin « à Gill » avait la peau dure et s'était entre-temps tout naturellement transformé en Lapin agile. En 1902-1903, le chansonnier Aristide Bruant le rachète à son tour pour lui éviter la démolition et en confie la gérance à un Breton de Montmartre, Frédéric Gérard, dit Frédé, ancien marchand de poissons ambulant qui avait fait ses premières armes d'aubergiste au Zut, petit estaminet minable de la place Jean-Baptiste-Clément.

En 1907, la butte Montmartre ne ressemble guère au reste de la capitale. Le quartier a gardé ses attributs de village, ses moulins, ses fours, ses lavoirs. Les fastes de la Belle Époque et son affairisme n'y ont pas mis les pieds. Dans ces ruelles qui mènent presque toutes au Sacré-Cœur en construction, souffle toujours l'esprit rebelle de la Commune. Une population pauvre, voire misérable, y vit au jour le jour plus ou moins en dehors des règles sociales. Pauvres, oui, mais épris de liberté, soucieux de rester d'authentiques frondeurs et qui « cherchent fortune... autour du Chat noir... au clair de la lune... à Montmartre le soir ». Jouet d'énergies très fortes qui naissent et meurent, comme il l'écrivait à Oscar Ghiglia, Amedeo, incapable de se couler dans les moules communs, incapable encore de réaliser sa propre originalité, hésitant toujours entre sculpture et peinture, se méfiant des nouvelles tendances qui prendront pourtant place parmi les plus importants mouvements de toute l'histoire de la peinture, refusant en bloc expressionnisme, fauvisme, cubisme, y traîne ses incertitudes et son insatisfaction chronique.

Et les voilà tous autour du poêle du père Frédé : peintres, sculpteurs, écrivains, poètes, critiques d'art, pour se réchauffer le corps et le cœur d'un verre d'absinthe et d'amitié partagée. Le soir, s'accompagnant à la guitare, le père Frédé en manches de chemises, pantalon de velours à grosses côtes, bottes de cuir, foulard rouge, bonnet sur la tête et pipe au bec, entonne les vieilles chansons de Montmartre et lorsqu'il en voit un dans la mouise, il chante pour lui, annonçant avant de commencer : « Pour le camarade qui s'ennuie dans la purée faisons un peu d'art. » Quand il s'était trop égosillé, l'écrivain et poète Francis Carco le remplaçait parfois dans son tour de chant, reprenant les chansons de caf'conc' de Félix Mayol, alors en vogue.

Certes, les critiques et les intrigues secrètes ne manquaient pas au Lapin quand Modigliani et moi-même avons commencé à le fréquenter, écrira Gino Severini. Nous, Gino Baldo, caricaturiste, et aussi Anselmo Bucci (qui était sympathique à tous), fûmes accueillis aimablement par quelques-uns (surtout Daragnès et Max Jacob), et par d'autres avec indifférence, réserve et même avec une certaine hostilité.

Les peintres fréquentaient aussi la gargote du père Azon, à l'enseigne des Enfants de la Butte, qui se trouvait juste face au Bateau-Lavoir à l'angle de la rue des Trois-Frères et de la rue Ravignan et où ils pouvaient manger pour pas cher. Un jour, Maurice Raynal, qui était critique d'art au *Gil Blas*, eut l'idée de faire peindre quelque chose sur les murs de l'établissement par chacun des artistes qui y venaient.

— D'accord, dit le père Azon, mais pas les Italiens.

Les peintres italiens du moment étaient Gino Severini, Mario Bugelli, Leonardo Dudreville, Anselmo Bucci, l'illustrateur Gino Baldo et naturellement, Amedeo. Quant aux autres : Pablo Picasso, Juan Gris, Auguste Agero, Manuel Hugué dit Manolo, ils étaient espagnols. Demetrius Galanis, en qui André Malraux, jeune courtier en art débutant, verra en 1921 un « nouveau Giotto », était grec. Kees Van Dongen était hollandais. Gaston Duchamp, dit Jacques Villon, frère de Marcel Duchamp, également peintre, et de Raymond, sculpteur, connu sous le nom de Duchamp-Villon, ainsi que Fernand Buzon, Maurice Raynal, Max Jacob, Jean-Gabriel Daragnès étaient français. Une clientèle internationale. On ne voyait vraiment pas pourquoi on aurait exclu les Italiens. Raynal refusa et le projet resta lettre morte.

Lorsque Gino Severini s'installa 22 rue Turgot, en face du Théâtre de l'Œuvre, où l'on donnait des pièces d'Ibsen, de Maeterlinck, de Gorki, d'Oscar Wilde, de D'Annunzio, de Marinetti, d'Alfred Jarry, d'Henri Bataille, il prit l'habitude de fréquenter un petit café-restaurant de la même rue tenu par un Florentin renfrogné mais qui lui faisait parfois crédit. Un jour d'été, alors qu'il était tranquillement attablé avec Gino Baldo et sa femme, il voit arriver un Amedeo affamé.

— Assieds-toi, lui dit-il, et mange quelque chose avec nous.

Le restaurateur qui avait déjà eu maille à partir avec Modigliani fait bien un peu la grimace, mais comme si de rien n'était, Amedeo commande un copieux repas. Ils mangent avec appétit en devisant joyeusement tandis que le Florentin, inquiet, tournique autour de leur table. À la fin du repas, Modigliani sort de la poche de son gilet une petite boîte ronde en bois qui contient du haschisch et en offre à ses amis.

— Prenez-en… pour vous donner du courage.

Baldo et sa femme refusent mais Gino Severini qui sent venir la catastrophe accepte.

— Pour que l'effet soit immédiat, il faut le mâcher et puis boire un bon café serré à l'italienne par-dessus, ajoute Amedeo.

Ce que s'empresse de faire Severini. Quelques instants après, il éclate d'une hilarité nerveuse. Amedeo qui est plus habitué à la drogue reste impassible et souriant. Au bout d'un moment, voyant que personne ne fait mine de demander l'addition, toujours hilare, Severini dit au patron :

— Mettez tout sur mon compte.

Fou furieux, le restaurateur se met à les insulter en italien. Cette agitation plutôt inhabituelle attire l'attention des autres clients et des passants, interloqués et goguenards, qui commencent à s'attrouper et commentent :

— Encore une querelle de macaronis, allons-nous-en, pour un peu ils sortiraient leurs couteaux.

Réalisant alors que la scène risque de lui faire grand tort, le restaurateur hurle, toujours en italien :

— Foutez-moi le camp d'ici, bande de voyous et n'y remettez plus jamais les pieds.

Le Florentin ne perdit rien, bien au contraire, il y gagna un tableau de Severini qu'il avait en dépôt et qu'il conserva.

« Modigliani n'était pas un vicieux ni un vulgaire soûlard, témoigna plus tard Severini, si quelquefois il prenait de l'absinthe ou du haschisch, c'était pour se donner du courage car à l'époque tout le monde en prenait. C'était un moyen de survie et non une fin. »

Après avoir quitté le Maquis, pour un atelier au Bateau-Lavoir qu'il a eu grâce à son ami Sam Granowsky, Amedeo se remet à la peinture. Le Bateau-Lavoir était une vieille bâtisse plutôt tarabiscotée, construite 13 rue Ravignan, sur une partie de la rue devenue place Émile-Goudeau en 1911, où l'on entrait, côté rue Ravignan, par le dernier étage sous les toits, tandis que le rez-de-chaussée donnait, une vingtaine de mètres plus bas, sur la rue Garreau. Max Jacob l'avait ainsi baptisée à cause de sa forme. Elle ressemblait à un vieux paquebot dont les cabines auraient été les ateliers avec leurs verrières. Mais la vie quotidienne au Bateau-Lavoir est difficile, pas d'éclairage, une fontaine commune au rez-de-chaussée du bâtiment pour seul point d'eau. Amedeo a du mal à supporter la vie en commun. Son atelier est petit et inhospitalier, glacial en hiver, fournaise en été. Un divan qui s'ouvre en lit, deux chaises, un tabouret, un fauteuil, un piano sans cordes à demi désarticulé, une lampe à pétrole — car il n'était pas question de gaz, ni d'électricité au Bateau-Lavoir — qu'il tient allumée jour et nuit et son tub en zinc qui le suit dans tous ses logements en constituent le plus clair du mobilier. Sur le piano, Amedeo a jeté un grand châle. Sur les murs, il a épinglé des reproductions d'œuvres classiques italiennes : Filippo Lippi, Botticelli, Carpaccio, Titien, Véronèse. Quant à ses propres tableaux, ils se résument à quelques châssis posés à terre et une toile tournée contre le mur pour que personne ne puisse la voir. Il ne sait toujours pas ce qu'il veut faire exactement. En attendant, il noie ses chagrins dans le vin rouge, un petit verre par-ci, un petit verre par-là pour tuer la solitude qui le ronge. Il n'est pas rare qu'il choisisse un modèle au cours de ses errances montmartroises.

— Mademoiselle, je suis peintre, j'aimerais beaucoup faire votre portrait.

Ils finissent la promenade ensemble, la main dans la main, comme deux amoureux désireux l'un de l'autre. Elle dans sa robe de flanelle verte, les cheveux au vent, un doux sourire aux lèvres. Lui plein d'espoir, rêvant de la faire naître au bout de son fusain. Une fois rentrés à l'atelier, pendant qu'elle se déshabille, ôtant sa robe, sa chemise, son corset, il prend son album à couverture de carton bleu et le serre contre lui, de toutes ses forces, en se disant : « Mon Dieu qu'elle est belle, pourvu que j'y arrive. »

— Installe-toi dans le fauteuil et enlève tes bottines et tes bas, lui disait-il.

Elle était nue dans sa splendeur docile, la main ouverte sur son sein, il la dessinait de face, de profil, en boule dans les coussins du divan, remplissant avec une rapidité furieuse les feuillets de son carnet de croquis. Une flamme noire brillait dans ses yeux. Il souriait en fredonnant des vers italiens qu'elle ne comprenait pas. La jeune femme contemplait l'artiste, le suppliant du regard pour qu'il fasse un hommage à sa beauté, puis elle s'offrait à lui en lui soufflant :

— Quelle jolie gueule tu as, Amedeo. Chante encore pour moi.

Il grommelait d'une voix assourdie

— Quand te reverrai-je ? lui demandait-elle.

— Je suis souvent au Chat noir ou sur la place.

Et dans l'atelier où l'amour avait triomphé, il tuait la solitude à coups de rage et de rouge.

Au Bateau-Lavoir, l'atelier de Picasso, de torchis et de planches aussi pourries que les cabanes du Maquis, était assez vite devenu le creuset qui allait rajeunir les arts et les lettres. Le peintre catalan d'origine andalouse et sa compagne, Fernande Olivier, avaient inscrit à la craie bleue « Au rendez-vous des poètes » sur le seuil de bois de la porte d'entrée. Henri Matisse, Maurice de Vlaminck, André Derain, Georges Braque, Kees Van Dongen, Juan Gris, Manolo, Ignacio Zuloaga y Zabaleta,

Ricardo Canals, Angel de Soto, le Polonais Ludwik Kazimierz Markus qui se fera appeler Louis Marcoussis à partir de 1912, Francis Picabia, André Salmon, qui était chroniqueur de la vie artistique à *L'Intransigeant*, l'écrivain Roland Dorgelès, les collectionneurs Léo et Gertrude Stein, le jeune marchand de vingt-quatre ans Daniel-Henry Kahnweiler, qui venait d'ouvrir une galerie 28 rue Vignon près de la Madeleine, Maurice Princet, Guillaume Apollinaire et sa compagne Marie Laurencin, Max Jacob, des modèles, et bien d'autres avaient pris l'habitude de s'y réunir le soir dans une chaleureuse ambiance de fête. Amedeo n'y allait jamais. Était-ce par orgueil, parce qu'il ne se sentait pas prêt à paraître d'égal à égal avec les autres ou tout simplement parce que c'était un ours solitaire ? Pourtant on n'avait pas besoin d'invitation pour entrer chez Picasso, le petit cercle qui était ouvert à tout le monde n'aurait jamais refusé personne. Fernande l'avait aperçu chez Azon dès les premières semaines de son arrivée à Montmartre. Elle le trouvait beau : « Je vis Amedeo Modigliani jeune, fort, sa belle tête de Romain s'imposant par les traits d'une pureté de race étonnante. Il arrivait de Livourne, ayant découvert les trésors artistiques de Rome, de Venise, de Naples et de Florence », mais Amedeo ne voulait absolument pas frayer avec le cubisme naissant, préférant errer sur la Butte ou dans les cabarets.

André Warnod, qui à l'époque était chroniqueur à la revue *Comœdia,* décrit Maurice Princet comme un esprit diabolique, charmant, fabuleusement intelligent et doué d'un terrible esprit caustique. Mathématicien, sorti de Polytechnique parmi les tout premiers de sa promotion, il s'était spécialisé dans les calculs de probabilités qu'il exerçait comme actuaire à la compagnie d'assurances L'Abeille. C'est lui qui fut le mathématicien du cubisme et son influence fut déterminante dans les discussions et palabres qui précédèrent le mouvement. Quand sa femme, Alice, le quitta pour Derain, lui aussi se mit à errer sur la Butte ivre, désemparé, fumant de l'herbe. Guillaume Apollinaire, lui, gagnait sa vie à la Bibliothèque nationale en recopiant certains romans scabreux de l'enfer. Le soir, il montait chez Picasso en compagnie de sa muse, Marie Laurencin. Quant à Marcel Olin, c'était un poète, un anarchiste, une grande gueule. Acteur de talent, mais ridicule et provocateur quand il s'évertuait à soûler Maurice Utrillo, ce qui mettait Amedeo dans une rage noire :

— Ce rimailleur ferait mieux d'étouffer une négresse [bouteille de rouge] plutôt que de s'en prendre à Momo !

À l'époque, vivait au Maquis un étrange personnage qui se faisait appeler le baron Pigeard, connu à Montmartre pour sa passion des yoles de course. Il possédait un atelier de menuiserie où il réparait les accessoires en acajou et les rames de ses bateaux avec lesquels il disputait des compétitions sur la Marne. Il avait créé une sorte de club, l'Union maritime de la butte Montmartre, dont Amedeo fit partie un certain temps. Le siège était chez Bouscarat, place du Tertre. Pigeard était aussi, et surtout, toxicomane et tenait commerce près du Moulin de la Galette, fournissant opium et haschisch à tous les artistes du coin. La drogue était, alors, fort à la mode sur la Butte. Fernande Olivier, qui avait initié Picasso à l'opium, donne un aperçu des journées et des nuits passées chez le baron Pigeard :

> Les amis, plus ou moins nombreux, mais fidèles, installés sur les nattes, connurent là des heures charmantes et pleines d'intelligence, de subtilités. On buvait du thé froid avec du citron. On parlait, on était heureux ; tout devenait beau, noble ; on aimait l'humanité entière dans la lumière savamment atténuée de la grosse lampe à pétrole, seul moyen d'éclairage de la maison. Quelquefois, la flamme éteinte, seule la veilleuse de la lampe à opium éclairait de ses lueurs furtives quelques visages fatigués... Les nuits s'écoulaient dans une intimité tiède, étroite et dénuée de tout désir suspect. On y parlait peinture, littérature, dans une parfaite lucidité d'esprit, l'intelligence plus affinée. L'amitié devenait plus confiante, plus tendre, toute indulgente...

Selon Fernande, Picasso prenait aussi du haschisch et un soir qu'il en avait absorbé chez Azon en compagnie d'Apollinaire, de Max Jacob et de Princet, il en fut malade et se mit à crier qu'il avait découvert la photographie, qu'il n'avait plus rien à apprendre et qu'il pouvait maintenant se tuer. Mais après la mort tragique de son voisin et ami, le jeune peintre allemand Wiegels, qui avait perdu la raison à la suite d'une soirée au cours de laquelle il avait pris à la fois de l'opium et du haschisch, puis s'était pendu le 1er juin 1908, Picasso jeta le narghilé qu'il avait dans son atelier, et Modigliani s'éloigna définitivement de Pigeard.

Max Jacob

C'est souvent à la tombée de la nuit qu'on rencontre le bel Amedeo en compagnie d'une jolie femme, place du Tertre chez la Mère Catherine, ou chez Fauvet, le bar de la rue des Abbesses. S'il ne prend jamais part aux réunions de Picasso au Bateau-Lavoir, il n'en fréquente pas moins régulièrement certains de ses familiers avec lesquels il a noué des liens personnels d'amitié, et en particulier le joyeux, généreux, cultivé et brillant Max Jacob à qui il rend quelquefois visite dans sa petite chambre sombre, au rez-de-chaussée du 7 rue Ravignan. Max est toujours au courant de tous les potins du quartier. Il est critique d'art, peintre, clown, commère, cartomancien, lit les lignes de la main, tire des horoscopes. Il est surtout poète.

> Paris, la mer qui pense apporte
> Ce soir, au coin de ta porte
> Ô tavernier du Quai des Brumes,
> Sa gerbe d'écume.

Né un 12 juillet — comme Amedeo mais avec huit ans de plus — sur les quais de l'Odet à

Quimper en 1876, il était le fils d'un maître tailleur pour hommes, Lazare Jacob, lui-même né à Quimper, d'origine prussienne devenu français en 1873 après de bons et loyaux états de service contre la Prusse en 1870. Sa mère, Prudence David, née à Paris, tenait à Quimper un magasin d'antiquités et de curiosités bretonnes. Après une brillante scolarité (plusieurs prix d'honneur au lycée de Quimper, accessit de philosophie au Concours général), il s'était inscrit à l'École coloniale qu'il avait finalement abandonnée et à la faculté de droit de Paris où il avait obtenu sa licence en 1898. De son Finistère natal, il gardera toujours le goût de la mer et un certain penchant pour le mystère et le surnaturel. À Paris, au contact des artistes, il affine sa sensibilité, son « âme de poète » comme dira Charles Trenet avec qui il écrira « La Polka du roi » et qui lui dédiera la fameuse chanson « L'âme des poètes ». À vingt-deux ans, il publie dans le *Moniteur des Arts* son premier article sur le peintre belge James Ensor qu'il signe, empruntant le nom de son grand-père paternel, du pseudonyme de Léon David. En juin 1901, lors d'une exposition chez Ambroise Vollard, il se lie avec Picasso et lui restera toujours profondément attaché. « Picasso est mon ami depuis seize ans : nous nous détestons et nous nous sommes fait tant du mal que du bien, mais il est indispensable à ma vie », dira-t-il.

Plusieurs descriptions, un peu contradictoires, sont restées de Max Jacob.

Lorsqu'il fera sa connaissance en 1918, le jeune poète Georges Gaborit rencontrera « un petit homme replet, chauve, à grosse tête, de grands yeux bleus fort expressifs, la main courte et grasse, un peu velue, et les doigts effilés, retroussés du bout — enjoué, souriant, bavard, la voix bien timbrée et d'un registre étendu, grasseyant, un acteur "en représentation" — doué d'une diction excellente en dépit d'un léger blésement produit par quelque défection dentaire ».

Dans les années trente, Gertrude Stein, se substituant à sa fidèle secrétaire et amante, écrit une *Autobiographie d'Alice Toklas* et en profite pour livrer certains de ses propres jugements et souvenirs. Sous sa plume, Max Jacob apparaît comme un homme sale et désordonné qui déambulait dans des vêtements élimés et négligeait de se laver correctement. En somme, Max Jacob ne plaisait pas à Gertrude Stein.

En revanche, il plaisait bien à Fernande Olivier :

Je l'ai vu, avec un plaisir cent fois renouvelé, imiter cent fois la danseuse aux pieds nus. Les pantalons retroussés aux genoux découvraient des jambes velues. En manches de chemises, le col largement ouvert sur une poitrine matelassée de crins noirs et frisés, la tête nue, à peu près chauve, sans quitter ses binocles, il dansait, s'essayant à des grâces qui réussissaient toujours à vous faire rire et qui étaient une charge parfaite.

En tout cas, Amedeo, lui, l'aimait beaucoup. Il aimait sa sensibilité exacerbée, sa bonne humeur, sa formidable connaissance encyclopédique de l'art, il aimait sa poésie et ses gouaches, ses petits poèmes en vers et en prose, il aimait sa fantaisie et ses irrésistibles imitations de gommeuses de caf'conc' :

Ah ! Superbe Pandore
Toi que mon cœur adore,
Si tu résistes encore,
À mon amour pour toi,
Il faut que je te le dise,
Je veux fair' des bêtises
Et faudra final'ment
Que tu me mett' dedans.

Quand il ne mijote pas une nouvelle facétie, Max étudie les traditions occultes, interroge les astres, entremêlant poésie et peinture, religion et farce et se passionne pour la littérature ésotérique. Son côté poète et alchimiste le rapproche d'Amedeo et réveille en lui le goût pour la magie et l'occultisme qu'il avait déjà manifesté à Livourne et à Venise. Ensemble, ils feront des recherches sur les textes sacrés et les origines de la culture juive. De son grand-père Isaac, Amedeo Modigliani avait reçu certains secrets de la Torah ; de sa mère Eugénie une manière laïque de vivre le judaïsme ; de sa tante Laure un grand intérêt pour les lectures philosophiques. Le hasard des rencontres faisait le reste. Dans certains dessins échangés avec Max Jacob, on retrouve des symboles, des chiffres, des signes qui se rapportent à la tradition ésotérique juive : un portrait de femme, peint au dos d'un calendrier de 1908, mais datant de 1915, inspiré d'une figure du jeu de tarot, couronné par des chiffres où la répétition du chiffre « 6 » a semble-t-il une signification astrologique ; un portrait de Max Jacob portant la dédicace : « À mon frère/très tendrement/la nuit du 7 mars/la lune croissante/Modigliani » ; dans un autre dessin encore, à l'encre de Chine sur papier, un portrait d'André Salmon ou d'Apollinaire intitulé *Torse d'athlète*, Amedeo écrit à l'encre noire une prophétie de Nostradamus qui commence par le vers : « Le lion jeune, Vieux surmontera... »

Au dos d'un dessin qui fit partie d'un carnet de dessins de la collection Alexandre daté de 1907, Amedeo avait noté : « Ce que je cherche, ce n'est pas le réel, pas l'irréel non plus, mais l'Inconscient, le mystère de l'Instinctivité de la Race », affirmant ainsi que c'est bien l'âme de ses modèles qu'il cherche à représenter au-delà de leur apparence. « Modigliani cherchait à exprimer le moi profond de ses modèles », dira son mécène et ami Paul Alexandre. Derrière un autre croquis sur papier quadrillé réalisé en 1913 pour la sculpture, Amedeo écrira :

Ainsi que le serpent
Se glisse hors de sa peau
Ainsi tu te délivreras
Du péché. (Hg) L'équilibre
Laissé par les excès contraires. Δ
L'homme considéré
Sous trois aspects ✿
Août ! — 1913.

« En lisant les livres de Max Jacob, écrit Jeanne Modigliani, je me suis rendu compte des fables religieuses qui inspiraient et stimulaient la fantaisie dans ce "purgatoire" qui a converti l'écrivain au christianisme et peut-être renforcé la tradition juive du peintre. » C'est en rentrant chez lui, à quatre heures de l'après-midi, le 22 septembre 1909, que Max Jacob voit le Christ lui apparaître sur les murs de sa chambre de la rue Ravignan. Il tombe en extase et se convertit au christianisme. Issu d'une famille juive mais non pratiquante et même agnostique, Max Jacob n'avait pratiquement pas entendu parler de religion dans son enfance, ce qui fit dire à certains témoins que ses visions provenaient sans doute davantage d'hallucinations dues à la faim, à l'alcool, et à l'éther dont il abusait pour tromper la faim ou calmer ses rages de dents, que d'une véritable ferveur métaphysique. Une seconde apparition, de la Vierge cette fois, le 17 décembre 1914, alors qu'il habite un rez-de-chaussée 17 rue Gabrielle depuis 1913, l'amène à se faire définitivement catholique. Le 18 février 1915, il recevra le baptême à la chapelle de Notre-Dame de Sion, rue Notre-Dame-des-Champs, sous le prénom de Cyprien : il devient Cyprien-Max Jacob et c'est Picasso, l'ami de toujours, qui sera son parrain. Quant à Amedeo, qui aimait se présenter comme juif, il ne pratiqua jamais la religion. « Je n'ai su qu'il était juif qu'après sa mort », dira son ami Gino Severini.

La bohème

En 1907, Amedeo se rend pendant quelques jours en Angleterre mais les témoignages confus ne permettent pas de déterminer avec précision les circonstances de ce voyage. Selon le peintre André Utter, il aurait participé à une exposition de préraphaélites en tant que sculpteur. Toujours est-il qu'à Londres le photographe Alexander Bassano lui montre une photo qu'il a réalisée de Lady Ida Sitwell. Amedeo la trouve belle et décide de faire, d'après la photo, un fidèle portrait de la jeune aristocrate. Bassano proposa l'œuvre d'Amedeo à la jeune lady mais sans parvenir à l'intéresser. Le tableau la représentait de profil avec un chapeau posé en couronne sur la tête. Le visage était de carnation très pâle. C'était comme une photo à laquelle Amedeo aurait ajouté des couleurs, comme une toile inachevée, légèrement rehaussée d'une touche de rouge à lèvres qui donnait toute sa sensibilité au tableau. Mais ce portrait, qui resta en Angleterre, ne plut pas à Lady Ida Sitwell.

À cette époque, Amedeo peignait, un peu à la manière de Whistler, de petits portraits sobrement colorés dans une dominante gris-vert qui le distinguait des Fauves. Ses tableaux terminés, il les vernissait de plusieurs couches de laque, comme les maîtres anciens, pour rendre la peinture translucide.

Alors qu'il venait de finir le portrait d'une jeune comédienne qui récitait souvent de la poésie au Lapin agile, Louis Latourette, un amateur d'art très connu, lui rend visite un après-midi dans son atelier de la place Jean-Baptiste-Clément. Fortement impressionné par la peinture qu'il trouve très intéressante, Latourette félicite Modigliani et s'apprête à lui demander s'il peut en voir d'autres quand Amedeo l'interrompt péremptoirement :

— Mais non ! Ce n'est pas encore ça, c'est du mauvais Picasso. Picasso donnerait un coup de pied à ce monstre.

— Mais non, c'est vraiment très beau, proteste Latourette.

— D'ailleurs, je vais tout détruire de ces peintures et me remettre à sculpter, ajoute Amedeo, désabusé, en feuilletant son carnet bleu.

Amadeo travaillait à mettre ses idées en place. Il avait abandonné sa vision amenée d'Italie et s'était mis sur une voie de recherche lyrique et expressive proche du fauvisme mais avec des couleurs plus personnelles. À Montmartre, le fauvisme était dans l'air. Partout l'on disait que même Picasso qui ne montrait jamais ses tableaux s'était mis à travailler dans cette voie, comme Braque. Chacun recherchait la forme, le rythme, les moyens techniques pour parvenir à concilier romantisme et réalisme selon le tempérament qui était le sien. Le 1er octobre 1907, Modigliani expose deux toiles et cinq aquarelles au Salon d'automne.

Tout en continuant à recevoir les aides de sa famille, Amedeo semble de plus en plus pauvre et de plus en plus perdu. Un soir de novembre 1907, tandis qu'il se trouve au Lapin agile en compagnie du peintre Henri Doucet, Amedeo lui confie qu'il a été chassé de son petit atelier de la place Jean-Baptiste-Clément et qu'il ne sait plus où aller, n'ayant ni argent ni amis. Doucet l'invite à venir dès le lendemain au Delta où il pourra rester autant qu'il voudra.

Le Delta était une grande maison au bas de la Butte, au 7 de la rue du Delta, un endroit délabré destiné à la démolition par la mairie que le jeune médecin Paul Alexandre et son frère, Jean, étaient parvenus à louer grâce au père de leurs amis, les frères Saint-Albin, qui était bibliothécaire à l'Hôtel de Ville, et à ce titre leur avait obtenu des facilités. Eux-mêmes étaient les fils d'un pharmacien. Amateurs d'art, ils avaient créé au Delta une sorte de phalanstère littéraire et artistique où ils recevaient leurs amis : les peintres Henri Doucet, Albert Gleizes, Henri Le Fauconnier, Maurice Asselin, Henri Gazan, le sculpteur Maurice Drouard, et souvent les hébergeaient quand ils traversaient une mauvaise passe.

Nous faisions du théâtre, dit Paul Alexandre, des scénarios, de la musique, des soirées poétiques où mes explications de Villon, Mallarmé, Verlaine ou Baudelaire tenaient une place privilégiée. Doucet m'avait fait acheter un harmonium au Marché aux puces et Drouard jouait du violon. J'avais pour ami l'acteur Saturnin Fabre. Nous faisions des photographies théâtrales à l'intérieur ou dans le jardin derrière la palissade. Il y avait aussi des parties d'échecs savantes ou silencieuses. On préparait le bal des Quat'zarts, longtemps à l'avance, avec beaucoup d'imagination. Bien entendu, il y avait aussi des femmes : Lucie Gazan, Raymonde, la maîtresse de Drouard, Adelita, Clotilde et aussi Adrienne qui servira de modèle à Modigliani. Les artistes amenaient aussi souvent des ouvrières couturières qui étaient des petites femmes très libres.

Lors de ces soirées, ils prenaient souvent du haschisch à des fins supposées expérimentales et artistiques.

Amedeo se présente au Delta en compagnie d'une très belle et assez mystérieuse jeune femme, Maud Abrantès, « suprêmement élégante » selon les propres mots de Paul Alexandre, qui veut devenir peintre elle aussi et participe avec enthousiasme à ces soirées des frères Alexandre. N'ayant vraiment aucun goût pour la vie en communauté, Amedeo ne s'installe pas chez le docteur Alexandre, il préfère habiter dans un petit hôtel de la rue Caulaincourt et ne laisse au Delta que ses bagages, son chevalet, ses couleurs, ses toiles, ses livres, quelques dessins et carnets. En 1908, il fait de Maud un joli portrait dans lequel on devine l'influence de Gauguin et d'un certain expressionnisme inspiré peut-être par son ami Ludwig Meidner, expressionniste allemand. Lorsque Amedeo apprend qu'elle est enceinte de lui, Maud s'apprête à partir pour les États-Unis après l'avoir quitté. Elle s'embarque sur le bateau *La Lorraine* le 28 novembre 1908, d'où elle expédie une dernière carte postale à Paul Alexandre : « Demain ce sera l'arrivée. Je lis toujours Mallarmé. Je ne peux pas vous dire combien je regrette les soirées que nous avons passées tous ensemble réunis autour de votre beau feu de cheminée. C'était le bon temps ! » Personne au Delta n'aura jamais plus de ses nouvelles, pas même Amedeo qui ne saura pas ce que deviendra son enfant.

Paul Alexandre, qui n'a que trois ans de plus qu'Amedeo, reconnaît immédiatement la puissance artistique de son talent ; il comprend ses exigences, tolère ses excès. Paul est son premier grand admirateur, il cherche à l'aider au maximum en lui payant des modèles, en lui achetant des dessins, parfois un tableau, à des prix qui varient de 10 à 20 francs selon ses possibilités, et nourrit très vite pour lui une amitié plus intime, faite de curiosité et d'affection. Ensemble, ils parlent d'art, ils vont au théâtre, aux expositions, dans les musées. Paul lui fait découvrir le musée Guimet, place d'Iéna, dédié à l'art oriental ainsi que les départements ethnographiques du Louvre et du Trocadéro où il découvre les sculptures africaines qui suscitent tant d'intérêt chez les artistes contemporains. Pendant son séjour au Delta, Amedeo peint, dans une manière influencée par Cézanne, un tableau qu'il appelle l'*Ebrea* (« La Juive »), portrait d'une femme d'un certain âge, d'un aspect fier et résolu, sur fond sombre à dominantes bleues et vertes, que Paul Alexandre lui achètera pour une centaine de francs.

Sous l'influence de Paul, Amedeo s'inscrit à la Société des artistes indépendants, ce qui va lui permettre de participer à des expositions collectives pour la modique somme de 1,25 franc à titre de cotisation annuelle et 10 francs de droit d'exposition. Ainsi, le 20 mars 1908, il expose six de ses œuvres au XXIVe Salon des Indépendants : l'*Idole,* deux dessins, *La Juive,* et deux peintures dites *Buste de jeune femme nue* et *Nu assis*. Une jeune prostituée prénommée Jeanne, patiente du docteur Alexandre qui faisait alors sa spécialisation en dermatologie, avait posé pour ces deux derniers tableaux. Dans les deux portraits d'une remarquable rigueur, la jeune femme a une expression intense révélant à la fois angoisse et détachement. Elle est assise, les mains abandonnées sur son giron, les seins difformes, le regard résigné, perdu dans le vide.

Lors de ce Salon, auquel participent entre autres Braque et Picasso, ce sont les « cubistes » qui se font remarquer et se taillent la part du lion. S'inspirant d'une formule de Paul Cézanne dans l'une de ses lettres au peintre Émile Bernard, publiée par la revue *Mercure de France*, et qui disait : « tout traiter dans la Nature par le cylindre, par la sphère et par le cône », c'est encore le critique Louis Vauxcelles — comme pour les Fauves et le fauvisme — qui qualifie pour la première fois de « petits cubes » et de « bizarreries cubiques » quelques-unes des toiles de Braque qu'il a vues chez le marchand Daniel-Henry Kahnweiler. Le Douanier Rousseau, également présent au Salon avec deux tableaux, remporte un beau succès pour ses *Joueurs de ballon*. Pour ce qu'il en est de Modigliani, les critiques et la presse sont divisés. Ses œuvres les déconcertent. Personne ne les prend en grande considération, comme déjà l'année précédente au Salon d'automne, parce qu'elles ne s'inscrivent dans aucun courant artistique précis. Finalement l'art de Modigliani gardera toujours une liberté et un anticonformisme de style déstabilisant pour des critiques trop habitués à cataloguer, à classifier, à coller des étiquettes, même si sa peinture se ressent des émotions esthétiques et culturelles éprouvées à travers Cézanne et les post-impressionnistes, les expressionnistes, les symbolistes, les Fauves, l'art nègre, jusqu'à la découverte cubiste. Il parvenait à récupérer le tout et à l'élaborer dans un style unique et original en alliant des concepts modernes à sa sensibilité chromatique personnelle, évocatrice de sensualité, voire d'érotisme.

Amedeo cache sa déception et continue à dire haut et fort que s'il fait de la peinture, c'est purement alimentaire, mais que son véritable intérêt va à la sculpture, ajoutant « c'est là ma véritable liberté ». Il dit préférer la solidité de la pierre à l'immatérialité de la couleur sur une toile. Pour lui, la sculpture est un art majeur, le seul qui donne la possibilité à un artiste de s'exprimer. Tous ces dessins qu'il exécute avec une facilité étonnante, d'un geste élégant, il les considère comme des exercices nécessaires et une préparation à l'art de modeler la pierre. Mais quand il dit cela, il ne pense sûrement pas à sa vie errante où il est plus facile de se déplacer avec une toile qu'avec un bloc de pierre, il oublie la fragilité de ses poumons qui ne supportent pas la poussière, il oublie le polissage de la pierre qui lui provoque des malaises et une toux persistante.

Joignant le geste à la parole, Amedeo va donc se consacrer à nouveau à la sculpture, et dans ce but, exécute une série de dessins de têtes sculpturales, préparatoires au travail du ciseau. Momentanément, il opte pour le bois, plus facile à transporter et à travailler. « La plénitude s'approche, pense-t-il, je les referai plus tard dans le marbre. » Le bois est moins dangereux pour ses poumons mais il est beaucoup plus cher, alors avec l'aide de son ami Doucet, il commence à subtiliser les traverses du métro. La nuit, sur les chantiers de la ligne en construction, aux alentours de ce qui deviendra la station Barbès-Rochechouart, ils ramassent dans une brouette les magnifiques bois de chêne déjà taillés et les emportent à l'atelier.

Une seule des sculptures de cette période montmartroise subsiste : elle représente un visage de femme à l'ovale très allongé, le front spacieux et bombé, le nez étroit effleurant deux lèvres fines, les yeux aux paupières mi-closes, à demi enfoncés, donnent un air mystérieux au visage, le menton pointu surmonte un long cou cylindrique. Une tête d'influence cubiste, vraisemblablement inspirée par les statues africaines, alors très en vogue.

1908, c'est aussi l'année où Picasso organise, dans son atelier du Bateau-Lavoir, un grand festin en l'honneur, mais aussi un peu en raillerie, du vieux peintre Henri Rousseau, dit le Douanier en raison d'un emploi qu'il avait longtemps occupé à l'octroi de Paris. Lectures de poésie, musique et danse sont au programme. Il y a de quoi boire et manger en abondance. Tout le monde est invité sauf Modigliani. On peut penser que cette impolitesse est voulue car le nom du Livournais, même s'il n'a pas encore derrière lui une véritable œuvre sur laquelle on peut porter un jugement, commence à circuler dans les milieux artistiques parisiens. Tous les jeunes peintres du moment marchent avec Picasso et Matisse. Ils sont tous fauves ou cubistes. Amedeo, lui, n'est ni l'un ni l'autre, les courants, les écoles, les travaux de groupe ne le concernent pas, il essaie simplement de suivre son chemin. Pour le festin, mi-hommage mi-canular, dont on allait longtemps parler sur la Butte, Picasso avait commandé du vin chez Azon, des victuailles chez Félix Potin, et s'était assuré la complicité de Fernande Olivier, Georges Braque, André Salmon, Manolo, Guillaume Apollinaire, Marie Laurencin, Gertrude et Léo Stein. Ils avaient décoré l'atelier de rubans tressés, de lampions multicolores et avaient érigé un trône drapé d'un drapeau français et surmonté d'une grande banderole rouge portant l'inscription « Honneur à Rousseau ». Guillaume était allé prendre le vieux peintre, chez lui, au 2 bis de la rue Perrel dans le quartier Plaisance, où un écriteau sur sa porte annonçait :

DESSIN, PEINTURE, MUSIQUE

COURS À DOMICILE

PRIX MODÉRÉS

L'entrée triomphale du cher maître naïf, au bras d'Apollinaire, est saluée par des applaudissements prolongés. Une large lavallière sur son costume de velours grenat, son éternel béret à la Wagner en tête, et son violon qu'il tient à deux mains contre sa poitrine par peur qu'il puisse lui échapper, le Douanier s'adresse solennellement à Picasso :

— Toi et moi, nous sommes les deux plus grands peintres du monde. Toi dans le genre égyptien, moi dans le genre réaliste.

— Monsieur Rousseau, cher grand maître, nous sommes tous très honorés de votre visite, répond Picasso.

Et tandis que Braque, avec son accordéon, donne le signal d'un Raffut de saint Polycarpe, non pas destiné comme dans la tradition des syndicalistes anarchistes de la Butte à accompagner quelque déménageur à la cloche de bois, improvisant le plus fort possible une fanfare afin d'effrayer les bourgeois de propriétaires, mais à célébrer l'invité du jour ; de son trône affublé de guirlandes, le

Douanier Rousseau lance un formidable et toni-
truant :

— Que la fête commence !

Une autre fête restée mémorable : celle de Noël
1908 au Delta, que l'écrivain André Warnod décrit ainsi :

Les organisateurs avaient fait venir un tonneau de vin de
je ne sais plus quel vignoble. La maison avait été décorée par
le peintre Doucet et il y avait une profusion de nourriture, et
puis le haschisch qui donna tout de suite à la fête un caractère extraordinaire. Modi en était le grand maître. Je me souviens de Utter dansant, ses cheveux blonds dardaient
comme une flamme ardente en haut de sa tête ; de Jean
Marchand, étendu sur un canapé, les bras grands ouverts,
gémissant et pleurant parce qu'on lui avait dit qu'avec sa
barbe, il ressemblait au Christ en croix, et que, la drogue
aidant, il le croyait.

À ce réveillon de Noël succéda celui de la Saint-
Sylvestre encore plus mouvementé.

Cette fois, ce fut René Denèfle, Richard de Burgues et moi
[André Warnod] qui recevions dans l'atelier que nous occu-
pions alors au 50 de la rue Saint-Georges. Modigliani se tenait
près de la porte et, par ses soins, chaque invité avalait, sitôt
entré, une pilule de haschisch. La drogue porta au paroxysme
la frénésie de l'assemblée, déjà ivre d'alcool. Vers le milieu de
la nuit, on entreprit d'allumer un punch géant dans un tub ;
comme le rhum brûlait mal, quelqu'un n'ayant plus sa raison
s'avisa d'y ajouter le pétrole d'une lampe. Le feu se communi-
qua aux banderoles de papier qui, pour la fête, décoraient
l'atelier. Bientôt tout fut en flammes, sans que personne ne
s'en souciât. Le plus beau de l'affaire est que les dégâts ne furent pas considérables. L'incendie s'éteignit après n'avoir dé-

voré que quelques tentures. Il est vrai qu'il n'y avait à peu près rien dans ce vaste atelier.

Ces deux dates de réveillon sont soulignées de la main même d'Amedeo sur un calendrier de 1908 au dos duquel il peignit en 1915 la *Femme au tarot*. Selon les invités de la soirée, l'incendie avait été causé par Modigliani.

Cet incident avait été suivi d'un second, peu de temps après, qui avait jeté un froid dans les rapports de Modigliani avec les autres artistes du Delta. Un jour, sans raison apparente, pris d'un accès de colère, Amedeo avait balafré les toiles de ses collègues et cassé des sculptures en criant des insanités comme un forcené. « Il avait l'air spectral par sa pâleur et par sa maigreur », dira l'un d'eux. Quelques jours plus tard, il était revenu au Delta pour s'excuser et faire le portrait de Maurice Drouard. Un visage anguleux, entièrement serti dans le noir épais de la chevelure et de la barbe, les yeux bleus fixes, d'une indéfinissable expression de vide, ou de tristesse, rehaussée seulement par les trois taches rouges des oreilles et de la bouche.

En 1908, Amedeo fréquente assidûment l'Académie de nu Ranson, créée cette année même au coin de la Victor-Massé et de l'avenue Frochot et qui sera transférée à Montparnasse au 7 de la rue Joseph-Bara en 1914. Abandonnant peu à peu son style teinté d'expressionnisme, Amedeo commence à alléger la densité de sa peinture, simplifie les lignes et les volumes dans un esprit plus nettement hérité de Toulouse-Lautrec et de Cézanne. Il dessine aussi vite qu'il parle, on l'a vu réaliser onze dessins en un quart d'heure. En fait, il produit de cent à cent cinquante dessins par jour. Des portraits d'amis, des camarades, des fillettes de la Butte, des garçons de café. Il est toujours à la recherche d'une ligne sûre et fluide, d'un style personnel. Son éternelle veste de velours à la mode des Maremmes avachie, son foulard rouge à la Garibaldi au cou, son chapeau à larges bords, il arpente les rues et les bistrots de Montmartre en compagnie de son malheureux copain Utrillo, le désaxé, le faible d'esprit au masque de pierrot. Ils s'en vont, au vent mauvais de la rue du Mont-Cenis, l'un hurlant des grivoiseries à tue-tête, titubant, l'autre plié en deux, les épaules voûtées, déclamant Leopardi, Carducci, D'Annunzio et Dante. Maurice, le camarade de débauche, le barbouilleur enfantin, Amedeo le poète aux yeux de braise.

— Rien que de rester auprès d'Utrillo, Modigliani doit être déjà soûl, dit Picasso en les voyant passer.

Et l'écrivain André Warnod de témoigner :

C'était presque tragique de les voir se promener tous les deux bras dessus bras dessous en équilibre instable, l'un peu sûr, l'autre comme s'il voulait s'envoler d'un instant à l'autre. Le forcené amateur de jus de raisin et le dégustateur de drogues orientales qui ne dédaignait pourtant pas un bon verre de vin rouge ; l'un avec son aspect franchement populaire, l'autre avec sa démarche très aristocratique malgré ses vêtements en piètre état.

Un soir où ils dînaient dans un petit restaurant du quartier, voyant Amedeo distrait par les filles assises à la table voisine qu'il regardait avec insistance, Max Jacob s'était presque fâché :

— Je te fais remarquer, Modi, que tu ne vaudras jamais rien comme artiste si tu es plus intéressé par les poules d'à côté alors que je te parle de cubisme et de philosophie.

— Je ne suis pas là pour me faire insulter par un foutu juif homo français, lui répond vivement Amedeo.

Pour le calmer, Max Jacob change de sujet.

— Comment va ton ami Utrillo, l'ange sans conscience ?

— Maurice ? Il va, il va... et même, il vagabonde. Quand il ne cherche pas ses perspectives sans fin dans tous les recoins de la Butte qu'il connaît mieux que sa poche, il lit *Paris Sport* dans les tavernes. Il est comme moi : il préfère la bouteille à la palette.

— Bah, ajoute Max en rajustant son monocle, avec une mère comme la sienne...

— Pourquoi ? Elle est si terrible que ça ?

— Mais c'est de sa faute à elle s'il s'est mis à boire. Il boit depuis l'âge de treize ans. Le pauvre n'a jamais rien vu d'autre étant enfant que le défilé des amants de sa mère qui l'enfermait dans le placard ou le jetait carrément dans la rue le temps de ses rendez-vous et les coups. C'est fou ce qu'il a pu recevoir comme coups. Et quand ça tombait, c'est-à-dire quasiment tous les jours, il se précipitait chez la mère Guérin qui le faisait boire pour le réconforter. Depuis, il n'a plus cessé... Et le choc qu'il a reçu le jour où il l'a trouvée dans les bras d'André Utter, qui a trois ans de moins que lui !... et quand je dis dans les bras... enfin, tu me comprends. Non ? C'est une hystérique...

En 1870, Marie-Clémentine Valade, née en 1865, arrive sur la Butte à l'âge de quinze ans avec sa mère, blanchisseuse. Elle est d'abord acrobate au cirque Molier qu'elle doit abandonner à la suite d'un accident de trapèze. Très belle, et affamée d'hommes, elle devient modèle sous le nom de Maria pour les peintres Puvis de Chavannes, Renoir, Toulouse-Lautrec, Degas, avec lesquels elle a par ailleurs des liaisons souvent orageuses. Intelligente et douée, elle en profite pour s'initier aux techniques du dessin et de la peinture. Les peintres, notamment Toulouse-Lautrec et Degas, l'encouragent. Henri de Toulouse-Lautrec qui l'appelle tantôt « gueule de bois », tantôt « la terrible Maria », fait en 1899 un magnifique portrait d'elle, les coudes appuyés à un guéridon, le regard vague devant un verre et une bouteille, *La Buveuse*. « Toi qui poses nue pour les vieillards, lui avait-il suggéré dans son humour mordant, tu devrais te faire appeler Suzanne. »

— ... elle a fait des choses horribles, poursuit Max, jubilant de l'occasion qui lui est offerte de se livrer à son passe-temps favori : les ragots. Edmond Heuzé, qui était à l'école avec André Utter et qui est très ami avec la famille Valadon, te raconterait qu'elle vidait l'eau de sa toilette sur la tête du pauvre Momo et qu'elle le faisait corriger par Utter et par son concierge. À part ça, c'est une baiseuse invétérée. Il pourrait aussi te parler du jour où il se trouvait dans l'atelier de Suzanne avec Utter quand ils entendirent un pas lourd dans l'escalier, c'était Degas. « Vite, cachez-vous, leur avait alors dit Suzanne en les poussant dans un placard, voilà le vieux. » Il était à peine entré que Utter se mit à éternuer. Degas alla direct au placard, les découvrit, et s'en alla, dégoûté, en criant à Suzanne : « Il vous en faut deux maintenant ? » Ils ne l'ont jamais revu.

À tous, Amedeo préfère la compagnie d'Utrillo, avec lui il se sent en dehors des vanités d'un monde artistique bruyant qui va de plus en plus vite, il aime son talent, sa simplicité, sa maladresse, son instinct de la composition parfaite. Utrillo, c'est l'innocence de la peinture. Ils se réfugient l'un auprès de l'autre, comme s'ils voulaient se réconforter mutuellement de la méchanceté des autres. Momo, le fils mal aimé de la tyrannique Suzanne Valadon, Dedo, le fils bien aimé d'Eugénie, ont les mêmes peurs face aux difficultés de la vie. Utrillo, que depuis longtemps les garnements de Montmartre ont surnommé « Litrillo », aime bien Amedeo, l'un des rares à ne jamais se moquer de lui, il aime aussi sa peinture. Momo, animal et spontané, béat pourvu qu'il ait du vin à satiété, ne peint que des paysages, les ruelles, les moulins, les maisons de Montmartre ; Dedo, sensibilité à fleur de peau, éternel insatisfait, rien que des figures humaines dont il doute, surtout pour ce qui est des couleurs, indécises, déconcertantes.

— C'est mon damné œil italien qui ne peut pas se faire à la lumière de Paris... une lumière cependant si enveloppante... Qui sait si je m'habituerai un jour. J'ai imaginé tellement de sujets en violet, en orange, en ocre foncé... pas moyen de les faire chanter pour l'instant.

— Tu veux faire dans le fauve ?

— Je ne sais pas, peut-être, mais le fauvisme n'est qu'un impressionnisme sans tendresse.

Et soir après soir, titubants, ivres morts, se soutenant l'un l'autre, braillant à tue-tête des chansons paillardes, ils continuent leurs pérégrinations jusqu'au square Saint-Pierre en se repassant à chaque pas la bouteille de gros rouge qu'ils sirotent à même le goulot.

Le futurisme

Le 20 février 1909, Filippo Tommaso Marinetti, poète, peintre de collages, critique d'art et essayiste italien, publie dans *Le Figaro* un article intitulé « Le futurisme » qui sera considéré comme le premier manifeste de ce mouvement littéraire et pictural, initié en Italie. Né à Alexandrie d'Égypte, Marinetti est un personnage extravagant, excessif, cabotin, qui refuse toutes les poétiques classiques et romantiques, revendique l'abolition de la syntaxe, l'usage des mots en liberté et déclame haut et fort à La Closerie des lilas ses poèmes satiriques tels « Le bombardement d'Andrinople », imitation d'Edmond Rostand, ou « Le roi Bombance », parodie d'Alfred Jarry dont l'*Ubu roi* venait d'être créé au Théâtre de l'Œuvre, poèmes qui font violemment réagir Gabriele D'Annunzio qui qualifie son compatriote de *cretino fosforescente* (« crétin phosphorescent »). Refusant catégoriquement les valeurs classiques et traditionnelles, les idées futuristes qui prônent audace, rébellion, amour du danger, et selon les propres termes de Marinetti « exaltent le mouvement agressif, l'insomnie fiévreuse, le pas gymnastique, le saut périlleux, la gifle et le coup de poing », avaient été adoptées par les peintres Umberto Boccioni, Carlo Carrà, Luigi Russolo, Giacomo Balla, et l'architecte Antonio Sant'Elia. « La splendeur du monde s'est enrichie d'une beauté nouvelle : la beauté de la vitesse. Une automobile de course avec son coffre orné de gros tuyaux tels des serpents à l'haleine explosive, une automobile rugissante, qui a l'air de courir sur de la mitraille, est plus belle que la *Victoire de Samothrace* », dit encore Marinetti.

Gino Severini, grand sacerdoce de La Closerie des lilas avec Paul Fort, dont il épousera la fille en 1913, qui a introduit les futuristes en France avec l'aide du critique Félix Fénéon, et qui est très lié avec les peintres de Montmartre, essaie inutilement de persuader Amedeo Modigliani de se joindre au mouvement. Malgré son amitié pour son compatriote, Amedeo ne se laissera jamais embringuer dans le mouvement dont Apollinaire a pu écrire dans *L'Intransigeant* : « Les futuristes sont de jeunes artistes auxquels il faudrait faire crédit si la jactance de leurs déclarations, l'insolence de leur manifeste n'écartait l'indulgence que nous serions tentés d'avoir pour eux. Ils se déclarent "absolument opposés" à l'art des écoles françaises extrêmes et n'en sont encore que les imitateurs. »

Ce qui ne l'empêchera pas en 1911 d'apprécier la toile de Severini, *Danse du Pan Pan au Monico*. D'emblée, les futuristes s'étaient dressés en rivaux et en opposants de la bande à Picasso et du cubisme qui n'était pour eux qu'un « académisme manqué ». Plus graves encore, si on les prend à la lettre, certaines assertions comme :

Nous voulons glorifier la guerre — seule hygiène du monde —, le militarisme, le patriotisme, le geste destructeur des libérateurs, les belles idées pour lesquelles on meurt et le mépris des femmes. Nous voulons détruire les musées, les bibliothèques, les académies de toutes sortes, et combattre contre le moralisme, le féminisme et contre toute lâcheté opportuniste et utilitaire.

On pourrait effectivement leur pardonner leurs excès de langage, amalgames, contradictions, et les mettre au compte de leur turbulente jeunesse, s'ils n'avaient véhiculé une idéologie nihiliste, populiste et antidémocratique qui allait finir pour certains d'entre eux, Marinetti en particulier, par les entraîner dans le fascisme. Connaissant l'admiration de Modigliani pour les classiques italiens il est bien étrange que Severini ait pu lui proposer de signer le manifeste futuriste, à lui qui justement était à des années-lumière de l'idée de détruire les musées, les bibliothèques et de tourner le dos aux grandes traditions culturelles italiennes.

Montparnasse

Par une lettre de Jean Alexandre à son frère Paul on apprend qu'au printemps 1909 Amedeo occupe un atelier à la Cité Falguière à Montparnasse. La Cité Falguière, dite aussi Villa Rose en raison de la couleur des murs du bâtiment principal, devait son nom au Toulousain Jean-Joseph-Alexandre Falguière, grand prix de Rome de sculpture et professeur à l'École des beaux-arts. Il y a quatre ateliers vitrés et une petite maison, en bordure d'un petit chemin, autrefois chemin des Fourneaux, jouxtant une ancienne briqueterie. Toits de tôle, murs à colombages, portes en bois, souvent bancales, verrières sur le nord, sombres l'hiver, éclairés à la chandelle par souci d'économie, les ateliers de la Cité Falguière étaient la plupart du temps occupés par des sculpteurs. Celui d'Amedeo se trouve au fond de l'impasse Falguière, au premier étage d'une baraque au numéro 14 de la cité.

C'est par imitation et en souvenir de l'antique et mythique mont Parnasse où les Muses se réunissaient autour d'Apollon que les anciens écoliers de l'Université, qui aimaient y flâner en récitant des vers, avaient baptisé au XVIIe siècle Montparnasse cette sorte de petite colline, ou plutôt d'élévation, au sud du Quartier latin, qui semblerait avoir été constituée à l'origine essentiellement de gravats.

Dès la fin du XVIIIe siècle, le faubourg à l'intérieur de l'antique mur d'octroi, jusque-là occupé par des cultures maraîchères, des fermes, des écuries, des marchés aux chevaux, se transforme et s'urbanise. On élargit d'anciennes chaussées, on trace de nouvelles voies. Le boulevard du Montparnasse est ouvert en août 1760.

Après la Révolution, des cabarets s'y établissent dans de petites chaumières, et un bal public dans une plus grande qui donnera notamment son nom à la rue de la Grande-Chaumière, où les bourgeois, libérés de la terreur, vont s'encanailler tout près du petit peuple.

À la fin du XIXe, des immeubles de six à sept étages en pierre de taille naissent dans les zones où subsistaient encore quelques champs ; les fermes avec vaches, cochons, chevaux et basses-cours tendent à disparaître ; le président Loubet donne les autorisations nécessaires au prolongement du boulevard Raspail entre la rue de Vaugirard et le boulevard du Montparnasse ; les vieilles constructions faubouriennes à deux étages et les baraques du quartier sont transformées en ateliers pour artistes pauvres.

Dans les premières années du XXe siècle, le quartier en pleine rénovation attire la vie intellectuelle et artistique chassée peu à peu par le tourisme et la pègre qui commencent à pourrir l'ambiance à la bonne franquette de la colline montmartroise. La bohème se met alors à émigrer vers Montparnasse et il n'est pas rare d'assister au spectacle de charrettes chargées d'un incroyable bric-à-brac traversant Paris du nord au sud. Les artistes descendent d'autant plus facilement que le tronçon de la ligne Nord-Sud, reliant Montmartre à Montparnasse, est ouvert au public : de la porte de Versailles jusqu'à Notre-Dame-de-Lorette en novembre 1910 et dès avril 1911 jusqu'à la place Pigalle.

Très rapidement, les artistes vont faire de Montparnasse l'un des quartiers les plus pittoresques et les plus vivants de la capitale. Plus rapidement encore, ils vont mettre les cafés de leur nouveau quartier à la mode. Le Dôme, à l'angle de la rue Delambre et du boulevard du Montparnasse, qui a ouvert ses portes en 1897, où se retrouvent volontiers Allemands, Scandinaves, Américains et Anglais. Les Méditerranéens et les Slaves vont plutôt en face, à La Rotonde, un ancien magasin de chaussures sur le boulevard du Montparnasse que le père Libion a transformé en café en 1910 et agrandi en rachetant la boucherie voisine en 1911. Les Français passent du Dôme à La Rotonde et vice versa. Au carrefour du boulevard du Montparnasse et de l'avenue de l'Observatoire, La Closerie des lilas, petite auberge de campagne fleurie de lilas où s'arrêtaient les diligences sur la route de Fontainebleau au XVIIᵉ siècle, puis café de prédilection par la suite des poètes comme Charles

Baudelaire, Paul Verlaine, Jean Moréas et des étudiants de l'École des beaux-arts comme Monet, Renoir, Sisley, devient un haut lieu littéraire à partir de 1903 avec les mardis animés par Paul Fort, André Salmon, Guillaume Apollinaire, Max Jacob, Paul Valéry, Henri de Régnier, André Gide, Pierre Louÿs, Rémy de Gourmont, Francis Carco et les futuristes autour de Marinetti.

Au printemps 1909, Paul Alexandre part pour l'Autriche où il va passer une année à parfaire sa spécialisation en dermatologie. Son frère Jean continue à s'occuper des soirées du Delta et prépare le bal des Quat'zarts qui va avoir lieu le 9 juin à l'Hippodrome. Il continue aussi à veiller sur Amedeo que son frère lui a en quelque sorte confié avant de partir. Pour lui venir en aide financièrement, il persuade son amie, la riche baronne Marguerite de Hasse de Villers, de se faire faire un portrait par Modigliani. Elle accepte et, cavalière passionnée, décide de poser en costume d'amazone. Le 28 mai, Jean écrit à son frère Paul à Vienne qu'il voit souvent Modi mais qu'ayant négligé d'aller chez lui pendant trois ou quatre jours faute de temps la semaine précédente, il l'a retrouvé dans un état d'extrême indigence, avec quatre sous en poche et rien dans le ventre. Jean lui a donné 20 francs d'acompte sur le portrait de l'amazone auquel il est en train de travailler, qui n'est encore qu'une esquisse sur la toile mais semble déjà en bonne voie de réussite. La baronne se fait un peu tirer l'oreille pour aller poser dans ce capharnaüm qu'est l'atelier d'Amedeo à la Cité Falguière et préfère venir au Delta où il y a toutes les commodités nécessaires à sa vanité de femme du monde et où elle se sent beaucoup plus à l'aise pour se déshabiller et se rhabiller. Mais le courant ne passe pas bien entre le peintre et son modèle. Amedeo reprend à plusieurs reprises, refait le tableau sans cesse. Marguerite s'impatiente. Finalement, elle lui annonce qu'elle partira le 3 juin et qu'elle désire avoir le portrait pour cette date. Amedeo va s'y résoudre mais quelques heures avant de livrer le tableau, il décide subitement de changer la couleur de la veste portée par la baronne. À grands coups de pinceau rageur, il repeint la jaquette de chasse qui de rouge devient jaune orangé. L'attitude, l'expression de la noble femme est renfrognée, dure et distante. On voit bien qu'elle n'inspire pas le peintre. Furieuse, la baronne, qui s'attendait sans doute à un portrait mondain à la Giovanni Boldini, annule la commande. Et c'est Jean Alexandre qui achètera finalement le portrait. Jean qui reproche maintenant à Amedeo son instabilité, son oisiveté, le temps qu'il passe à traîner dans les rues, dans les bistrots, dans les expositions.

En réalité, Amedeo observe, étudie, emmagasine dans son carnet d'esquisses. Ses vagabondages parisiens sont constellés de rencontres, d'amourettes, de relations fugaces. Son temps à lui n'est pas celui qu'il passe sur une toile mais celui qu'il consacre à l'organisation de ses idées, et quand l'idée vient, il faut vite la saisir, la structurer pour calmer l'angoisse de la création. Alors, pinceau à la main, il se bat pour faire surgir la forme dans l'espace. Comme ce portrait de Joseph Lévi, marchand de meubles anciens, restaurateur de tableaux et collectionneur, qu'il avait rencontré au cours de ses pérégrinations. Joseph Lévi ouvrira une boutique à New York en 1910, au 1 West 64th Street. Son fils Gaston, peintre et restaurateur, qui deviendra l'ami d'Amedeo, servira d'intermédiaire entre son père et le peintre à Paris, et lui achètera notamment à Paris un tableau que le père exposera à la galerie Knoff à New York en 1929 sous le numéro 8 du catalogue. Gaston Lévi possédera plusieurs dessins de Modigliani dont un portrait de sa petite amie, Jeanne Étenval, et un portrait de Nijinski. Amedeo fera aussi un portrait de Suzanne André, la future épouse de Gaston.

Tout de suite après *L'Amazone*, Modigliani travaille à un portrait de Jean Alexandre. Peut-être Amedeo a-t-il fait ce portrait de Jean, qui était dentiste, en échange de soins dès lors qu'il n'allait plus chez Mme Piguet, à l'école dentaire boulevard du Montparnasse où les soins étaient gratuits. À cette époque Amedeo travaille beaucoup, reprend ses croquis, ses esquisses, fait de longues randonnées sur la Marne avec Jean, mais tout ce qu'il gagne part aussitôt en alcools et en fumée. Il se contente d'attendre les aides d'Eugénie et n'essaie pas de chercher un autre travail comme font les autres peintres. Il n'ira jamais au rendez-vous avec le rédacteur en chef de *L'Assiette au Beurre* qui était disposé, grâce à Jean, à lui prendre quelques dessins. Jean ne comprend pas. Pourtant Modigliani dessine vite et bien. Mais il ne veut pas faire comme les autres. Depuis toujours, il refuse catégoriquement tout compromis, tout ce qui pourrait l'éloigner ou le distraire, serait-ce même momentanément pour gagner sa vie, de sa recherche esthétique. N'avait-il pas écrit de Venise à Oscar Ghiglia : « Nous autres, nous avons des droits différents des gens normaux, car nous avons des besoins différents qui nous mettent au-dessus — il faut le dire et le croire — de leur morale. Ton devoir est de ne jamais te consumer dans le sacrifice. Ton devoir réel est de sauver ton rêve » ? Paul Alexandre témoignera :

Certains artistes pauvres, Brancusi et autres, gagnaient des sous en faisant de temps en temps la vaisselle dans les restaurants, en allant faire les dockers sur les quais, en cirant des parquets ou en faisant les lits dans les auberges. Pour Modigliani, il n'était pas question d'en parler. C'était un aristocrate né. Il en avait le savoir-faire, les goûts. Cela a été l'un des paradoxes de sa vie : tout en aimant la richesse, le luxe, les beaux vêtements, la libéralité, il a vécu dans la pauvreté, sinon dans la misère. Il avait une passion exclusive pour son art, il n'était pas question de s'en éloigner, même pas pour un instant, pour des tâches qui à ses yeux apparaissaient sordides.

L'un des artistes pauvres dont parle Paul Alexandre est le sculpteur roumain Constantin Brancusi que Paul a fait rencontrer à Modigliani. Fils d'humbles fermiers, né le 19 février 1876 dans un village de Transylvanie, il a huit ans de plus qu'Amedeo et c'est un homme de caractère, de grand courage et d'une très grande personnalité. Sa légende veut qu'étant berger encore enfant, il se soit diverti à entailler des personnages dans le bois avec son petit canif pendant qu'il gardait ses moutons. À l'âge de onze ans, il aurait quitté sa famille pour aller étudier la sculpture à Bucarest, toujours la légende. En réalité, il fréquente l'École des arts et métiers de Cracovie de 1894 à 1898, puis l'École nationale des beaux-arts de Bucarest de 1898 à 1902. Très pauvre mais extrêmement courageux, il entreprend en 1904 un voyage à pied dont la destination finale est Paris, s'arrêtant dans des fermes où il offre son travail contre un bon repas, dormant avec les vaches dans des étables ou dans des écuries avec les chevaux, mais partout bien accueilli parce qu'il est chaleureux, gentil, optimiste et qu'il sait tout faire. Lorsqu'il arrive à Paris, en 1904, il a vingt-huit ans. La mode impressionniste et post-impressionniste commence à décliner. D'autres voies s'ouvrent aux artistes. En 1905, une bourse d'études venue de Roumanie lui permet de s'inscrire aux Beaux-Arts. En 1907, il entre comme aide dans l'atelier d'Auguste Rodin qui, à soixante-six ans, domine la sculpture française et européenne. Rodin l'encourage et l'apprécie, mais il ne va pas tarder à le quitter parce que, dit-il, « rien ne pousse à l'ombre des grands arbres ». Quand ses premières œuvres sont accueillies avec indifférence, il pense que c'est la faute de Rodin qui entrave les expériences de la sculpture moderne par son réalisme obstiné. On peut mesurer la grande distance esthétique entre les deux sculpteurs en comparant leurs deux œuvres portant le même titre. *Le Baiser* de Rodin, sensuel, réaliste, romantique, les deux corps s'étreignant dans la passion ; celui de Brancusi, solide, géométrique, stylisé, les deux visages aux traits simplifiés, à peine ébauchés dans un seul et même bloc de pierre, évoquant la profondeur des sentiments. Ayant lui aussi subi l'influence de l'art primitif à la suite et à travers Gauguin, Matisse et Picasso, Constantin Brancusi est l'initiateur de la sculpture moderne. Physiquement, c'est un homme imposant, à la barbe bien fournie, aux cheveux noirs, aux dents blanches prêtes à dévorer le monde, au visage ouvert, d'une expression intense, mystique, absorbée. De caractère, il est bourru, réservé, affectueux. De son enfance paysanne, il a conservé des habitudes simples, généreuses, solidaires et des manières un peu frustes. Ayant une belle voix grave, il chante tous les dimanches à l'église roumaine de la rue Jean-de-Beauvais. Dans son atelier d'un désordre théâtral, dans l'impasse Ronsin, près de Vaugirard, il sculpte directement dans la pierre ou le bois, sans passer par la maquette d'argile ou de plâtre, des œuvres lissées, presque toujours ovoïdales. Ce prolétaire de l'art, qui travaille dans le silence, vêtu d'une salopette bleue et chaussé de sabots de bois, impressionne Amedeo. Ils deviennent amis et le resteront toujours.

À en croire le critique anglais John Russel, l'influence de Brancusi sur Modigliani est plutôt d'ordre psychologique que technique. Brancusi est

sculpteur, Modigliani est peintre et sculpteur.
Voyant Constantin travailler avec tant d'adresse
et de silencieuse foi, Amedeo se redit que la sculpture est aussi son destin. Il y a longtemps qu'il en
est convaincu et il en convainc les autres. Maintenant, quand sa mère lui écrit de Livourne, elle
adresse ses lettres à Amedeo Modigliani, sculpteur.

— Si tu savais comme je t'envie, lui dit un jour
Amedeo en le voyant travailler. Je ne fais que des
portraits d'un tas de gens qui ne m'intéressent
pas, alors que je ne songe qu'à la sculpture, et depuis toujours.

— Faudrait savoir ce que tu veux, mon gars.

— Je croyais être peintre, mais je suis sculpteur.
Je pense en sculpteur.

— Alors fonce, ose, sculpte, répond Brancusi.
Antoine Bourdelle voulait être peintre et il n'est
que sculpteur. Rodin a regretté toute sa vie de ne
pas être peintre. Ses aquarelles le prouvent. Michel-Ange dont l'ultime désir était d'être surtout
sculpteur était aussi un grand peintre. Tu as de la
chance de pouvoir faire les deux.

Pendant cette année 1909, Amedeo n'aurait peint
que six tableaux, dix-huit selon d'autres sources,
tant il était préoccupé de sculpture. Selon André Salmon :

Quand Modigliani vint à l'atelier de Brancusi les mains dans
les poches de son éternel costume de velours, serrant sous
son bras le portefeuille à dessins cartonné de bleu qui ne le

quittait jamais, Brancusi ne lui donna pas de conseil, ne lui fit pas la leçon, mais de ce jour, Modigliani se fit une idée de la géométrie dans l'espace bien différente de celle qu'on enseigne généralement dans les écoles ou les ateliers. Tenté par la sculpture, il s'y essaya et des impressions glanées à l'atelier de Brancusi, il conserva cet allongement de la figure reconnaissable également dans sa peinture.

Un été à Livourne

Harassé de fatigue, affaibli par l'hiver, et peut-être aussi sur l'insistance de sa tante, Laure Garsin, qui lui avait rendu visite au mois de juin, Amedeo décide, après trois ans et demi d'absence, de rentrer à Livourne pour y passer l'été 1909, se reposer, revoir sa famille, ses amis et se replonger dans sa Toscane natale. Laure l'avait trouvé « mal nourri, déguenillé, misérablement logé à la hauteur d'un premier étage dans une des dix ou douze cellules disposées dans une soi-disant Ruche ».

La Ruche était en quelque sorte à Montparnasse, sur la rive gauche, l'équivalent du Bateau-Lavoir à Montmartre, sur la rive droite. À leur arrivée à Paris, beaucoup d'artistes étrangers y trouvaient refuge pour un loyer infiniment modeste. Mais bien évidemment, elle était ouverte à tous et il y avait aussi là de nombreux artistes français qui n'avaient pas les moyens de louer et encore moins de posséder un atelier personnel. Cette cité d'artistes, comportant près de cent quarante ateliers et non pas une douzaine comme le dit Laure qui semble-t-il n'avait remarqué qu'un seul des bâtiments, avait été créée par le sculpteur Alfred Boucher.

En 1895, alors qu'il se promenait avec un ami dans la campagne environnant les abattoirs de Vaugirard, Alfred Boucher et son compagnon de promenade s'étaient arrêtés pour se désaltérer chez un marchand de vins qui tenait brasserie. Au fil de la conversation, il avait eu l'idée de s'enquérir du prix de ces terrains vagues qui servaient de pâturages au bétail et le hasard avait voulu que le patron du café lui propose, pour vingt sous le mètre, 5 000 mètres carrés de terrain arboré de sa propriété, passage de Dantzig. Devant si belle offre, le bourgeois n'hésita pas un instant et acheta le terrain. Il était devenu un sculpteur bien académique et bien conventionnel, et s'était ainsi enrichi grâce aux commandes officielles. Mais il n'avait pas oublié ses propres débuts difficiles, et lorsqu'on commença à démonter les pavillons de l'Exposition universelle de 1900, il eut l'idée d'en proposer le rachat à la municipalité pour les rebâtir sur son terrain de la Plaine de Vaugirard, ce que la mairie accepta.

Du pavillon des vins de Bordeaux, dont la structure métallique octogonale est de Gustave Eiffel, Boucher fait faire une rotonde sur trois étages reliés par un double escalier de bois central autour duquel des ateliers d'environ 10 mètres carrés, de forme à peu près triangulaire, sont disposés comme les alvéoles d'une ruche, d'où son surnom, pour loger « ses abeilles » comme il aimait à parler de ses locataires.

Le modèle vivant est indispensable, disait Alfred Boucher, et le modèle vivant coûte cher. J'ai longtemps pensé à tout cela et j'ai cru comprendre qu'il y avait quelque chose à faire. L'union fait la force, dit la sagesse des nations. Pourquoi ne créerait-on pas une manière d'association, de syndicat artistique ? Pourquoi un certain nombre de jeunes artistes ne mettraient-ils pas en commun leurs rêves, leurs ambitions, leurs efforts et surtout leurs besoins ? Les abeilles offrent à l'homme le plus bel exemple d'union qui soit, dans le travail, dans l'effort. Et voilà pourquoi nous avons fait la Ruche.

Et justement, l'une de ces premières « abeilles » aura été Ardengo Soffici de 1903 à 1906. Deux impressionnantes caryatides provenant du pavillon du Pérou et des ornements venant de celui de l'Inde britannique flanquent et soutiennent la porte d'entrée de cette rotonde. D'autres pavillons ou éléments de pavillons de l'exposition sont réutilisés dans la construction d'autres ateliers sur le pourtour du terrain restant. À l'entrée de la cité, on installe la très belle grille de fer forgé récupérée du pavillon dédié aux femmes.

L'inauguration de cet ensemble extravagant eut lieu au printemps 1902 en présence du ministre de la Culture qui s'était déplacé pour souligner l'encouragement que Paris entendait donner à la vie artistique. Mais, malgré les caryatides de l'entrée, ce n'était tout de même pas le Pérou. Ces logements restaient somme toute assez sommaires, mal chauffés, sans eau hormis quelque fontaine dans la cour, sans éclairage, surpeuplés, avec des services hygiéniques de fortune. Quelques tanneries empestaient le quartier et les jours de vent, des émanations écœurantes venant des abattoirs flottaient dans l'air.

Le 3 juillet 1909, Eugénie écrit à sa belle-fille, Vera, la femme de Giuseppe Emanuele, son aîné : « Très Chère, Dedo est arrivé. Il va très bien. Je suis heureuse et je sens le besoin de te le dire et de t'envoyer un gros bisou. » Écrivant ceci, elle a sans doute l'intention de dissimuler au reste de la famille qu'elle a récupéré un fils ravagé par la misère, à moins qu'elle ne se soit fait trop de souci pour lui après les dires de Laure et qu'elle estime finalement qu'il ne va pas si mal.

À la maison, Amedeo qui avait mené une vie vagabonde et solitaire, qui s'était mal nourri, avait pas mal bu et trop fumé, se remet assez vite. Sa mère le gâte, s'évertue à lui faire retrouver la tranquillité et la chaleur du cocon familial ; et puis, on s'apprête à fêter ses vingt-cinq ans. On fait venir la brave Caterina, couturière à la journée, qui amuse beaucoup Amedeo par son dialecte argotique et son accent toscan, et qui, sur les instructions d'Eugénie, lui confectionne un beau costume, confortable et élégant. Or, dès le vêtement fini, Amedeo s'empresse d'en couper le bas des manches qu'il trouve trop longues, puis il arrache la doublure du borsalino tout neuf, pour l'alléger, dit-il, essuyant longuement les reproches de sa sœur, Margherita, qui le traite d'extravagant et d'ingrat.

Laure l'associe à l'écriture de ses articles de philosophie, lui fait lire les souvenirs enflammés de l'anarchiste russe Kropotkine, son opuscule, *La Conquête du pain*. Ils parlent de Bergson, de Nietzsche, Gabriele D'Annunzio qui, alors, passionnent et divisent la bourgeoisie de toute l'Europe. Amedeo est fasciné par la culture de sa tante Laure qui restera toujours pour lui une « merveilleuse intelligence ». Il est ému par cette femme qui n'ayant pas de rapport sentimental stable et qui, voyant ses années s'enfuir, souffre d'un délire de persécution. C'est une écorchée vive, comme lui. Leurs sensibilités se rejoignent. Ils se comprennent mais le reste de la famille ne les comprend pas, notamment Eugénie : « Ils sont trop dans les nuages pour moi. »

Avec les amis d'autrefois, les rapports sont plus difficiles, remplis d'insatisfaction, confinant à l'ennui. Son séjour à Paris a fait évoluer Amedeo, ses goûts et ses habitudes, sa façon de travailler et de voir la vie. À ses yeux, ses camarades d'autrefois sont restés des provinciaux lourdauds, ancrés dans leur routine de portraits sur commande et de paysages de l'éternelle Maremme ou des campagnes alentour. Un fossé s'est creusé entre eux. Quand Amedeo leur raconte avoir vu la rétrospective Cézanne, leur parle de Derain, de Matisse, de Rousseau, quand il leur décrit les Fauves, les débuts du cubisme, ils ne réagissent pas, ne le comprennent pas et s'imaginent qu'il se donne des airs supérieurs pour les éblouir. Amedeo, lui, sent bien qu'il est inutile d'insister à vouloir les faire sortir de leur train-train provincial.

Bruno Miniati, le photographe du groupe, a raconté que quand Amedeo entrait au Caffè Bardi, personne ne lui accordait d'égards, ni ne lui adressait la parole. Alors, Amedeo raréfie ses sorties et ne fréquente plus que l'atelier de Gino Romiti, le seul qui lui soit resté véritablement fidèle, où il passe une grande partie de son temps. Malgré cette indifférence générale, il travaille tout l'été sans se laisser décourager par les commentaires malveillants de ses camarades du Caffè Bardi qui le snobent et lui font une réputation d'alcoolique et de bluffeur. Il travaille d'arrache-pied. Études de têtes, portrait en rouge de sa belle-sœur Vera, celui d'une compagne de classe de l'école Garsin de trois ans sa cadette, Bice Boralevi, qu'il représente avec un long cou, à la grande satisfaction d'Eugénie qui murmure à l'oreille de ce modèle improvisé : « C'est bien. Comme ça, tu me le gardes à la maison et pendant ce temps, il ne fait pas de bêtises. »

Cet été-là, Amedeo peint un tableau important, *Le Mendiant de Livourne* et met en chantier *La Mendiante* qu'il achèvera en rentrant à Paris et qu'il dédicacera, en haut à gauche, « à Jean Alexandre, Modigliani ». Ces deux œuvres, ainsi qu'une étude de Bice Boralevi, feront partie des six qu'Amedeo présentera au Salon des Indépendants de 1910 à l'Orangerie des Tuileries.

En même temps, la famille Modigliani déménage pour un logement plus modeste, via Giuseppe Verdi, où arrivent plusieurs objets qu'Eugénie vient d'hériter d'un certain M. Castelnuovo, parmi lesquels une copie de la fin de la Renaissance d'une petite statuette grecque d'Hermès, un paysage pastoral attribué à Salvatore Rosa, peintre paysagiste qui tenait atelier à Naples aux environs de 1647, une marine du Tempesta — ce peintre flamand du nom de Pieter Mulier le Jeune, établi à Gênes dans la seconde moitié du XVIIᵉ siècle, qui excellait dans le genre fort prisé à l'époque des scènes de naufrages et de tempêtes au point de s'être conquis le surnom de Tempesta —, et un petit tableau ovale du XVIIᵉ siècle napolitain représentant une figure de mendiant. Du propre aveu d'Eugénie dans son *Livre de raison*, Dedo les a vus et les a considérés sans valeur. Ce qui peut sembler étonnant si l'on s'y intéresse seulement d'un point de vue historique et à travers nos critères modernes d'engouement pour les antiquités, mais sans doute Amedeo les a-t-il regardés et jugés à l'aune de ses admirations classiques et de ses propres recherches artistiques car, selon Jeanne Modigliani, la peinture du *Mendiant de Livourne,* malgré sa structure cézannienne très diluée, évoque irrésistiblement le petit tableau napolitain.

Fin juillet, dans l'idée de transposer dans le marbre quelques études de têtes, il demande à son frère, Giuseppe Emanuele, de l'aider à se rendre à Carrare. Il part pour Serravezza et Pietrasanta, l'endroit même où Michel-Ange faisait marquer de ses initiales les blocs de marbre qu'il avait choisis pour les envoyer à Rome. Grâce à son frère, il trouve un très beau bloc de marbre et un endroit où sculpter. Et dans la terrible chaleur, malgré l'avis contraire du médecin de famille, il martèle la pierre pendant des heures. Mais très vite, il va se rendre compte que la poussière et les éclats du marbre qu'il soulève de son burin blessent ses poumons déjà très fragiles. La toux reprend, violente, sonore, mauvaise, l'obligeant à cesser, à mettre fin à son rêve encore une fois. Son séjour à Livourne, qui s'annonçait si heureux avec les siens et le travail, se transforme petit à petit en cauchemar. Être à Carrare dans toute cette blanche beauté statuaire où ses maîtres florentins, les quatre Pisano, le Ghirlandaio, Michel-Ange étaient venus choisir la pierre pour leurs chefs-d'œuvre et ne pas pouvoir sculpter, c'est le comble de la malchance, la plus grande des désillusions, la plus poignante détresse. Il se dit qu'au fond, il est mieux à Paris. Là, au moins, il est libre de faire ce qu'il veut, loin de la tartufferie de ses amis et de l'ambiance presque carcérale de la famille. Il n'y a qu'à Paris qu'il peut éprouver cette absolue liberté sans remords que les expatriés trouvent à Paname. Paris, sa providence, sa solitude, qui le délivrera de la monotonie, du bien-être, du bien-penser et de l'ennui. Le 5 septembre, il expédie une carte postale à l'adresse de son ami Constantin Brancusi, sculpteur, 54 rue du Montparnasse :

Mon vieux Branc.
Dans un mois je vais revenir, à bientôt donc et avec impatience le plaisir de te recauser, ami.

MODIGLIANI

Il rentre à Paris à la fin du mois de septembre et s'en va loger à la Cité Falguière, la Villa Rose, d'où quelques jours plus tard, le 28 septembre très exactement, il écrit à son ami Paul Alexandre :

Mon cher Paul,
À Paris depuis une semaine. Venu inutilement, avenue Malakoff. Grande envie de te revoir. Salut.

MODIGLIANI

Sa condition existentielle et artistique est précaire, voire critique. L'insécurité, la dépression et la solitude l'accablent. Cependant, il est capable d'une grande force de volonté et de beaucoup de travail à peine voit-il s'ouvrir à lui un petit rayon de lumière qui lui permet d'avancer sur le chemin de son art. Il lui faudrait juste un peu plus de tranquillité, c'est-à-dire un peu plus d'argent et un atelier vraiment à lui pour réaliser les grandes œuvres qu'il a dans l'esprit, dans le cœur et presque déjà au bout des doigts. Ils sont encore trop peu nombreux ceux qui croient en lui, pourtant il a des milliers de projets en tête. Mais au lieu de cela, il doit sans cesse déménager, courir, improviser, penser à survivre. Aujourd'hui à la Cité Falguière, demain chez un ami qui l'hébergera pour quelques nuits, à La Rotonde ou au Dôme pour tenter de vendre quelques dessins, de nouveau à Montmartre, et encore à Montparnasse. Las et un peu déprimé, il trempe à plusieurs reprises son pinceau dans un gobelet de térébenthine pour enlever de l'épaisseur à sa couleur et se remet à scruter son modèle : une jeune fille assise, le regard triste, les mains abandonnées sur ses cuisses.

L'hiver 1910 est désastreux. Il a plu et neigé sans cesse sur la moitié de la France, une catastrophe naturelle et nationale sans précédent depuis trois siècles, mais c'est surtout sur la région parisienne que la calamité s'acharne. Le 26 janvier, la Seine entre en furie, se gonfle, sort de son lit, se met à charrier des épaves. Les digues le long des rives sont rompues, les quais complètement immergés. Le 6 février, la crue est à son comble, atteignant jusqu'à neuf mètres cinquante en plusieurs endroits. L'eau déborde par les égouts, coupe rues et voies ferrées, envahit les galeries du métro, se hisse jusqu'aux clefs de voûte des ponts. Le célèbre zouave du pont de l'Alma est noyé jusqu'à la poitrine. Le Génie jette à la hâte des passerelles de bois sur des ponts de barques. Les Parisiens rament sur tout ce qui flotte, barques ou radeaux de fortune. Les plus facétieux pêchent une friture de goujons devant la gare d'Orsay. Au début mars, la Seine s'assagit enfin et rentre dans son lit, le trafic fluvial peut reprendre. L'apocalypse aura duré plus d'un mois.

Bloqué à la Cité Falguière par les inondations, Amedeo met la dernière main au portrait de son voisin d'atelier, un jeune violoncelliste qui profite des séances de pose pour répéter en se réchauffant au poêle à bois du peintre. Le jeune homme est représenté de profil. Son teint pâle et fatigué est accentué par une barbe noire qui lui couronne les joues et par les tons verts, bleus, blancs, gris de l'arrière-plan du tableau.

Premier succès

Au XXVIᵉ Salon des Indépendants qui se tient à l'Orangerie des Tuileries du 18 mars au 1ᵉʳ mai 1910, Amedeo envoie six œuvres, le maximum consenti par artiste. Le catalogue l'enregistre sous la forme :

MODIGLIANI (*Amédée*) *né en Italie.*
14, Cité Falguière, Paris.

Les œuvres exposées sont deux études dont le portrait de Bice Boralevi et celui dit de Piquemal, *Lunaire, Le Mendiant de Livourne, La Mendiante,* et *Le Violoncelliste.* Et sur les six mille présentées, *Le Violoncelliste* fait partie du tout petit nombre sélectionné pour être mentionné par des critiques. Il est apprécié par Louis Vauxcelles, Guillaume Apollinaire qui en fait un compte rendu dans *Paris-Journal,* et André Salmon qui le situe auprès de Vlaminck « qui met knock-out la nature » et auprès de Van Dongen « au feu générateur » dans son article pour *L'Intransigeant.* Le docteur Alexandre trouve la toile du violoncelliste « supérieure à

Cézanne ». Pour ce tableau, Amedeo avait peint une étude préparatoire au dos de laquelle apparaît une esquisse pour un portrait de Brancusi resté inachevé. Le sculpteur y est portraituré avec une barbe drue, un nez prononcé, des yeux profonds sous un front large et imposant. D'autres tableaux d'Amedeo se présentent ainsi, peints des deux côtés de la toile : un buste de femme nue derrière le portrait de Maud Abrantès et un nu assis derrière un portrait de Jean Alexandre. Sans doute ses états de finances perpétuellement désastreux et son éternelle insatisfaction de son propre travail l'avaient-ils amené, à cette époque de sa vie, à utiliser ses toiles *recto verso*.

La même année, l'historien et critique d'art anglais Roger Fry avait organisé, à la galerie Grafton de Londres, une exposition de peinture française. Manet, Van Gogh, Cézanne, Seurat, Gauguin, Matisse, sont au catalogue. Cherchant un titre pour sa manifestation, il avait pensé au terme « expressionniste » pour définir les œuvres proposées, mais il en fut dissuadé. Ne parvenant pas à trouver mieux, « appelons-les post-impressionnistes, avait-il dit, puisque de toute façon, ils viennent après les impressionnistes ». Finalement, l'exposition fut baptisée Manet et les Post-impressionnistes. Derain y participait, comme il participera à la deuxième exposition post-impressionniste organisée par Roger Fry à la même galerie en 1912, mais ni en 1910 ni en 1912 Amedeo n'y avait été appelé.

Peu importait, puisqu'on parlait en sa faveur dans les journaux. Content que sa peinture soit enfin remarquée, il écrit à sa mère : « Quel swing je leur ai mis ! » Mais malgré ce succès d'estime, son seul acheteur à l'exposition reste le docteur Alexandre. Aucun marchand ne s'intéresse à lui. Encore une fois, il se retrouve sans argent et doit à nouveau déménager, se traîner d'un logement à l'autre, car les mandats d'Eugénie ne lui suffisent pas pour se payer un bon atelier confortable. Il habite successivement à la Ruche, au 216 boulevard Raspail, au 16 rue du Saint-Gothard à Montparnasse, et encore à Montmartre au 39 passage de l'Élysée-des-Beaux-Arts, l'actuelle rue André-Antoine, rue de Douai, à l'ancien Couvent des Oiseaux, désaffecté depuis la loi de séparation de l'Église et de l'État en 1905, et à plusieurs reprises au Bateau-Lavoir.

Au même Salon de 1910, un tableau d'un peintre jusque-là inconnu, un certain Joachim Raphaël Boronali, crée la surprise et suscite les commentaires extasiés de certains critiques d'art. Quelques jours plus tard, le Tout-Paris de la peinture apprendra, dans un grand éclat de rire à ses dépens, la véritable identité de l'auteur de ce *Coucher de soleil sur l'Adriatique,* aux couleurs criardes. Il n'est autre que Lolo, l'âne du père Frédé, alias Aliboron, du nom emprunté par La Fontaine pour désigner l'âne de ses fables, et dont Boronali constitue l'anagramme.

Ennemi de l'avant-garde, voulant se payer la

tête d'Apollinaire, de Picasso, des cubistes et ridiculiser la nouvelle peinture futuriste qu'ils soutenaient, c'est Roland Dorgelès, par ailleurs grand amateur de farces, qui avait subitement eu l'idée d'un canular en apercevant, auprès de Lolo, dans la courette du Lapin agile, les pots de peinture multicolores que Frédé avaient entreposés, dans l'intention de donner un coup de neuf à son cabaret. Avec la complicité d'André Warnod, il attacha un pinceau trempé dans la peinture à la queue du vieil âne pelé et décrépit, puis ils lui donnèrent à manger. Balançant sa queue de contentement sur une toile blanche que Dorgelès tenait derrière lui, Lolo fit merveille, non sans barbouiller également et copieusement les bras nus de l'écrivain qui prenait soin de ne pas le laisser manquer de couleur. Le tout en présence d'un photographe et de maître Paul-Henri Brionne, huissier de justice, qu'on avait fait venir pour dresser procès-verbal en bonne et due forme afin que nul ne pût douter de l'authenticité de la supercherie, et qui factura son constat 18 francs et 20 centimes. En présence aussi du peintre Pierre Girieud, venu en voisin de la rue des Saules avec son modèle, la chanteuse Coccinelle, pour prendre l'apéritif au Lapin agile. Comme Pierre Girieud faisait justement partie de la commission de placement au Salon des Indépendants, on lui demanda s'il lui était possible de faire exposer la toile de Lolo. Ce à quoi il répondit qu'il suffisait d'acquitter la cotisation de 25 francs à titre de droits d'exposition. Mis dans la confidence, Paul Signac chargea alors Girieud d'installer une petite salle où le *Coucher de soleil sur l'Adriatique* pût figurer sans faire de tort aux véritables peintres. Pierre Girieud accrocha donc la toile parmi d'autres, faites de confettis, de couvercles de boîtes à cigares et de tant de gigantesques horreurs.

Lors du vernissage, l'« œuvre » passa totalement inaperçue, mais lorsque les revues *Fantasio,* sous la plume de Roland Dorgelès, et *Comœdia,* sous celle d'André Warnod, dévoilèrent la mystification, photos et constat d'huissier à l'appui, le succès au Salon dépassa les espérances des auteurs du très savoureux coup monté. Beaucoup en rirent, d'autres se fâchèrent à l'idée qu'on avait voulu dénigrer la peinture moderne en démontrant qu'au fond, elle pouvait être réalisée par la queue d'un âne.

En réalité, dit Gino Severini — qui rapporte l'anecdote dans ses souvenirs comme survenue en 1912, alors que tous les autres témoins s'accordent pour la situer en 1910 —, cela n'a pas été dans les intentions de Dorgelès qui, selon moi, a voulu simplement s'amuser et s'il l'a fait c'est pour se moquer des futuristes avec leurs couleurs violentes, plutôt que des cubistes, avec leurs couleurs à la Corot. Mais je crois, ajoute encore Severini, que ni Léger, ni Delaunay, ni Picasso ne lui plaisaient davantage. Cela n'a pas d'importance car cela m'a beaucoup amusé et m'a beaucoup fait rire.

Roland Dorgelès avait perfectionné le scénario jusqu'à s'assurer le concours de deux amies qui passaient et repassaient devant le tableau en s'écriant :

— Mais c'est Boronali ! Tu sais bien, celui qui a publié ce manifeste ! disait l'une.

— Ah, mais oui... le futuriste ! répondait l'autre d'un ton connaisseur et faussement admiratif.

Et Dorgelès de conclure en ajoutant :

— Oui, Boronali est italien et futuriste.

Roland Dorgelès et André Warnod poussèrent la plaisanterie jusqu'à faire de Boronali le chef d'une école qu'ils baptisèrent « excessivisme » et allèrent jusqu'à composer, en son nom, un manifeste dans le style de Marinetti pour railler le fondateur du futurisme : « Holà ! disait le manifeste, grands peintres excessivistes, mes frères, holà ! pinceaux rénovateurs. Brisons la palette archaïque, et posons les principes de la peinture de demain... »

Reste le fait indiscutable que le véritable précurseur de l'art abstrait et informel a été Lolo, l'âne de Frédé, qui, avec sa toile, *Coucher de soleil sur l'Adriatique*, signée Boronali, avait fait scandale au Salon des Indépendants de 1910. Le tableau fut vendu 400 francs au profit de l'Orphelinat des Arts. Une copie en est encore aujourd'hui conservée au Musée de Montmartre.

L'année 1910 qui est riche en événements artistiques voit aussi l'arrivée à Paris des Ballets russes. La célèbre troupe avait été créée l'année précédente à Saint-Pétersbourg par Serge de Diaghilev, le fondateur de la revue d'art russe *Mir Iskousstva* (« Le Monde de l'art »). C'est un homme raffiné, de grande culture et un mécène. Devenu organisateur de spectacles et très désireux de faire connaître l'art et la culture russes au-delà des frontières de son pays, il est, lui aussi, tout naturellement attiré par Paris. Grand découvreur de talents, Diaghilev choisit des compositeurs prestigieux, s'entoure de danseurs et chorégraphes hors pair, notamment Mikhaïl Fokine, Tamara Karsavina, Léonide Massine, l'extraordinaire et génial Vaslav Nijinski qui demeurera un mythe de la danse, Georges Balanchine ; de peintres éminents à qui il confie décors, costumes ou scénographies, parmi lesquels Léon Bakst, Alexandre Golovine, puis Picasso, Derain, Matisse, Mikhaïl Larionov et sa femme Natalia Gontcharova, Marie Laurencin, Braque, etc. Tous, plus étincelants les uns que les autres, contribueront à faire entrer les Ballets russes dans la légende. Pour en revenir à 1910, le 6 juin, le *Schéhérazade* de Rimski-Korsakov et le 25 du même mois, *L'Oiseau de feu* de son jeune élève de vingt-huit ans, Igor Stravinsky, créés à l'Opéra Garnier sur des chorégraphies de Michel Fokine, dans des décors et costumes somptueux de Léon Bakst et d'Alexandre Golovine, insufflent un prodigieux vent rénovateur à la danse classique. Les partitions éblouissantes qui allient grandes techniques occidentales, notamment celles d'Hector Berlioz dont les influences sont considérables sur les musiciens russes, et traditions de la musique russe d'inspiration souvent folklorique, enchantent et enthousiasment le public par leur rythmes contrastés, leurs harmonies colorées, leurs puissantes envolées orchestrales, leur style flamboyant. Toutefois, le modernisme croissant de la musique de Stravinsky et l'audace chorégraphique de Nijinski susciteront un scandale mémorable, dont le tumulte couvrira l'orchestre, trois ans plus tard, lors de la première représentation au tout nouveau Théâtre des Champs-Élysées, le 29 mai 1913, du *Sacre du printemps*, une évocation de la Russie païenne aux harmonies barbares. Le scandale n'est pas seulement musical, la chorégraphie de Nijinski est également incriminée, considérée comme une danse de sauvages, « on y rampe à la manière des phoques », disent les critiques.

Amedeo Modigliani fera entre autres quelques portraits au crayon de Stravinsky et de Nijinski et un portrait à l'huile de Léon Bakst.

Véritable coup de théâtre, chef-d'œuvre incompris qui s'inscrit dans la longue liste des scandales littéraires et artistiques d'avant-garde de tous les temps, *Le Sacre du printemps* eut, sur le plan chorégraphique comme sur le plan musical, un destin analogue à celui des *Demoiselles d'Avignon* de Picasso, en peinture.

L'art nègre

Au début du XXᵉ siècle, c'est grâce aux grandes expositions coloniales que le public occidental commence à découvrir l'art africain. Lors de l'Exposition universelle de 1889 à Paris, Paul Gauguin et Vincent Van Gogh avaient admiré les petites statuettes grossièrement sculptées dans le bois et l'ivoire par des « sauvages » — vocable dont on usait alors pour désigner les populations indigènes australes et africaines —, souvent rapportées en Europe par des marins, des missionnaires, des explorateurs, et qui finissaient généralement dans les arrière-boutiques des brocanteurs. Petit à petit, grâce à des collectionneurs, la méfiance à l'égard de ces sculptures surprenantes et un peu angoissantes, tout d'abord rejetées comme des bizarreries, s'atténue. Déjà, à la fin du siècle précédent, un certain engouement pour l'orientalisme, le japonisme, ainsi que l'expérience tahitienne de Paul Gauguin, avaient habitué les esprits à la nouveauté venue d'ailleurs, alors pourquoi pas maintenant l'Afrique, l'Amazonie, l'Océanie.

À Londres et à Paris commencent des expositions d'art primitif en provenance d'Afrique, d'Amazonie, de Polynésie. En 1908, l'antiquaire d'origine hongroise Joseph Brummer, dont le Douanier Rousseau fera un portrait en 1909, vend de l'art précolombien et africain. En 1910, dans un article paru dans la revue *Comœdia,* le critique André Warnod parle d'« art nègre » pour la première fois. L'année suivante, le poète et antiquaire Charles Vignier, passé de la Chine ancienne à l'Afrique, expose sa collection. Et le jeune Paul Guillaume — futur mécène et marchand d'Amedeo Modigliani — qui, ayant découvert par hasard, chez une blanchisseuse de Montmartre, une effigie du Bobo-Dioulasso[1], n'a pas encore vingt ans lorsqu'il a l'intuition de l'importance de ces œuvres primitives « dont l'enseignement est aussi puissant que celui de la sculpture archaïque grecque ou des fresques des primitifs italiens », commence l'une des plus intéressantes collections d'art primitif, « dès 1909 » d'après ses propres souvenirs, plutôt « en 1912 » d'après ceux du peintre, écrivain et grand pianiste Alberto Savinio — pseudonyme d'Andrea De Chirico, le frère de Giorgio De Chirico —, et fonde la Société des Mélanophiles dans le but d'acquérir une connaissance approfondie de l'art nègre et de créer un petit musée.

Max Jacob racontera qu'un jour Matisse découvrit par hasard, dans un petit magasin de la rue de

1. Région aurifère du Soudan à l'époque de Paul Guillaume, intégrée à la Haute-Volta en 1921, aujourd'hui ville du Burkina Faso.

Rennes, une petite sculpture primitive. C'était à la fin de l'année 1906. Il l'achète et quelques jours plus tard, chez lui, pendant un dîner auquel il a convié Max Jacob, Apollinaire, Picasso et André Salmon, il la montre à ses hôtes. Fasciné, Picasso la prend longuement entre ses mains, la contemple, la tourne et la retourne en tous sens et, le lendemain, lorsque Max Jacob passe dans l'atelier de Picasso au Bateau-Lavoir, il trouve son ami entouré de feuillets épars sur lesquels il a esquissé le visage de femme de la statuette avec un seul œil, un long nez presque uni à la bouche, une boucle de cheveux étalée sur l'épaule. Plus qu'un visage de femme, révélera Max Jacob, c'était un masque directement inspiré de la statuette africaine, et qui allait donner sa physionomie à l'une des cinq *Demoiselles d'Avignon*, celle qui se trouve en haut à droite du tableau que l'Espagnol était justement en train de composer à ce moment-là, tableau qui allait devenir d'une importance primordiale pour tout l'art moderne. D'autres auteurs rejettent catégoriquement l'influence des masques africains sur Picasso, dans les *Demoiselles d'Avignon,* au motif qu'il a lui-même précisé dans ses carnets que les déformations lui avaient été suggérées par la vision de têtes de pierre ibériques récemment découvertes. En fait, rien ne peut exclure que les deux sortes de sources aient pu concourir, fût-ce inconsciemment, à l'élaboration des *Demoiselles d'Avignon*.

Il existe une version différente de l'histoire des statuettes africaines : ce serait Maurice de Vlaminck qui aurait trouvé dans un petit bistrot d'Argenteuil deux statuettes du Dahomey et une autre de Côte-d'Ivoire sculptée dans l'acajou. Il les aurait achetées pour un prix dérisoire et se serait ensuite précipité chez son ami Derain pour les lui montrer. Derain s'enthousiasme immédiatement et, tous deux très désireux de savoir ce qu'en penserait Picasso, ils vont ensemble chez lui pour les lui faire voir.

— N'est-elle pas aussi belle que la Vénus de Milo ? aurait demandé Derain, exhibant la statuette ivoirienne.

— Encore plus belle, aurait répondu Picasso sans pouvoir en détacher son regard.

La sculpture nègre devint très vite le principal sujet des conversations. Les artistes s'accordaient pour déclarer que les figures de bois, sculptées plusieurs siècles auparavant par des inconnus de la jungle, étaient supérieures aux produits fignolés de leurs modernes académies. Dans tous les domaines de l'art plastique, l'art nègre primitif provoque l'éclosion d'une nouvelle énergie, et non seulement dans la peinture et dans la sculpture, mais aussi, avec naturellement moins d'apparence, dans la musique. Même les Ballets russes de Diaghilev, avec *Le Sacre du printemps,* expression subtile de forces ancestrales transposées, sont empreints de rythmes d'inspiration africaine combinés aux traditions de la musique et de la danse russes. Et comme en témoigne Paul Guillaume dans ses écrits, cet art familiarisa les Européens du début du XXᵉ siècle avec les belles légendes, les histoires épiques de migrations telles que celles de ce peuple Vei descendant des farouches Huélas, fétichistes venus de Bégho en des temps reculés. « Nous rougirons de la pauvreté de notre état spirituel, nous qui croyons avoir une âme, devant la supériorité des Noirs qui en ont quatre : une dans la tête, le souffle dans le nez et la gorge, l'ombre qui suit le corps et une autre qui habite le sang ! »

À Paris, on trouvera des sculptures nègres dans beaucoup d'ateliers de peintres et de sculpteurs. Idoles tiki d'Océanie chez le peintre anglais Frank Haviland ; sibili, sortes de divinités domestiques semblables aux dieux lares de l'Antiquité gréco-romaine chez Henri Matisse ; statuettes mélanésiennes chez le sculpteur Jacob Epstein ; un masque pahouin chez André Derain ; de nombreuses pièces de diverses origines chez Georges Braque, Maurice de Vlaminck et Pablo Picasso. Et tous vouaient un grand intérêt, pour ne pas dire une grande admiration, à ces masques nègres qui mettaient leur imagination en ébullition. Art nègre, art religieux, art de sorcier, bénéfique et maléfique, érotique et diabolique, qui devait se révéler grandiose et fructifère.

Si Amedeo n'en possède pas personnellement, il a vu les idoles et les reliques rapportées d'Afrique noire par l'explorateur Pierre Savorgnan de Brazza dans les années 1880 en visitant le musée ethnographique du Trocadéro avec Paul Alexandre. Il en a vu d'autres chez les antiquaires, de ces statuettes au front bombé et aux grands yeux en amande, au nez aquilin et à la bouche lippue, le corps d'une extrême maigreur laissant apercevoir les côtes, et lui aussi en sera influencé ; et lui aussi rêvera de mystérieuses forêts, d'étranges incantations, de voluptueuses pécheresses.

En juillet 1907, Picasso présente à quelques-uns de ses amis la dernière version d'un tableau gigantesque sur lequel, lui d'ordinaire si rapide, il vient de bûcher plusieurs mois. La toile représente cinq femmes nues déformées, disloquées, violentes, hallucinées, aux visages anguleux et sans volume dont les traits sont simplifiés à l'extrême. Cataclysme, consternation générale parmi les amis accablés qui ne comprennent pas et apprécient encore moins la nouveauté, voire le génie, de la vision déconstruite de Picasso. Il est certain qu'à cette époque aucun artiste montmartrois n'aurait pu imaginer une telle horreur, car c'est bien de laideur qu'il s'agit dans leurs esprits. Georges Braque a le malheur de lui dire : « C'est comme si tu voulais nous faire manger de l'étoupe ou boire du pétrole. » Gertrude Stein se souviendra du collectionneur russe Serguëi Ivanovitch Chtchoukine qui aimait tellement la peinture de Picasso, et qui se trouvant chez elle, lui dit en pleurant : « Quelle perte pour l'art français ! »

Devant ces réactions négatives, Picasso retourne sa toile et passe à autre chose. Il la gardera longtemps ainsi, jalousement cachée, face contre le mur de son atelier. Elle ne ressortira pas aux yeux de qui que ce soit avant 1916, comme on le verra plus tard, et sera finalement acquise par le Musée d'art moderne de New York en 1937.

Là encore, deux versions pour expliquer le titre. À l'origine, le tableau devait s'appeler « bordel philosophique » et représenter une scène de tentation dans l'un des bordels de la rue d'Avignon à Barcelone. D'après d'autres témoignages, le titre « demoiselles d'Avignon » aurait été soufflé par Max Jacob qui se plaisait à décrire à ses amis un bordel d'Avignon, « endroit absolument superbe avec des femmes, des tentures, des fleurs et des fruits » dont il aurait entendu parler par sa grand-mère avignonnaise. Selon Picasso lui-même, dans un premier temps, deux hommes devaient aussi figurer parmi les cinq prostituées : « Un étudiant avec un crâne dans la main et un marin. Les femmes étaient sur le point de manger. Il n'est resté que le panier de fruits. » Les amis de Picasso qui avaient eu la primeur du tableau n'y avaient vu que de la laideur. Dans une monographie consacrée au peintre, Gertrude Stein rapportera :

Picasso a dit une fois que celui qui crée quelque chose doit forcément la faire laide. L'effort accompli pour créer intensément et la lutte pour susciter cette intensité sont tels que le résultat produit toujours une certaine laideur. Ceux qui viennent après peuvent se permettre la beauté car, à partir du moment où la chose a déjà été inventée, ils savent ce qu'ils sont en train de faire. En revanche, l'inventeur ne sait pas encore bien ce qu'il est en train de créer et la chose qu'il invente doit inévitablement avoir sa laideur.

Amedeo Modigliani, sculpteur, 14 rue Falguière

Pour Amedeo, l'année 1910 se présente comme une année charnière. Restant à l'écart de tous les mouvements artistiques du moment, même si son œuvre se ressent parfois de certaines de leurs influences, il poursuit son chemin personnel et s'attaque une nouvelle fois à la sculpture.

Dans son livre *Trente ans de Montparnasse*, le peintre et graveur Henri Ramey, voisin d'atelier d'Amedeo à la Cité Falguière, retrace avec précision ce que pouvait être leur vie quotidienne :

Dans le quartier mi-Vaugirard, mi-Montparnasse, s'élève au fond d'une impasse la Villa Falguière. Nous l'avions baptisée la Villa Rose parce qu'à l'origine elle avait dû être peinte en vrai rose, mais à cette époque, elle était déjà devenue pâle et décolorée, décrépie par le temps, la négligence et l'esprit d'économie de ses propriétaires. C'est dans cette oasis que je connus Modigliani, mon voisin d'atelier. En ce temps-là, comme en bien d'autres lieux, il n'y avait ni gaz, ni électricité, bien entendu, et les locataires devaient s'éclairer à la bougie s'ils ne possédaient pas de lampe à pétrole. La propriétaire de la villa, qui faisait office de concierge, était aussi marchande de bougies. Modigliani l'avait en haute estime. « C'est une femme balzacienne », affirmait-il ; et lorsqu'on émettait devant lui le moindre reproche, susceptible de diminuer la grandeur de ce personnage, on le voyait s'échauffer et prendre la défense de cette estimable personne. « Elle vend des bougies, c'est vrai, disait-il, elle ne vous en ferait jamais cadeau d'une, cela non ; elle marque à votre compte les moindres achats, mais elle a cette largeur de vue qui permet de comprendre les difficultés de la vie d'artiste : elle fait crédit ! Pourvu que ses livres soient impeccablement tenus, elle se tient pour satisfaite, et la longueur de la liste des notes impayées, loin de la troubler ou de l'inquiéter, semble la ravir car elle augmente la quantité de paperasserie dont elle est fière. Une femme mécène à sa manière, vous dis-je, un personnage de Balzac ! » Tôt levé, Modigliani taillait la pierre dans la cour. Les têtes aux longs cous s'alignaient devant son atelier, les unes à peine ébauchées, d'autres entièrement achevées. Il y travaillait aux différentes heures de la journée, suivant la forme, sous les différents éclairages ; vers le soir, sa journée terminée, il les arrosait. Comme des fleurs qu'on soigne avec amour, parfait jardinier de sa sculpture, lentement il laissait couler l'eau par les nombreux petits trous de la pomme d'arrosoir, et les figures hiératiques et primitives nées de son ciseau ruisselaient. Alors Modigliani, s'étant accroupi sur le seuil de sa porte, regardait briller ses œuvres aux derniers reflets du soleil couchant et, calme, heureux, disait : « Elles ont l'air d'être en or. » La digne propriétaire de la villa n'était plus très jeune, et mourut un beau matin. Son fils lui succéda ; c'était un homme malade, d'humeur changeante, mais pas mauvais bougre. Modigliani et lui ne s'entendaient guère. Celui-ci réussissait pourtant à ajouter terme impayé à terme impayé sans que le digne descendant de la marchande de bougies insistât trop pour le règlement. La vie continuait dans le calme de la villa, où peintres et modèles vivaient un peu en famille. L'art de Modigliani se synthétisait de plus en plus. Ses têtes prenaient peu à peu la forme d'un œuf allongé, surmontant un cylindre parfait, avec quelques indications d'yeux, de nez et de bouche, peu accusés afin de ne pas détruire la grande forme plastique. Son admiration pour la beauté « noire » allait en augmentant ; il se procurait l'adresse de rois nègres déchus et leur écrivait des lettres pleines d'admiration pour le génie de leur race. Il était désolé de ne jamais recevoir de réponse...

Autre voisin d'Amedeo à la Cité Falguière, le sculpteur lituanien Jacques Lipchitz, arrivé à Paris en 1909, est à ce moment-là très imprégné des cultures grecque et égyptienne. Son exemple, ainsi que ceux de Constantin Brancusi et du Russe Oscar Miestchaninoff, ravivent, stimulent et relancent sa passion pour la sculpture. La vogue pour l'art nègre, le souvenir de ses maîtres siennois, sa propre admiration pour les antiques, sont autant de références précises qui vont le mener à la géométrisation de ses visages en pierre.

Quand l'art nègre, écrit Maud Dale, dans sa préface à l'exposition de Bruxelles en 1931, commence à exercer son influence sur le groupe de Montmartre, Modigliani est encore sculpteur. Les têtes en pierre et les nombreux dessins de caryatides qu'il nous a laissés montrent à quel point il a compris le pouvoir plastique de la sculpture[1].

Il est certain que l'influence des statuettes nègres et celle de Picasso étaient déjà évidentes dans *L'Idole*, exposée au Salon des Indépendants de 1908, ainsi que dans le dessin de plusieurs autres études et peintures à l'huile sur carton, conservées par Paul Alexandre.

Décrit par le sculpteur américain Jacob Epstein, qui était venu à Paris pour réaliser le tombeau d'Oscar Wilde au Père-Lachaise, l'atelier d'Amedeo était alors « un misérable trou donnant sur une petite cour intérieure contenant neuf ou dix

1. Maud Dale, *Présentation de l'exposition de 1931*, in Jeanne Modigliani, *Modigliani*, Éditions Graphis Arte, Livourne, 1990.

têtes et une statue en pied. La nuit, il posait une bougie sur chacune d'elles et l'on se croyait dans un vieux temple. Dans le quartier circulait une histoire selon laquelle il embrassait ses statues lorsqu'il était sous l'influence du haschisch ». Il ajoutera plus tard dans une discussion avec le journaliste britannique Arnold Haskell et que celui-ci rapportera dans le *Sculptor's Speaks* :

Modigliani est un exemple de peintre sculpteur moderne. Il produisit quelques sculptures très intéressantes avec des visages fins et curieusement allongés, des nez en lame de rasoir qui se brisaient souvent et qu'il fallait recoller. Pour quelques francs, il achetait un bloc de pierre à un maçon et le rapportait chez lui dans une brouette. Il avait une vision bien à lui, influencée mais non dominée par l'art nègre, et les gens qui le tiennent pour un imitateur se trompent. On avait l'impression qu'il ne voulait jamais aller se coucher. Je me rappelle très bien qu'un soir, très tard, on avait à peine pris congé de lui qu'il nous rattrapa dans la ruelle en nous appelant et nous pria, supplia comme un enfant pris de peur, de revenir. À cette époque, il vivait seul.

Et dans son livre *Chiaroscuro* (Clair-obscur), le peintre anglais Augustus John qui lui rendit visite en septembre 1910 nous livre un autre témoignage :

Le sol était jonché de statues qui se ressemblaient beaucoup entre elles par leur forme étonnamment mince et allongée. Ces têtes taillées dans la pierre m'impressionnaient profondément ; pendant des jours après les avoir vues, j'étais hanté par l'impression de rencontrer continuellement dans la rue des gens qui auraient pu leur servir de modèles, et sans que je fusse, moi aussi, sous l'influence du haschisch. Se peut-

il que Modigliani ait découvert un aspect nouveau, encore inconnu de la réalité ?

Au génie des artistes s'opposent les intérêts des
critiques et des marchands d'art. Modigliani ne
comprend pas leur jeu. Il continue à se tenir loin
du cubisme, auquel il reproche de réduire le problème de la couleur à quelques tons gris et mar-
ron, même si de légères influences sont parfois
perceptibles dans ses visages. Son isolement volontaire et son orgueil le poussent irrémédiablement
vers la défaite. Personne ne semble vouloir de lui.
Démarches manquées, faillites en chaîne, il a l'impression que son horizon s'obscurcit un peu plus
de jour en jour. Mais une éclaircie romantique va
subitement éclairer son chemin tortueux : sa rencontre avec la poétesse Anna Andreevna Gorenko,
mieux connue sous son pseudonyme d'Anna Akhmatova, une aristocrate russe née à Odessa et en
voyage de noces à Paris avec le premier de ses
trois maris, le poète Nicolaï Goumilev, dont elle
divorcera en 1916.

Elle a vingt ans lorsqu'elle fait la connaissance
d'Amedeo qui en a vingt-six. C'est une femme très
fine, au beau visage typé, des cheveux noirs, des
yeux de biche. Elle lui rappelle Maud Abrantès. Il
la courtise comme savent faire les Italiens, en lui
parlant de son pays et de son art. Pendant que son
mari est à la Sorbonne pour des cours ou des
conférences, ils se promènent longuement dans les
allées du jardin du Luxembourg en récitant les
poèmes de Verlaine qu'ils connaissent tous deux

par cœur. Elle a le coup de foudre pour Amedeo, pour ce peintre dont elle ne connaît rien. « Il habitait alors dans l'impasse Falguière. Il était indigent, ainsi au jardin du Luxembourg, nous nous asseyions toujours sur des bancs et non sur des chaises qu'il fallait louer. Il ne se plaignait de rien, ni de sa misère, ni du fait qu'il ne fût pas reconnu. »

Lorsqu'elle repart pour la Russie, Amedeo lui écrit des lettres d'amour enflammées. Elle lui répond par des poèmes :

> Je m'amuse quand tu es ivre
> Et dans tes histoires il n'y a pas de sens
> Un automne précoce a éparpillé
> De jeunes étendards sur les ormeaux.

En 1911, tandis que son mari part en Afrique pour six mois, non sans avoir pensé à garnir abondamment son compte en banque pour qu'elle ne manque de rien, elle revient à Paris et s'installe au 2 de la rue Bonaparte. Elle retrouve Amedeo ; il lui demande de poser :

À l'époque il sculptait : il travaillait dans une cour, près de son atelier ; on entendait dans la ruelle vide les coups de son marteau sur le ciseau. Les murs de son atelier étaient couverts de portraits incroyablement allongés, du sol au plafond à ce qu'il me semble aujourd'hui... À cette époque, Modigliani rêvait de l'Égypte. Il m'invita au Louvre, pour que je visite le Département des antiquités égyptiennes ; il affirma que tout le reste n'était pas digne d'attention. Il dessina ma tête avec une coiffure de reine égyptienne ou de danseuse, et il me sembla entièrement pris par l'art de l'Égypte ancienne... Aujourd'hui on appelle cette période, la période nègre. Il disait « les bijoux doivent être sauvages » à propos de mon collier africain, et il me dessinait avec le collier... Il ne me dessinait pas dans la nature mais chez moi et il me faisait cadeau de ses dessins. J'en ai eu seize.

Ces dessins ont malheureusement disparu, détruits pendant les premières années de la révolution russe.

Anna Akhmatova connaîtra ensuite les années de barbarie de la Russie soviétique stalinienne : son premier mari, Nicolaï Goumilev, sera fusillé en 1921, son second mari et son fils, Lev Goumilev, arrêtés et déportés ; elle-même sera interdite de publication à plusieurs reprises comme « étrangère à l'esprit de la littérature soviétique ». Mais ses poèmes sur l'horreur de la guerre, les aspects humbles de l'amour, les problèmes du couple et les humiliations qu'une femme doit affronter feront d'elle l'une des voix les plus importantes de la poésie russe du XXe siècle.

En 1911, le peintre portugais Amadeo de Souza Cardoso décide de mettre son propre atelier, 3 rue du Colonel-Combes, dans le 7e arrondissement, à la disposition d'Amedeo pour lui permettre d'organiser une exposition de ses sculptures. Les deux artistes étaient très amis. Avec l'aide de Brancusi qui lui donne un coup de main pour l'installation, Amedeo met en place des esquisses, des gouaches représentant des caryatides et au moins cinq sculptures, des têtes de pierre allongées, aux visages rigoureusement symétriques divisés verticalement par un très long nez, aux yeux ovales et bombés placés très haut à la racine du nez, des têtes évoquant irrésistiblement celles de l'art nègre et le cubisme, ce dont témoignent des photos prises lors du vernissage qui a lieu le dimanche 5 mars 1911. C'est un billet envoyé par Brancusi à Paul Alexandre qui renseigne sur la date précise. D'après Jeanne Modigliani, il y aurait eu également d'autres têtes, une statuette et une caryatide, toutes en terre calcaire. Aux nombreux visiteurs, on sert du vin et des rafraîchissements. Des noms illustres signent le livre d'or. Parmi eux, Max Jacob, Pablo Picasso, Guillaume Apollinaire, Manuel Ortiz de Zarate, André Derain. Malheureusement, la majorité des œuvres exposées chez Cardoso disparaîtront, perdues par Amedeo dans ses logements de fortune, détruites, réutilisées pour d'autres projets ou rongées par les rats.

Sur l'insistance de Guillaume Apollinaire, d'André Salmon et de l'écrivain et critique d'art Roger Allard, des œuvres cubistes sont présentées pour la première fois au public au Salon des Indépendants de 1911, qui se tient du 21 avril au 13 juin. Les formes sont éclatées, géométrisées et étalées de manière à montrer simultanément, dans un même plan, plusieurs des aspects du sujet, comme la face, le profil, le dos, et à lui donner ainsi l'apparence d'être en mouvement. Les auteurs en sont Robert Delaunay, Alexandre Archipenko, Henri Le Fauconnier, Albert Gleizes, František Kupka,

Fernand Léger, Jean Metzinger, Francis Picabia et Amadeo de Souza Cardoso car Matisse, Braque et Picasso ont déjà atteint une notoriété suffisante pour se permettre de ne plus courir les expositions collectives. Ce sont désormais les marchands qui leur demandent s'ils n'ont pas quelque chose à leur vendre.

Contrairement aux espérances des instigateurs, les peintres exposés ne font pas l'unanimité à en croire l'observation grinçante et ironique de Guillaume Apollinaire : « Les cubistes, regroupés dans une salle sombre, dans les recoins de la rétrospective des portraits, ne sont plus ridiculisés comme l'année dernière ; aujourd'hui, ils inspirent un sentiment de haine. » Le Salon proposait également une rétrospective des œuvres du Douanier Rousseau, disparu l'année précédente.

En ce qui concerne Modigliani, quatre de ses six œuvres exposées, des dessins, sont présentées dans cette même salle, qui portait le numéro 11. Le retrouver là peut sembler étrange, à moins que l'on ne songe à le justifier par la passion qu'il partage alors avec les autres artistes pour l'art africain plutôt que par des ressemblances esthétiques avec le cubisme. Mais de ce fait, son nom apparaîtra souvent associé au mouvement cubiste dans les critiques et les comptes rendus, la définition de cubisme étant assez large à l'époque.

Lorsqu'il écrit à sa mère, Amedeo lui parle de ses projets, lui raconte ses quelques succès et lui cache le malheur de ses errances sans fin dans un

1 *Femme assise avec verre* (détail), 1914. Peinture sur carton, support d'atelier aux travaux de Modigliani. Coll. part.

2 Eugénie Garsin et Flaminio Modigliani, les parents.
Coll. Modigliani Institut Archives légales.

3 Dessins de Modigliani sur un livre d'enfant, 1895. Coll. part.

4 Modigliani à 16 ans (au premier plan) dans l'atelier de Gino Romiti à Livourne, 1900. Coll. Modigliani Institut Archives légales.

5 Modigliani à Florence en 1909. Coll. Modigliani Institut Archives légales.

Firenze

D. Salvo

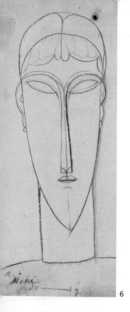

6

7

1912. Crayon bleu sur papier, dédié à son frère Emmanuel. Coll. part.

7 *Cariatide*, 1911. Coll. part.

8 La Ruche où Modigliani réalisa ses sculptures. Coll. Modigliani Institut Archives légales.

9 *Portrait de Béatrice Hastings*, 1914. Coll. part.

10 *Portrait de Marevna*, 1919. Coll. part.

8

«La vie est un don; de quelques-uns à la multitude: de ceux qui savent et possèdent à ceux qui savent et ne possèdent.»

9

10

11 Modigliani en 1918 dans l'atelier de Montparnasse, rue de la Grande-Chaumière. Coll. Modigliani Institut Archives légales.

12 André Salmon, Picasso et Modigliani devant La Rotonde à Montparnasse, été 1916. Archives Jean Cocteau.

13 *Femme aux yeux bleus*, 1917. Coll. part.

14 *Portrait de Thora Dardel*, 1919. Coll. part.

15 Thora Dardel. Coll. Modigliani Institut Archives légales.

11
12

13

14

16 Jeanne Hébuterne en 1919.
Courtesy D. François-Damboise.

17 *Autoportrait* de Jeanne Hébuterne
à 18 ans. Coll. part.

Paris humide et froid. Seule, sa tante Laure, si près intellectuellement et spirituellement de son fragile neveu, se rend compte de sa détresse. Durant l'été 1911, elle prend l'initiative d'arracher Dedo à son milieu parisien pour le mener, au moins le temps d'une saison, à une vie plus saine et plus tranquille à la campagne. Pensant s'y installer avec lui, elle loue, grâce à son amie Récha Rothschild, une petite villa à Yport, en Normandie. Amedeo accepte l'invitation mais au moment de partir, il renvoie son départ de semaine en semaine, non sans avoir chaque fois dépensé l'argent du voyage que Laure lui avait envoyé. Outre sa difficulté à quitter Paris à cause de son travail, de ses amis et de sa vie de bohème, une autre raison a pu l'inciter à retarder son départ : l'inouï, inimaginable, ahurissant vol de *La Joconde* au Louvre et le scandale qui s'ensuivit, ne tardant pas à éclabousser certains de ses amis.

Dans l'après-midi du mardi 22 août, branle-bas de combat au Louvre. Un gardien vient de découvrir un grand trou à la place de *La Joconde*. Incroyable ! Le cadre est vide ! La célèbre Mona Lisa a disparu ! Accablement général dans le monde artistique. Raymond Koechlin, alors président de la Société des amis du Louvre, et le journaliste Henri Rochefort, directeur-fondateur de *L'Intransigeant*, suggèrent au conservateur en chef des musées nationaux d'ouvrir une souscription pour recueillir des fonds et proposer une rançon, en même temps que l'impunité, au voleur. Les esprits s'emballent : on parle de 500 000 francs, d'un million, des sommes astronomiques. Finalement, on s'arrête au chiffre de 25 000 francs (l'équivalent de 80 000 euros d'aujourd'hui), ce qui est déjà un montant respectable. En 1911, on pouvait acheter une maison pour ce prix-là.

Le 29 août, coup de théâtre : un aventurier belge, un certain Louis Géry-Piéret, ex-collaborateur et vaguement secrétaire d'Apollinaire, grand joueur aux courses de chevaux qui a besoin d'argent pour payer ses dettes de jeu, déclare dans les colonnes de *Paris-Journal* avoir volé trois statuettes ibériques au Louvre et être l'auteur de la disparition de *La Joconde*. Pour preuve, il propose au journal d'acheter la statuette qui lui reste, les deux autres ayant été cédées en 1907 à Picasso par l'intermédiaire de Guillaume Apollinaire. Pour avoir le scoop, dirait-on aujourd'hui, et l'honneur de la restituer au musée — ce qui est d'un grand profit pour sa réputation —, *Paris-Journal* achète la statuette.

Pris de panique car, étrangers tous les deux, ils craignent l'expulsion, Apollinaire et Picasso songent à faire disparaître les deux autres statuettes en les jetant dans la Seine, puis ils se ravisent et décident de les restituer anonymement par le truchement de *Paris-Journal,* dont Apollinaire est toujours le chroniqueur. Mais il est dénoncé et après une perquisition à son domicile où l'on constate — et pour cause — la présence d'un certain nombre de dessins et tableaux, la police le soupçonne de faire partie d'une bande spécialisée dans le vol d'œuvres d'art et l'arrête pour recel. Le 7 septembre, il est écroué à la prison de la Santé. On le suspecte d'avoir dérobé *La Joconde* pour discréditer le Louvre et faire de la publicité au cubisme. Ce vol du plus célèbre tableau du monde enflamme tout le pays ; on peut lire dans certaines gazettes qu'un Polonais a volé *La Joconde*.

Deux jours plus tard, c'est au tour de Picasso d'être arrêté pour complicité. Dans son ouvrage *Picasso et ses amis*[1], Fernande Olivier raconte l'épisode de la manière suivante :

> Picasso, tremblant, s'habilla à la hâte. Il fallut l'aider. Il perdait la tête de peur ; on l'eût perdue à moins. On confronta les deux hommes. Picasso s'effondra. Il craignait l'expulsion de France, comme Guillaume, lui aussi étranger, et qui apparut pâle, le visage défait, pas rasé, prêt à tout avouer, pleurant comme un enfant.

Apollinaire, de son véritable nom Wilhelm Apollinaris de Kostrowitsky, né à Rome en 1880 d'une mère aristocrate polonaise, et d'un père officier bourbonien, mais selon une autre version d'un père noble, officier polonais dans la garde pontificale et d'une belle Romaine aux mœurs faciles, était alors employé de banque, écrivain, poète, et journaliste. Arrivé à Paris en 1902, à l'âge de vingt ans, beau parleur, agitateur intellectuel, critique d'art, découvreur de jeunes talents, il était très vite devenu un protagoniste de l'avant-garde littéraire, et s'employait, entre autres, à faire ven-

1. Pygmalion Éditions, 2001.

dre quelques tableaux à Modigliani, malheureusement sans beaucoup de succès.

Après la confrontation, Picasso est libéré mais il
doit rester à la disposition de la justice. En réalité,
faisant mine de le connaître à peine, il avait chargé
Apollinaire, pour se disculper. Pendant ce temps,
André Billy fait circuler une pétition pour l'élargissement de Guillaume qui se couvre de signatures.
Habilement défendu par son ami José Théry, il ne
tarde pas à être remis en liberté provisoire, le matin
du 12 septembre. « Picasso fut pris de remords
pendant des semaines, rapporte Fernande, et refusa
longtemps de prendre l'omnibus Pigalle-Halle-aux-
Vins qui passait non loin du Palais de justice. »
Malgré son attitude pendant cette affaire, qui lui
inspirera plus tard beaucoup de honte, Apollinaire
le pardonnera et lui conservera toute son affection.
Mais beaucoup d'amis de Guillaume, craignant
d'être compromis, ne donneront plus signe de vie.
« Je me souviens même, dit Fernande, qu'il fut impossible de persuader Marie Laurencin d'écrire
quelques mots à celui à qui elle devait tant. »

À sa sortie de prison, Apollinaire se réfugie chez
Sonia et Robert Delaunay, quai des Grands-Augus-
tins. La poésie reprenant ses droits, c'est à ce moment-là qu'il va trouver le terme de « cubisme
orphique » pour qualifier les recherches picturales
de ses amis. Formes circulaires, lignes brisées, con-
trastes rythmés, prismes, leurs tableaux exaltent le
mouvement et la lumière.

Le non-lieu est prononcé le 19 janvier 1912. Le

21 janvier, Guillaume adresse un poème à son avocat pour le remercier :

> Maître José Théry,
> sans vous j'eusse péri,
> vous sauvâtes ma vie ;
> je vous en remercie.

Quant à *La Joconde*, elle sera retrouvée en 1913, à Florence, sous le lit d'un peintre en bâtiment qui avait travaillé au Louvre et l'avait subtilisée parce qu'il voulait absolument la rendre à l'Italie.

Après la libération de Guillaume, Amedeo, qui a reçu un troisième mandat de sa tante, se décide enfin à la rejoindre à Yport. Le voyant descendre d'une voiture découverte tremblant, transi de froid et trempé jusqu'aux os, Laure est sidérée. Avant de se faire conduire à la villa André, malgré l'averse fine et serrée, Amedeo avait profité des quelques sous qui lui étaient restés après avoir payé son billet pour s'offrir, aussitôt arrivé, une promenade sur la plage de Fécamp, à quelques kilomètres d'Yport, rien que parce qu'on lui en avait vanté la beauté.

Laure, qui avait sûrement imaginé un séjour tranquille, de sérénité et d'étude, à lire Bergson, Lautréamont, à écrire des articles de philosophie, ensemble, comme à Livourne deux ans auparavant, à se promener au bord de la mer et dans le bocage normand, réalise son erreur et, finalement, prend la décision d'abréger le séjour.

Tu comprendras, écrit-elle à son vieil ami Lamberto Vitali, journaliste et critique d'art, dans quel état d'angoisse me plongea une telle insouciance. J'ai compris que j'avais commis une faute énorme en entraînant dans un climat humide un malade qui allait s'exposer allègrement à toutes les intempéries. La hantise de me retrouver sans moyen de chauffage, s'empara de moi et la peur d'une récidive de la maladie de Dedo, dans un bourg où je ne connaissais que la paysanne engagée pour le ménage. Non, il était impossible d'aider ce garçon ! Nous quittâmes Yport — sur un caprice, doit avoir pensé Dedo — sans, me semble-t-il, y avoir séjourné une semaine entière.

Ajoutée à sa mélancolie chronique, aux insatisfactions de sa vie intellectuelle, aux éléments ambigus de ses rapports avec son neveu apparemment teintés d'une vague, imprécise, sinon inconsciente, nuance amoureuse, cette expérience normande n'a sans doute pas amélioré l'état d'isolement dépressif de Laure qui la conduira au délire et à de nombreux séjours en clinique psychiatrique.

Eugénie confiera à son *Livre de raison*, en mars 1920, que Laure est internée depuis presque six ans dans la maison de santé de Monza, « pire que morte — desséchée, maniaque, rêvant de réformer le monde par un système — le *merisma* (maternalisme) — qui devait être un triomphe et un élargissement de l'amour maternel, elle qui n'a jamais aimé ! ».

Au cours de l'hiver 1911-1912, Amedeo devient chaque jour plus amer, plus insolent devant la misère, plus agressif devant les injustices, la mesquinerie des faux amis et des marchands improvisés, plus sarcastique envers lui-même. Preuve en est l'épisode rapporté par Maurice de Vlaminck où transparaît l'autodérision féroce, voire autodestructrice d'Amedeo qui, après avoir flâné pendant des heures sous la pluie, dans un Paris blafard et noir, se décide finalement à entrer chez un marchand d'art disposé à lui acheter quelques dessins. Le prix qu'Amedeo demande est modeste : 35 francs. Ce qui semble a priori parfaitement convenir au marchand, mais il se ravise et tout à coup, propose beaucoup moins. La négociation s'éternise, longue et pénible. L'homme est malhonnête, il marchande à outrance et continue à baisser son prix. On arrive à dix francs, puis à cinq. Alors, pâle et tremblant, s'emparant d'un coupe-papier qui traîne sur le comptoir de la boutique, Amedeo transperce la liasse de dessins, y passe un bout de ficelle, puis, sans un mot, ouvre brusquement la porte des W.-C. sous le regard éberlué du marchand, suspend le paquet de dessins à un clou, et quitte les lieux en claquant la porte avec une maestria digne de la commedia dell'arte. Peu après, il fera un deuxième portrait du docteur Alexandre.

Très éprouvé par l'épisode du vol de *La Joconde*, encore plus affecté par sa rupture avec Marie Laurencin, Apollinaire est tombé dans une profonde déprime. Pour essayer de l'en sortir et le remettre en selle, son ami André Billy, futur académicien Goncourt, réunit la bande des copains au Café de Flore et leur propose de monter une revue littéraire dont Guillaume serait le directeur. Outre André Billy, les copains sont André Salmon, le poète André Tudesq et René Dalize, vieil ami d'enfance et de collège de Guillaume devenu écrivain, lui aussi. Aussitôt dit, aussitôt fait. Le premier numéro de la revue *Les Soirées de Paris* sort en février 1912 ; Apollinaire y publie son célèbre poème « Le pont Mirabeau » où il dit toute la mélancolie de ses amours perdues avec Marie.

En septembre 1912, Amedeo participe au Salon d'automne avec sept têtes en pierre répertoriées au catalogue : « Modigliani Nᵒˢ 1211-1217 — Têtes, ensemble décoratif », titre témoignant de la volonté de ne pas dissocier des œuvres, destinées dès leur conception à être vues comme un tout. Ce dont Amedeo se félicite dans une lettre à son frère Umberto : « Le Salon d'automne a été relativement un succès, et le seul fait d'avoir accepté mes œuvres en bloc est presque un cas rare auprès de ces gens qui passent pour être une coterie fermée. » Un succès souligné par la publication de deux dessins stylisés reproduisant deux des têtes dans *La Vie parisienne* du 5 octobre, d'une photo où l'on en voit quatre dans *L'Illustration* du 12 octobre, et des photos de deux autres sculptures, légendées « Tête cubiste », encadrant l'article « Maîtres cubes au Salon d'automne » du critique Claude Roger dans *La Comédie artistique* du 20 octobre. Au même Salon, Raymond Duchamp-Villon présente sa célèbre *Maison cubiste*.

Bien qu'assimilé au cubisme, Amedeo est enfin considéré et reconnu comme sculpteur à part entière puisqu'on se donne la peine de reproduire ses œuvres dans la presse spécialisée. Le sculpteur Jacques Lipchitz qui l'avait rencontré par l'intermédiaire de Max Jacob l'avait vu travailler à ces têtes :

Modigliani m'invita à aller le voir dans son atelier de la Cité Falguière, écrit-il, il faisait de la sculpture à cette époque et, naturellement, j'étais très curieux de voir ses œuvres. Quand j'arrivai chez lui, il était en train de travailler dehors. Des têtes en pierre, cinq peut-être, étaient alignées sur le sol cimenté de la cour devant l'atelier. Il était en train de les rassembler. Il me semble encore le voir : penché sur ces têtes, il m'expliquait que, dans son intention, elles devaient former un tout. Il me semble qu'elles furent exposées, quelques mois après, au Salon d'automne, l'une à côté de l'autre comme des tuyaux d'orgue...

C'est aussi Max Jacob qui avait présenté Ossip Zadkine à Modigliani, lui disant :

— Je te présente monsieur Zadkine. Il faut l'entendre parler des révolutions. Il mêle de la férocité béante et des gros derrières de femmes qui s'asseyent dans les omnibus. C'est vraiment le seul génie que nous ayons dans la littérature : il est sculpteur.

Zadkine était russe, arrivé à Paris en 1909, avait vécu à la Ruche qu'il avait trouvée trop sinistre, moisissant de mélancolie, et vite abandonnée au bout de six mois pour divers ateliers à Montparnasse. Partisan de la taille directe dans la pierre ou le bois sans passer par le modèle en argile ou en plâtre, comme Amedeo. Et comme lui, d'un tempérament tourmenté, anxieux, mais qu'il

savait faire taire sous une franche gaieté communicative. Les deux hommes étaient faits pour s'entendre. Ils devinrent amis. Souvent, ils se retrouvaient
Chez Rosalie, une Italienne fantasque qui tenait
une petite crémerie-restaurant très modeste —
quatre tables à plateau de marbre et quelques tabourets en rotin — au 3 rue Campagne-Première,
où il y avait toujours table mise pour Amedeo qui
aimait y retrouver les maçons italiens.

Rosalia Tobia était arrivée à Paris en 1887,
dans les bagages de la princesse Ruspoli comme
domestique. Puis, du service de la princesse, elle
était passée à celui du peintre Odilon Redon, et là,
un jour, un ami de son maître lui avait demandé
de poser pour lui. Cet ami était William Bougue-
reau.

Celui-là, oui que c'était un grand peintre, dira-t-elle. *Santa
Madonna*, quels tableaux ! Ses plus belles peintures, il les a
faites avec moi. J'ai posé pour Cabanel, Hubert, Courtois, Ca-
rolus-Durand et dans tous les musées de Paris, de province et
à l'étranger, vous pouvez voir la belle Rosalie, nue comme
Dieu l'a faite.

Payant ou ne payant pas, Amedeo trouvait toujours chez Rosalie quelque chose à manger, ou à
boire. En échange, il lui laissait des cahiers bour-
rés de dessins que la pauvre femme lançait dans sa
cave, déçue de ne jamais voir un sou. Rosalie et
Amedeo s'adorent mais ils se disputent continuellement, s'apostrophent en italien, les *mascalzone*,
les *porca Madonna*, pleuvent.

Rosalie, c'est son îlot d'Italie à Paris, sa seconde

mamma. Quand on le trouvait ivre mort, hébété sous un réverbère ou endormi dans le caniveau, on le ramenait immanquablement chez elle. La brave femme le couchait alors sur un tas de sacs dans son arrière-cuisine jusqu'à la fin de sa cuite et lui préparait un bon bouillon en attendant qu'il se réveille.

Déjà, à cette époque, des amateurs le recherchaient. Un soir, deux Américains très élégants, costume gris perle, chapeau haut de forme et lavallière, viennent le demander chez Rosalie. Ils voulaient voir ses toiles. Rosalie envoie Luigi, son fils, le chercher à son atelier. Il n'y était pas. Après avoir sillonné tout le quartier, Luigi le retrouve une heure plus tard à La Rotonde, cuit comme une tuile.

— Viens, dépêche-toi, il y a des Ricains qui t'attendent. Ils veulent acheter tes tableaux.

Non sans mal, Luigi parvient à le ramener chez sa mère. Il était couvert de bleus, sa veste déchirée. Mais quand les Américains le voient entrer dans cet état, ils l'examinent avec insistance de la tête aux pieds, et s'en vont sans prononcer un mot.

À la même époque, Derain et Vlaminck quittent leurs nids à rats montmartrois pour des appartements plus confortables, Matisse expose à New York. Picasso, qui s'est installé au 242 boulevard Raspail avec sa compagne, Eva Gouel, est tellement demandé qu'il n'expose même plus, surtout depuis que Daniel-Henry Kahnweiler lui a signé, comme à Braque, un contrat d'exclusivité le 18 décembre 1912.

Dernier voyage à Livourne

Dans sa « cage de verre », comme l'appelle Ossip Zadkine, un minuscule atelier vitré au fond d'une courette au 216 boulevard Raspail, Modigliani sculpte, peint, dessine avec frénésie comme si sa vie en dépendait, et sans doute en dépend-elle, sans même parler des soucis matériels. Mais pendant qu'il travaille, il boit et il boit autant qu'il travaille, énormément. Il fume comme une cheminée, il drague toutes les filles qu'il peut rencontrer au Dôme ou à La Rotonde. Une vie de barreau de chaise qui perturbe la sérénité de son travail et n'arrange pas sa santé toujours aussi précaire. L'hiver 1912 est terriblement froid et venteux, de ceux qui n'en finissent pas, qui donnent le cafard et travaillent le corps et l'esprit. Amedeo n'en peut plus, il est épuisé. Souvent, à la nuit tombée, on le voit remonter en titubant le boulevard Raspail, ivre de travail et d'alcool. Et c'est là, dans sa cage, qu'Ortiz de Zarate le retrouve un matin, dans un état d'anémie générale, évanoui. L'atelier est si exigu que les ambulanciers appelés d'urgence par Ortiz ont toutes les peines du monde à l'en sortir. Amedeo est transporté à l'hôpital où on le rase, le soigne et le remet à peu près sur pied, non sans lui avoir conseillé d'aller se reposer au soleil dès qu'il aura repris quelques forces.

Il pense aussitôt à sa terre natale, mais il n'a pas d'argent pour le voyage. Ortiz organise une collecte auprès des amis pour lui permettre de partir en Italie. Le peintre anglais Augustus John et sa femme, Dorelia, s'arrangent pour lui acheter deux sculptures de têtes. Amedeo demande à être payé à tempérament car le chiffre s'élève à plusieurs centaines de francs. Au fond, il n'a besoin que d'un billet de train pour Livourne. Là-bas, sa famille s'occupera bien de lui.

Avant de partir, il passe déposer chez son ami Paul Alexandre une pleine charrette de pierres sculptées, des gouaches, des dessins, et les lui laisse en annonçant qu'il les récupérera à son retour.

Été 1912 ? Ou printemps 1913 ? Plutôt 1912 d'après de très vagues souvenirs familiaux, plutôt 1913 d'après les souvenirs des amis parisiens. Même Jeanne Modigliani dans son livre *Modigliani, une biographie,* n'est pas parvenue à établir la date précise du dernier séjour d'Amedeo à Livourne, ni même s'il y est retourné trois fois ou seulement deux fois. Pourtant, plusieurs cartes postales et messages ont été envoyés, entre le 23 avril et le 13 juin 1913, par Amedeo à Paul Alexandre, de Livourne et de Lucques. Sur la carte postale du 13 juin, Amedeo écrit :

Mon cher Paul,

Bientôt je serai de retour à Paris. Je t'envoie av. Malakoff deux petits morceaux de marbre en éclaireurs. Je paye tous les frais ici mais si par hasard il y avait quelques centimes à débourser, tu peux être sûr de la restitution à mon retour. Je n'en dis pas plus long car bientôt et de vive voix nous aurons le plaisir de recauser. En toute amitié.

MODIGLIANI

Le doute est donc levé, c'est bien au printemps 1913 que Modigliani a séjourné pour la dernière fois en Italie. Comme en 1909, l'accueil d'Eugénie est très chaleureux. Celui des amis, plutôt tiède. Il se présente au Caffè Bardi, la tête tondue comme celle d'un évadé, couverte d'une petite casquette dont il avait arraché la visière, habillé d'une petite veste en toile, d'une chemisette décolletée, d'un pantalon lié par une ficelle, chaussé d'espadrilles, et faisant ostensiblement tournoyer une autre paire d'espadrilles qu'il tient du bout des doigts. Une fois encore, il joue les provocateurs. Il leur dit qu'il est rentré à Livourne par amour pour ces chaussures confortables et pour la tourte aux pois chiches.

— Qu'est-ce qu'on boit ? demande-t-il d'une impérieuse petite voix haut perchée, et commande aussitôt une absinthe en ajoutant : Est-ce que Romiti est là ? Et Natali ?

Ce comportement en apparence décontracté, qui semble un peu odieux envers ses camarades qu'il n'a pas revus depuis longtemps, mais qui n'est en réalité que maladresse dissimulant son manque d'assurance, et peut-être aussi une tentative inconsciente de les persuader que tout va pour le mieux, qu'il a réussi à Paris, leur donne l'impression qu'il prend des airs supérieurs à leur égard. Il a les poches pleines de photos de ses sculptures, qu'il exhibe aussitôt pour faire admirer son travail. Le peintre Gastone Razzaguta en témoignera plus tard : « Il me semble encore le voir, avec ses photos dans la main, nous invitant à les admirer… Son enthousiasme et sa tristesse augmentaient avec notre indifférence. » Ses amis regardent, sans comprendre, ces étranges têtes allongées avec de grands nez droits et longs, à l'expression triste et fermée, d'aucunes semblant battues, et toutes ont des cous, comme les têtes, longs et ronds. Les amis les moins bornés sont évasifs, les autres ricanent.

Rapportant les détails de l'un de ces navrants épisodes, Bruno Miniati écrit :

Dedo était arrivé tard au Caffè Bardi où nous nous réunissions. Il faisait très chaud cet été-là. Nous sommes sortis nous promener le long des fossés, juste en face de l'église des Hollandais. À un certain moment, d'un emballage de papier journal, il sortit une tête au long nez sculptée dans la pierre. Il nous la montra avec l'air de quelqu'un qui fait voir un chef-d'œuvre. Il attendait notre avis. Je ne me rappelle pas précisément qui était avec nous. Peut-être Romiti, Lloyd, Benvenuti ou Natali, Martinelli, ou Sommati ou Vinzio. Nous étions nombreux, six ou sept. Et nous éclatâmes tous de rire. Nous avons commencé à nous moquer de lui, pauvre Dedo, pour cette tête. Et sans rien dire, Dedo la balança dans l'eau. Nous regrettâmes, mais nous étions tous convaincus que comme sculpteur, Dedo valait beaucoup moins que comme peintre. Cette tête nous était apparue comme un authentique avorton.

Ce piètre accueil ne le démoralise pas. Il se met à chercher, et trouve, un espace assez grand tout près du Marché central via Gherardi del Testa. Et là, fiévreux, exalté, il attaque la pierre en taille directe, jusqu'au bout de ses forces, jusqu'à l'épuisement. Il va jusqu'à utiliser celles dont on pave les rues qu'il ramasse dans les endroits les plus sombres de la ville. Personne ne le voit de quelque temps tant il est absorbé par son travail. Peut-être est-il, aussi, allé à Carrare sans en parler à personne.

Quand il décida de rentrer à Paris, rapporta Silvano Filippelli, il demanda à ses amis où il pouvait laisser toutes les sculptures qu'il avait entassées dans son hangar. Aucun d'eux ne les avait vues en dehors de Gino Romiti qui affirmera à Jeanne Modigliani se souvenir d'en avoir vu au moins une. Tous en chœur lui avaient répondu :

— Jette-les dans le Fosso Reale, le canal des Hollandais.

À la suite de cela, découragé et déçu, Amedeo prit une brouette, la remplit de ses sculptures et s'en alla les jeter le long du canal. À l'occasion du centenaire de la naissance du peintre, en 1984, le canal a été dragué dans l'espoir de retrouver enfin ces fameuses sculptures, et en fait, le 24 juillet, on en a repêché deux, puis trois, des visages de femmes, mais elles se sont révélées complètement fausses, œuvres de mauvais plaisantins ou de grossiers spéculateurs.

Le prince vagabond

Il rentre à Paris chargé de livres. Dante, Pétrarque, Leopardi, Machiavel, Boccace, Carducci, qu'il dépose chez lui, dans sa cage du boulevard Raspail, avant d'aller retrouver ses copains de La Rotonde. Et voilà qu'à peine rentré, la nostalgie le reprend. Il se met à déclamer de grandes tirades lyriques :

— Tram, tram, traio, je ne suis ni patron ni ouvrier, mais malgré cela je ne suis pas libre. Mon idéal est de vivre en Italie ; ce pays imbibé d'art, à Florence ; dans ma ville, à Livourne. Mais la peinture est plus forte. Elle exige ma présence à Paris. Seule l'atmosphère de Paris m'inspire. Je suis malheureux à Paris mais je ne puis vraiment pas travailler ailleurs. C'est ici que je suis inspiré de ce doux souffle de vent, qui peut s'enfler jusqu'à la tempête. Je le sens en moi et autour de moi. Il faut être un bon matelot pour le maîtriser.

Bien sûr, ce soir-là, il boit, se soûle d'alcool, autant que de paroles, tant et si bien qu'il se retrouve au poste de police pour tapage nocturne.

Mais les orages reprennent de l'activité. Les

soucis matériels quotidiens, la sculpture, qui le fatigue de plus en plus, les déménagements en rafale, les incessantes allées et venues entre Montmartre et Montparnasse ; et puis, il fume beaucoup trop, il ne mange et ne dort pas assez, il abuse des grains de haschich, il se met trop souvent en colère, devient de plus en plus agressif, bagarreur même, pour un oui pour un non. Ses quintes de toux sont de plus en plus rapprochées, de plus en plus violentes. Il sent bien qu'il épuise ses forces à grande vitesse et qu'il va lui falloir prendre des décisions draconiennes. S'assagir, mener une vie plus saine et plus régulière ; et peut-être pis encore, délaisser la taille directe pour se reposer, renoncer à ses chers outils, son marteau et son ciseau, mais il n'ose y penser sérieusement. Pour lui il ne peut pas être question de modeler la glaise ou le plâtre. Ça, jamais ! Rodin a corrompu la sculpture avec ses modelages réalistes et torturés. La noblesse de la sculpture réside dans l'art de dompter la pierre, peu importe qu'elle soit dure ou tendre. Non, ce qu'il lui faut, c'est se mesurer à l'élément minéral, comme ses anciens maîtres siennois.

En attendant, il abandonne la caryatide en pierre sur laquelle il travaille : une femme, un genou en terre, assise sur sa jambe repliée — actuellement conservée au Musée d'art moderne de New York et qui restera inachevée. Puisqu'il ne peut plus sculpter pour le moment, Amedeo se dit qu'il va faire une série de dessins de caryatides, à l'huile, à la gouache, et même peut-être quelques-unes à l'aquarelle, dans des tons de terre cuite, brique, ocre et noir, à la manière des bas-reliefs. De ses lointains souvenirs d'école, lui revient en mémoire l'histoire de ces femmes de Carie, en Asie Mineure, qui avaient inspiré les sculpteurs de la Grèce antique pour leurs temples. Les Athéniens les avaient fait prisonnières au Ve siècle av. J.-C. parce qu'elles avaient pris parti pour les Perses. Par association d'idées, il se remémore la perfection de ces statues féminines soutenant des portiques, des corniches, des baldaquins, leurs sourires, la fluidité de leurs lignes, la sensualité de leurs volumes. Il repense aux antiquités égyptiennes, aux statuettes nègres, et son âme redouble de tristesse. Et ses dessins de *Caryatides* évoquent indiscutablement des sculptures, comme s'ils étaient des représentations de statues.

En 1913, Amedeo fait, de mémoire, le troisième portrait du docteur Paul Alexandre devant une verrière. Sans le faire poser, et sans même lui en parler. Paul Alexandre le découvrira un soir, chez le concierge de la clinique où Amedeo l'avait déposé avant de repartir, comme il était venu, sans rien dire. Ce portrait, jugé le plus réussi des trois, rappelle beaucoup les sculptures de Modigliani. Le visage est allongé et reproduit cette distorsion verticale des images qui deviendra sa manière.

Son état de santé ne s'améliorant pas, il se résigne à ne plus sculpter sur pierre, sans y renoncer toutefois car il conservera toujours l'espoir de pouvoir s'y remettre, pour se consacrer entièrement à la peinture. On peut dire que son travail de tailleur de pierre lui fut un apprentissage spirituel propice à faire mûrir sa personnalité de peintre.

Tout son temps et toute son énergie étant consacrés à la sculpture, Amedeo aura fait peu de portraits entre 1910 et 1913, hormis ceux d'Anna Akhmatova et de Paul Alexandre, encore moins de nus.

À Montparnasse, c'est le plus souvent chez le père Libion, à La Rotonde, qu'Amedeo traîne son âme en peine. Victor Libion y fait venir des journaux du monde entier pour sa clientèle d'artistes qui passent des heures à les lire devant un bon café crème ou un verre de rouge à vingt centimes. « Ce sont des types que l'on remarque, disait-il, ils finiront par rendre mon café célèbre. » Et il ne se trompait pas. Non seulement ils interceptent les regards par l'excentricité de leurs accoutrements, plus originaux les uns que les autres, Sam Granowsky déambule en cow-boy, Vlaminck en tzigane, Picasso bariolé comme un arlequin, Matisse en salopette, Max Jacob en dandy, mais ils attirent l'attention par leurs comportements, volontiers exhibitionnistes ou querelleurs. Et naturellement, Amedeo n'est pas le dernier.

Quand la porte de La Rotonde s'ouvrait, d'un large geste, il était beau de voir entrer théâtralement Modigliani, écrit l'illustrateur Gabriel Fournier. Campé très droit sur ses jambes, sa noble tête fièrement rejetée en arrière, il s'immobilisait un instant et promenait un regard lointain qui dépassait les étroites limites de la salle. Son allure d'aristocrate que ne déparait nullement le gros chandail gris à col roulé, ses cheveux bouclés en broussailles ajoutaient encore à la noblesse de son très beau visage. L'ami qu'il paraissait chercher une fois trouvé, Modigliani venait à lui, attiré par les particularités d'un caractère, s'installait à un coin de table — mais toujours dans un passage et comme entreposé —, ouvrait son carton, caressait de sa main la feuille de papier. Alors son regard plongeait durement dans les yeux de son modèle qu'il paraissait fasciner. Puis, le crayon se mettait à courir en tous sens sur la feuille tandis qu'il s'apaisait en chantonnant. Les arabesques étaient volontairement écrites et, tout à coup, il s'arrêtait, frottait le papier de la paume de la main et reprenait un détail avec acharnement. S'il était insatisfait de son premier jet, Modigliani prenait un air d'indifférence désabusée, regardait tout autour de lui avant de se jeter nerveusement sur une feuille vierge qu'il se mettait à griffer violemment. Alors, reportant la tête plus en arrière encore, il signait avec indifférence son dessin avant de l'offrir au modèle contre un verre de gin et disparaissait[1].

Une autre scène qui fut rapportée par l'écrivain espagnol Ramon Gomez de la Serna relate une dispute spectaculaire, restée mémorable à Montparnasse, entre Amedeo et Diego Rivera.

Mexicain, Diego Rivera était arrivé à Paris en septembre 1911. Il habitait 26 rue du Départ avec sa compagne, Angeline Beloff, graveur sur bois. Angeline lui avait fait connaître la colonie russe de Paris, le poète, peintre et critique d'art Maximilien Volochine, les sculpteurs Jacques Lipchitz et Oscar Miestchaninoff, l'essayiste Ilya Ehrenbourg — qui décrivait La Rotonde comme un monde de parias. Esprit fin et révolutionnaire, caractère bouillant et

1. Gabriel Fournier, *Cors de chasse*, Éditions Pierre Cailler, 1957.

bagarreur, grand mangeur, grand buveur et grand parleur, Diego passait des après-midi entiers à La Rotonde à débattre avec eux de politique et de peinture. Il déclamait Bakounine et criait que le grand jour arriverait bientôt pour son pays, victime de la dictature, et pour sa peinture. Il avait adhéré au cubisme comme le montrent ses paysages présentés au Salon d'automne de 1913.

Excellents amis par ailleurs, lorsqu'ils parlent de peinture, Rivera et Modigliani s'échauffent souvent. Ce jour-là, au petit bar de La Rotonde, plein de monde, la discussion s'étant envenimée, l'exubérant Diego en vint presque à le menacer de sa canne sculptée :

— ... Mais voyons, le paysage n'existe pas ! Le paysage n'existe pas ! s'écriait Amedeo, très énervé, captant l'attention des autres consommateurs qui, sans cesser de remuer le sucre dans leur café, tournèrent la tête.

— Le paysage existe ! hurlait Diego, brandissant le livre qu'il avait en main.

— Pour moi, le paysage, la nature morte n'existent pas en peinture. Pour travailler, j'ai besoin d'un être vivant, de le voir devant moi. L'abstraction épuise et tue, elle est une impasse. C'est l'être humain qui m'intéresse. Son visage est la création suprême de la nature. Je m'en sers inlassablement.

— Le paysage existe, te dis-je, insistait Diego, agitant sa canne au-dessus de la table de marbre, il est là, frémissant de couleur et de vie ! Il faut le saisir ! Il faut l'aimer !

— Non, je ne veux pas céder au goût du temps en peignant des arbres et des natures mortes. Je ne veux pas dans ma peinture ni de guitare espagnole ni de bouteille de vin posée sur une coupure de journal.

Picasso qui était là resta appuyé au dossier de sa chaise sans souffler mot.

En 1913, la riche baronne Hélène von Œttingen, la belle Yadwiga dont Ardengo Soffici avait tant parlé à Amedeo à Venise, et le peintre Serge Férat, qu'elle présente par souci des convenances comme son frère ou son cousin, rachètent la revue *Les Soirées de Paris* à André Billy qui avait dû en interrompre la parution par suite de difficultés financières. Ils en transfèrent la rédaction dans leur salon littéraire du 278 boulevard Raspail, où ils s'étaient installés dans une belle maison avec un jardin où trônait toujours un acacia jadis planté par Victor Hugo, et la co-dirigent, sous le pseudonyme de Jean Cerusse pour « ces Russes », avec Guillaume Apollinaire. Giorgio De Chirico, Marc Chagall, le peintre Pierre Roy, ainsi que Henri-Pierre Roché, peintre, collectionneur d'art et journaliste, mais surtout futur auteur de *Jules et Jim* et des *Deux Anglaises et le continent*, deux romans qui passeront à la postérité grâce aux adaptations cinématographiques de François Truffaut, y collaborent.

L'étonnante baronne toujours jolie, fine et élégante est devenue peintre cubiste et auteur d'articles, poèmes, romans, nouvelles, essais, critiques. Soutenant que tout être de génie est intimement hermaphrodite, dans le sens capable de ressentir autant les émotions masculines que féminines, et sans nul doute se considère-t-elle comme un génie elle-même, elle use et abuse de prénoms masculins, signant ses poèmes Léonard Pieux, ses romans Roch Grey, ses tableaux François Angiboult. Les discussions s'enflamment lors des comités de rédaction qui s'éternisent et se terminent souvent à La Closerie des lilas, chez Baty, le marchand de vin à l'angle du boulevard du Montparnasse et de la rue Delambre, ou au Petit Napolitain, 95 boulevard du Montparnasse.

Le 15 novembre 1913, le premier numéro de la nouvelle revue sort dans un format remodelé avec cinq reproductions de Picasso et une chronique de cinéma de Maurice Raynal. Pour relancer la revue, la baronne, Serge Férat et Guillaume Apollinaire ont imaginé un slogan incontournable : « revue indispensable à tous ceux qui en France et à l'étranger s'intéressent aux mouvements modernes dans les lettres et dans les arts ». Naturellement, les œuvres en prose ou en vers de la baronne y sont largement diffusées.

Chevalier servant de Yadwiga, il y avait aussi dans le petit groupe le peintre russe d'origine finlandaise Léopold Survage, Sturzwage de son vrai nom, sur qui Apollinaire n'avait pu résister à forger un étrange jeu de mots : « Survage est à sauvage ce que surhomme est à homme. »

Vêtue d'hermine et d'or, la baronne se promène et parade, altière et distinguée, parmi ses amis, Picasso, Braque, Delaunay, Léger, Brancusi, Max

Jacob, l'écrivain Frédéric Sauser, dit Blaise Cendrars, Archipenko, Zadkine, Severini, Marinetti, Chirico et parfois Modigliani avant de leur servir à la russe, avec un petit tour de valse, des tartines recouvertes de confitures très variées. « Les tartines des plus pauvres, raconte Max Jacob, Modigliani, Survage, Ortiz de Zarate et moi, étaient des sandwiches au roast-beef. »

Modigliani avait déjà rencontré Survage au Salon d'automne de 1911 où l'artiste russe avait exposé deux dessins, une aquarelle et un panneau décoratif. Lorsqu'il le revoit aux fastueuses soirées mondaines de la baronne, celui-ci travaillait déjà à ses *Rythmes colorés*, une suite de compositions abstraites, kaléidoscopiques, de dessins pour des films d'animation en avance sur l'époque. De la peinture en mouvement. Dans *Les Soirées de Paris*, Apollinaire présente l'essai du peintre comme une véritable tentative de plastique cinématographique. « J'avais prévu que cet art serait à la peinture ce que la musique est à la littérature », écrit-il dans *Paris-Journal*. Léon Gaumont avait l'intention d'en faire un film mais la guerre l'en empêcha. Et Survage n'ayant pas de cinéma à sa disposition se contenta de montrer ses cartons peints.

Une autre figure marquante de Montparnasse, le Japonais Léonard Tsuguharu Foujita, arrivé en juillet 1913, se lie très vite d'amitié avec Amedeo. Fils d'un général, médecin dans l'armée impériale, il a vingt-sept ans. Dès le sortir du lycée, il avait suivi les cours de peinture occidentale aux Beaux-Arts de Tokyo, puis avait obtenu de son père l'autorisation de se rendre à Paris. Le soir même de son arrivée, il était allé à La Rotonde, puis au Dôme et il avait rencontré tout le monde. Il parlait à peine le français mais s'était tout de suite senti chez lui. Séduits par sa gentillesse et sa forte personnalité, tous adoptent immédiatement ce petit bonhomme, féru de classicisme, qui se promène en tunique grecque, un bandeau autour de la tête, un collier de grosses boules au cou, chaussé de sandales à la spartiate. Un style qu'il ne va pas tarder à abandonner pour s'inventer le look très excentrique qu'il gardera jusqu'à la fin de sa vie : coiffure frangée à la Jeanne d'Arc, petites lunettes rondes cerclées d'écaille, anneau à l'oreille. Il se met à confectionner lui-même ses vêtements dans des tissus imprimés, larges vestes, pantalons bouffants retenus à la taille par une écharpe, et porte volontiers le kimono traditionnel pour évoquer le culte de ses ancêtres, lorsque dans son atelier de la rue Delambre aménagé à la japonaise, table basse, coussins au sol et atmosphère feutrée, il offre du thé vert à ses amis européens qui se rappellent les traces précieuses laissées par les estampes japonaises dans l'œuvre des grands prédécesseurs depuis Van Gogh, Manet et Toulouse-Lautrec. Ortiz de Zarate et Modigliani lui proposent de se joindre à eux pour assister au vernissage du Salon d'automne qui ouvre ses portes le 15 novembre sous la coupole du Grand Palais. Foujita ne pouvait, comme il le dira lui-même, que rester bouche bée d'admiration devant ces plus de trois mille dessins et tableaux qui agitent son sang. Et c'est là, au Salon, qu'il décide de ne plus rentrer au Japon et de figurer parmi les exposants au prochain Salon.

C'est également en juillet 1913, à deux heures du matin, frappant à la porte de l'atelier du peintre lituanien Pinkus Krémègne, que Chaïm Soutine débarque à la Ruche. Pinkus Krémègne, qui est encore sculpteur à ce moment-là, se tournera définitivement vers la peinture en 1915. Comme il l'avait déjà fait pour un autre de ses compatriotes, le peintre paysagiste Michel Kikoïne, l'année précédente, c'est lui qui a incité Soutine à venir à Paris partager sa vie de chien, mais au moins une vie libre, à l'abri des persécutions, car il était plus facile de vivre en tant que juif en France qu'en Russie tsariste. Il arrive à Paris affamé, hirsute, sale, vêtu de loques, des parasites plein les cheveux. La légende de sa négligence le poursuivra longtemps.

Soutine était né à Smilovitch, un village lituanien près de Minsk. Le dixième de onze enfants dans une famille pauvre et arriérée, très religieuse et traditionaliste qui refusait absolument d'entendre parler de vocation artistique. À sept ans, le petit Chaïm vole un couteau pour l'échanger contre des couleurs. Pour le punir, son père l'enferme dans une cave infestée de rats pendant deux jours, ce qui le rend à moitié fou. Un peu plus tard, le fils du rabbin du village l'ayant surpris en train d'esquisser le portrait de son père au fusain, ce que la loi judaïque interdit formellement, il est roué de coups par son père et finit à l'hôpital. À sa sortie de l'hôpital, le rabbin, peut-être pour se débarrasser de lui, peut-être aussi parce qu'il pense qu'il a du talent, ou pour l'éloigner de la violence de son père l'envoie à ses frais à l'École des beaux-arts de Vilnius. C'est là qu'il a fait la connaissance de Krémègne et qu'il a souffert la haine raciste, la peur, l'humiliation.

À Paris, il s'inscrit à l'École nationale des beaux-arts dans l'atelier de Fernand Cormon, qui avait succédé à Gustave Moreau, disparu en 1898 et dont l'enseignement reposait en grande partie sur la copie des tableaux du Louvre. Il fréquente assidûment le Louvre, découvre la musique aux concerts Colonne et aux concerts Lamoureux, les bordels tapissés de rouge remplis de femmes voluptueuses. Trop pauvre pour s'offrir un atelier, même à la Ruche, il partage dans les premiers temps ceux de ses amis, habitant tantôt chez Krémègne, tantôt chez Kikoïne, chez d'autres aussi. Il lui arrive même de passer la nuit dans une cage d'escalier ou sur un banc. C'est à la Ruche que Krémègne lui fait rencontrer Modigliani.

— Quand on vit dans un sale trou comme Smilovitch, dit-il à Amedeo, on ne peut pas supposer qu'il existe des villes comme Paris, des musiques comme celle de Bach.

Modigliani, qui vient d'un horizon si différent, éprouve de la sympathie et de la tendresse pour cet homme rustre, talentueux et pathétique. Il essaie de le consoler, de l'aider. Lui qui est si soigné, si méticuleux, presque maniaque de la propreté au point de se déplacer d'un atelier à l'autre avec son tub pour prendre son bain, et Dieu seul sait combien de fois il a changé d'atelier, il lui achète du savon et une brosse à dents, lui apprend à se laver, à se tenir à table, à s'habiller, à se présenter aux gens, lui soigne ses maux d'estomac car Soutine a le ver solitaire. Soutine apprécie et fait de tels progrès qu'il parvient à obtenir crédit auprès des cafetiers de Vaugirard. Ils deviennent d'inséparables frères d'armes, buvant ensemble pour tromper leur détresse. Les soirs de grand cafard, l'Italien se rembrunit, fanfaronne, agresse, le Lituanien reste triste et silencieux. Alors, ils se regardent sans se parler. Quand Amedeo, nouveau Socrate, dispense la sagesse à son ami, Chaïm n'ose le suivre qu'à distance. Et quand il lui demande des nouvelles des siens, d'une voix traînante et bégayante en détachant ses mots, il lui répond :

— Qu'ils crèvent !

Les souvenirs le rongent, ses angoisses le poursuivent jusque dans ses tableaux. Il peint des carcasses d'animaux morts, putréfiés, équarris, que lui donnent les bouchers des abattoirs de Vaugirard et qu'Amedeo l'aide à rapporter jusqu'à l'atelier. Au Louvre, il reste des heures devant les Rembrandt qui lui font si forte impression qu'il trépigne en s'écriant : « C'est si beau que j'en deviens fou ! », ce qui lui vaut le surnom de Rembrandt du ghetto. Par la suite, il fera plusieurs voyages à Amsterdam, pour admirer inlassablement les œuvres du maître flamand. Mais tout comme Modigliani, Soutine restera en marge des courants dominants, sa peinture d'une veine expressionniste inclassable fera claquer les verts crus, grincer les bleus profonds, virevolter toutes les gammes de rouges les plus violents.

Modigliani réalisera, en 1915, à La Rotonde, un portrait de Soutine au crayon, la partie gauche du visage dans l'ombre, la partie droite dans la lumière avec des yeux de fol halluciné, et un portrait à l'huile. Deux autres portraits à l'huile, en 1916, alors que Chaïm était venu le rejoindre Cité Falguière pour partager son atelier. Plutôt un taudis qu'un atelier, Pinkus Krémègne les y avait trouvés, un soir, couchés par terre, entourés d'une rigole d'eau pour éviter les punaises, chacun avec une bougie dans la main pour éclairer leur lecture. Amedeo lisait Dante, Soutine *Le Petit Parisien*.

Un autre grand ami de Modigliani, Moïse Kisling était arrivé à Paris en 1910, de Cracovie, dans son costume traditionnel de juif polonais : lévite noire et chapeau noir d'où s'échappaient des papillotes, le front couronné d'une belle frange jusqu'aux sourcils. Son professeur aux Beaux-Arts de Cracovie, le peintre Joseph Pankiewicz, l'avait convaincu que Paris était la capitale des arts et des artistes. « Tout ce qu'on fait ailleurs est la négation de l'art, disait-il à ses élèves, c'est dans la patrie de Renoir et de Cézanne qu'il faut aller. »

À peine arrivé, Kisling se fait couper les cheveux, troque la lévite pour un bleu de travail et le chapeau noir pour le foulard rouge à la mode parmi les peintres. Son caractère chaleureux, son optimisme à toute épreuve, son amour de la vie, sa santé éclatante en font très vite le boute-en-train de toutes les fêtes de Montparnasse. Remarqué dès 1912 par le critique et marchand d'art polonais toujours armé de son parapluie noir, Adolphe Basler, il aura la chance de ne pas connaître la misère comme la plupart des autres peintres, et de cette chance, tous profiteront un peu car Moïse, aussi bon et généreux que fidèle et dévoué en amitié, n'hésitera jamais à les aider, hébergeant les uns dans un coin d'atelier, payant les ardoises des autres, remontant le moral de tout le monde. « C'est mon meilleur client ! » affirmait le père Libion.

Pour sa première participation au Salon des Indépendants de 1912, le hasard avait voulu qu'il fût placé dans la salle d'honneur, entre Bonnard et Matisse. On avait tout simplement eu besoin de deux toiles de petites dimensions et on était tombé sur les siennes, ce qui lui valut un premier succès très flatteur.

À partir de 1913, lui aussi va faire un grand bout de chemin avec Amedeo. Un grand bout de chemin artistique, mais aussi de compagnonnage éthylique. Ils se mettent à boire et à faire la fête ensemble, à courir les filles, n'hésitant pas à distribuer des roses aux terrasses des bistrots à toutes les femmes, jeunes et vieilles, passant sur le trottoir. Et comme dit le compositeur Georges Auric, « avec Kisling, ils formaient un couple d'ivrognes inimaginables ».

— L'alcool nous isole du dehors, nous aide à entrer dans notre intérieur, tout en se servant du monde du dehors, disait Modigliani.

— Nous c'est un monde, les bourgeois c'en est un autre, lui répondait Kisling.

— Oh ! les femmes... le plus beau cadeau qu'on puisse leur faire c'est un enfant. Mais arrêtons-nous là, il ne faudrait pas qu'elles bousculent la peinture et l'art, juste qu'elles les servent. À nous de veiller, reprenait le côté macho italien d'Amedeo.

C'est dans les bistrots de Montparnasse, entre Le Dôme et La Rotonde au carrefour Vavin, dans ces bistrots bruyants et enfumés que les artistes, fuyant l'humidité de leurs ateliers mal chauffés, confrontent leurs idées.

— Nous sommes en train de bâtir un monde nouveau en nous servant des formes et des couleurs, mais c'est notre pensée qui est le seigneur de ce monde nouveau, disait Modigliani, son carnet à dessins sous le bras.

Passant du Dôme à La Rotonde, en quête d'un client, il cherchait un visage qui puisse l'inspirer, de préférence un ami pour lui offrir un verre.

— Tu es alcoolique, lui disait l'ami.

— Non, je peux boire quand j'ai besoin de travailler et cesser quand je le désire, répondait-il.

Si un visage lui déplaît, il peut devenir antipathique, grossier même, comme il le fit un jour avec une Américaine de passage à La Rotonde dont il venait de faire le croquis. Cette Mme Teischman insistait lourdement pour avoir sa signature. Agacé, Amedeo apposa en travers de la feuille une signature en lettres énormes, aussi grandes que celles des écriteaux pour appartements à louer.

J'ai bien connu Modigliani, dit Vlaminck, je l'ai connu ayant faim, je l'ai vu ivre. Je l'ai vu riche de quelque argent. En aucun cas, je ne l'ai vu manquer de grandeur et de générosité. Jamais je n'ai surpris chez lui le moindre sentiment bas ; mais je l'ai vu irascible, irrité de constater que la puissance de l'argent qu'il méprisait tant contrariait parfois sa volonté et sa fierté.

L'engrenage alcool-travail-alcool le mine. Petit à petit, le sculpteur meurt en lui pour laisser place au peintre et cela advient sous les yeux de tout le monde, dans l'arrière-salle de La Rotonde, là où il passe des heures, des journées entières, avec un café crème, à se réchauffer, à se donner du courage et du feu à l'âme, ou encore sur les quais de la Seine avec Blaise Cendrars : « C'est fou ce que nous avons pu boire, Modigliani et moi, et quand j'y pense, je suis épouvanté », dira-t-il plus tard. Ils se promenaient tous les deux aux abords du Pont-Neuf où il y avait encore des bateaux-lavoirs et des lavandières qu'ils courtisaient gentiment. Il leur arrivait de suspendre leurs bouteilles de vin au bout de cordelettes pour les rafraîchir dans le fleuve.

Grand, corpulent de stature, claudiquant légèrement, cheveux et moustaches grisonnantes, le père Libion était d'un caractère bourru, jovial et au fond gentil et généreux, mais ferme et toujours de bon conseil — et il fallait bien l'être avec tout ce petit monde de déracinés géniaux au sang vif, à moitié soûls du matin au soir, qu'il considérait un peu comme ses enfants. Le seul capable de leur tenir tête et de les envoyer se coucher quand ils ne raisonnaient plus ou qu'ils avaient exagéré au point de puer le haschisch ou l'éther. Se démenant dans le café, les observant de derrière son comptoir, il avait toujours un mot d'encouragement ou d'apaisement. Leur permettait d'accrocher leurs dessins sur les murs, et quand ils étaient vraiment dans la dèche, leur en achetait quelques-uns, s'il le pouvait, ou effaçait une ardoise. Lorsqu'ils avaient passé les bornes, se bagarrant, insultant les autres clients, ou fait des dégâts, il n'appelait jamais la police et réglait lui-même le différend en les jetant dehors. Même Amedeo qui était parmi ses favoris et passa ainsi plus d'une fois la nuit à cuver son ébriété sur le trottoir. Il n'était alors pas rare qu'il entrouvre la porte d'un air dramatique et, s'adressant au patron, l'invective du ton le plus théâtral que la belle grosse muflée qu'il s'était pris lui permettait :

— Je rentre pour vous... vous... dire que vous... vous... êtes un ruffian, monsieur Libion !

Une nuit, Amedeo et ses copains font un tel vacarme sous ses fenêtres que le patron de La Rotonde endormi se réveille. Après avoir enfilé un pantalon en vitesse, il descend et demande à Modigliani de faire moins de bruit.

— Monsieur... pour me parler, allez mettre un faux col ! lui répond Amedeo.

Un brave homme, le père Libion ! Mais les

bourgeois du quartier étaient loin d'être tous aussi compréhensifs et, bien des fois, Amedeo finissait tout de même la nuit au commissariat de la rue Delambre pour tapage nocturne.

À force de se retrouver le matin avec tous ces pauvres diables de poivrots de génie dans les jambes, le commissaire Descaves devient, à bon compte, un véritable collectionneur d'art. Frère de l'auteur dramatique Lucien Descaves, qui écrivait des pièces terrifiantes pour le Grand Guignol et père d'une pianiste connue, le commissaire Eugène Descaves invitait ces artistes chez lui et leur proposait de dix à cinquante francs par tableau. Ce n'était pas cher payé, d'autant plus qu'après leur avoir versé un acompte, il leur demandait de passer prendre à son bureau le reste dont évidemment ils ne revoyaient jamais la couleur, mais au moins, pouvaient-ils manger — et continuer à boire — quelques jours.

Ironie du sort, à la préfecture de police, un autre commissaire passionné d'art dirigeait le service des étrangers. Souvent amené à leur délivrer ou renouveler des papiers de séjour, le commissaire Zamarron est un ami des artistes qui fréquente volontiers les bistrots du carrefour Vavin. Il est tellement mordu de peinture qu'il lui arrive de se priver du nécessaire pour acheter des toiles ou des dessins. Une photo atteste que les murs de son bureau à la préfecture en sont couverts. Des Utrillo, des Soutine, des Modigliani, les trois éternels habitués des commissariats, mais aussi des

Derain et des Vlaminck. Certains le considèrent comme un vrai découvreur de talents.

Ivre ou non, lorsqu'il sort du commissariat, Amedeo se remet à vagabonder dans Montparnasse. À La Rotonde, il ne fréquente pas seulement des artistes mais aussi des ouvriers, des artisans, des bouchers, des déménageurs, qui viennent prendre l'apéro, tout un monde populaire et laborieux qu'il a toujours aimé.

Il y a là aussi parfois Lénine et Trotski, ces exilés à barbiche qui préparent leur révolution. Lénine habite un deux-pièces avec sa femme et sa belle-mère à Denfert-Rochereau et quand il ne va pas à L'Oriental, son café préféré, Trotski l'entraîne à La Rotonde retrouver son grand ami Diego Rivera. Au bar L'Oriental, à l'angle du boulevard Raspail et de la place Denfert-Rochereau, Lénine et Trotski tenaient des réunions hebdomadaires de la 14e section de l'Internationale ouvrière pour convaincre et endoctriner les ouvriers et quelques rêveurs révolutionnaires, comme Ilya Ehrenbourg qui n'avait pas oublié les coups de trique des gendarmes impériaux.

Au 56 rue La Boétie, il y avait une galerie de peinture dont le patron, Georges Chéron, un ancien bookmaker, était devenu marchand de tableaux, à la suite de son mariage avec la fille de M. Devambez, propriétaire d'une importante galerie d'art de la place Saint-Augustin. S'il ne connaissait pas grand-chose à la peinture, Georges Chéron était très habile en affaires. Il imagina de miser sur les jeunes peintres comme il avait misé sur les jeunes pouliches, rédigea une circulaire qu'il intitula *Un placement intelligent* et l'envoya à tous ses clients.

Le tableau est devenu une véritable valeur de spéculation qui, prise à l'émission, c'est-à-dire au début d'un jeune talent plein de promesses, représente une opération de tout premier ordre. Il n'est pas d'exemple qu'une collection, intelligemment et patiemment formée, puis dispersée dix ou quinze ans plus tard, n'ait pas réalisé une plus-value représentant de cinq à dix fois son prix d'achat. De quelle valeur financière en pourrait-on dire autant ? Cela signifie-t-il que l'on doive acheter de la peinture au hasard pour réaliser une opération fructueuse ? Non, certes ! Il faut, au contraire, être un connaisseur averti, ou se laisser conseiller par un marchand ayant à la fois du flair et de l'expérience, et qui, associant ses intérêts à ceux de ses clients, guide le choix de ceux-ci et collabore à la formation de leur collection.

Pissarro, Renoir, Cézanne, Claude Monet, et tant d'autres, se vendaient, il n'y a pas encore si longtemps, quelques centaines de francs, après s'être vendus un ou deux louis jusqu'à 1885. Or, ils atteignent aujourd'hui, sur tous les marchés du monde, trente, cinquante, cent mille francs et au-delà dans les ventes publiques.

Du flair, il en avait. De l'expérience, son beau-père lui prêterait la sienne en attendant, et cela ne tarderait pas, qu'il en acquière lui-même. Le madré marchand venait d'inventer la peinture-placement. Sa fortune était faite. Il n'avait plus qu'à se constituer une écurie.

Il achète, au prix de 7,50 francs pièce, un lot de tableaux à Foujita, soixante dessins à Zadkine, 10 francs chacun, et propose un louis d'or, l'équivalent de 20 francs par tableau à Modigliani à condition que ce soit un chef-d'œuvre. Dix francs par jour, selon le peintre Georges-Henri Cheval, et Amedeo, qui en est très fier, s'en vante partout : « Maintenant, je suis un ouvrier salarié ! » Si vraiment Modigliani a prononcé une telle phrase, ce serait plutôt poussé par son humour autodérisoire que par sa fierté, lui qui disait : « je ne suis ni ouvrier ni patron, l'artiste doit être libre », qui écrivait à Oscar Ghiglia que leur devoir réel était de ne pas se consumer dans le sacrifice mais de sauver leur rêve, qui refusait quelques dessins à *L'Assiette au Beurre* pour ne pas se laisser distraire dans sa vocation et répétait à Rosalie qu'un artiste a le droit de manger sans payer quand il n'a pas de sous.

Imprécis pour les uns, enjolivés pour les autres, contredits, les souvenirs des témoins de l'époque sont très difficiles à démêler à propos des relations d'Amedeo avec celui qui aurait dû être son premier marchand. Georges Chéron lui-même aurait confié au critique d'art Florent Fels :

Modigliani n'aura pas à se plaindre de moi. Il arrive à ma boutique le matin vers dix heures. Je l'enferme dans ma cave avec tout ce qu'il faut pour peindre, et une bouteille de cognac, et ma bonne, qui est une très jolie fille, lui sert de modèle. Quand il a fini, il tape sur la porte à coups de pied, je lui ouvre et lui donne à manger. Et un nouveau chef-d'œuvre est né[1].

Ce qui est sûr, c'est que cette collaboration n'a pas duré bien longtemps à en juger par l'avis des experts qui n'ont jamais retrouvé de tableau peint pour Chéron. En revanche, il existe un portrait à

---

1. Florent Fels *in* Christian Parisot, *op. cit.*

l'huile de Georges Chéron, de 1915, signé en bas à gauche, et un autre au fusain sur papier, signé et daté de 1917 par Modigliani.

Malgré son cheminement personnel, malgré son refus de se joindre aux futuristes, malgré ses allusions à l'emporte-pièce sur les guitares sur fond de journal, le grand intérêt que Modigliani porte à l'avant-garde est évident et visible dans ses liens avec le cubisme, du reste beaucoup de ses amis sont des cubistes dont il fera le portrait.

Peu à peu, il est parvenu à une réflexion qu'il va désormais mettre en œuvre dans sa peinture, gommer toute trace de celle des autres, construire chaque tableau à la lumière de son expérience de sculpteur, épurer la ligne, polir les formes. « J'ai des petits moyens à moi et il ne faut pas tout de suite tout dire en peinture. Le trait est une baguette de magicien. Savoir s'en servir est le propre du génie », pense-t-il. Il se remet à dessiner et à peindre d'après des modèles vivants, comme au temps de l'Académie Colarossi. C'est à La Rotonde qu'il choisit la plupart de ses modèles. Des étudiantes des académies voisines ou des petites bonnes du quartier qui arrondissent leurs fins de mois en posant dans les ateliers. Ou encore, quand il est en fonds, des modèles professionnels qui prennent plus cher. Celles-ci sont des filles étranges comme Aicha, l'Africaine au turban vert, compagne de Sam Granowsky ; des femmes entretenues comme la belle Gaby ; des ingénues, des filles délurées comme Kiki, ou raffinées comme Elvira Ventura, parfois dite Elvire Ventre. Son père, sculpteur, est l'assistant de Rodin. Elle commence à poser en 1910, à l'âge de quatorze ans. Elle vit chez ses parents, rue Delambre. Elle en a dix-sept lorsque le peintre Pierre Dubreuil, qui avait été l'un des élèves de Matisse, en tombe éperdument amoureux. Le 13 décembre 1913, ils se marient à la mairie du 14ᵉ arrondissement. Amedeo assiste au mariage.

Parmi les très beaux portraits de jeunes femmes d'Amedeo, on trouve au moins à quatre reprises le prénom d'Elvire. *Elvire au col blanc, Elvire assise accoudée à une table, Elvire au buste dénudé, Elvire nue debout* retenant pudiquement sa chemise en haut des cuisses. Mais de l'avis unanime et incontesté de tous les auteurs, le modèle de ces toiles n'est pas Elvira Ventura. Et « l'identité du modèle ne fait pas de doute », affirme Jeanne Modigliani. Elvire était une entraîneuse de cabaret de Montmartre, connue sous le surnom de la Chica, traduit en français par la Quique, qui eut une relation érotique très intense avec Amedeo. Fille d'une prostituée marseillaise et de père inconnu, mais supposé espagnol, elle avait quitté Marseille à l'âge de quinze ans pour aller vivre sa vie à Paris. Puis elle était allée en Allemagne où elle s'était mise à chanter jusqu'à ce que l'usage continu de la cocaïne lui abîmât la voix.

Un biographe qui avait entrepris des recherches sur la vie de Modigliani avant la dernière guerre avait réussi à retrouver une compagne de travail de cabaret de la Quique, une certaine Gabrielle qui se la rappelait très bien et la décrivait comme une fille à la démarche provocante, avec une poitrine généreuse, aux amours volages. Elle aurait eu vingt-quatre ans quand elle avait rencontré Amedeo. En rentrant chez elle un soir, Gabrielle avait vu deux fous qui dansaient nus dans le petit jardin de l'atelier de Modigliani, place Jean-Baptiste-Clément. Le lendemain matin, attirée par la curiosité, elle était allée à l'atelier du peintre et les avait trouvés, lui encore au lit, endormi, et elle, préparant le café, des bouteilles jonchaient le sol dans un grand désordre de tableaux épars parmi lesquels il y avait un grand nu d'Elvire. Gabrielle affirmait que la Quique avait rapidement quitté le peintre pour d'autres amours sans avoir jamais eu conscience d'être rentrée par cette brève aventure dans l'histoire de l'art international, et qu'elle avait été fusillée par les Allemands pendant la guerre pour espionnage. Elle-même, Gabrielle, avait été surtout impressionnée par la beauté de l'homme : « comme il était beau en pleine lune, beau comme un faune, nous nous disions tous que c'était bien dommage qu'il bût autant ».

Amedeo avait-il rencontré la Quique en 1906 du temps de l'atelier de la place Jean-Baptiste-Clément, comme se le rappelait Gabrielle ? L'avait-il rencontrée à son retour d'Allemagne dans un café de la place Blanche, au début de l'année 1914, alors qu'il travaillait dans l'atelier, également contigu à un petit jardin, que lui avait loué son marchand, Paul Guillaume, rue Ravignan ? Ces deux ateliers montmartrois d'Amedeo ont souvent été confondus par les témoins et les biographes. Les œuvres représentant la Quique seraient de 1914 selon les uns, de 1919 selon les autres.

Lorsqu'il se trouvera en très grand manque d'argent sur la Côte d'Azur en février 1919, Amedeo écrira à son marchand et ami Léopold Zborowski : « N'oubliez pas l'affaire de la place Ravignan. » Il se pourrait tout simplement qu'il ait alors repensé à d'anciennes toiles oubliées dans l'atelier de la rue de Ravignan et qu'il l'ait prié de les récupérer dans l'intention de les monnayer. La guerre venait de se terminer, il est possible qu'Amedeo ait appris que sa vieille flamme Elvire, la Quique, avait été fusillée comme espionne par les Allemands et que lui fût subitement revenu en mémoire l'existence de ces tableaux qui lui avaient été confisqués par le propriétaire de la rue Ravignan parce qu'il ne payait pas son loyer. Il aurait alors demandé à Zborowski de faire le nécessaire : payer la dette et récupérer les tableaux. Si on est d'accord avec cette hypothèse, on peut penser qu'Amedeo, en rentrant à Paris, aura retouché les couleurs, les déchirures, les corrosions dues au temps. De là on peut comprendre comment certains portraits de la Quique, exécutés en 1906 ou en 1914, seraient datés de 1919, un an après la mort du modèle. Par ailleurs, de son propre aveu, Modigliani ne reprenait jamais un portrait, comme il le dira en 1918 à Germaine Survage lorsque, contraint d'interrompre son portrait en cours parce qu'elle s'était alitée, il refusera de le terminer et en entreprendra un autre. Le mystère reste donc entier.

Si l'on considère la facture des tableaux qui évoquent indiscutablement sa période la plus achevée, il se pourrait aussi — et c'est plus vraisemblable — qu'il ait donné le nom d'Elvire à des tableaux peints en 1919 en souvenir de sa brève et tumultueuse passion pour le modèle.

Au cours de l'année 1913, Kisling avait déménagé dans un appartement au quatrième étage, 3 rue Joseph-Bara, où il tenait table ouverte pour ses amis. Dans le même immeuble, son atelier était au cinquième étage ainsi que celui du peintre Léopold Gottlieb, qui venait des mêmes Beaux-Arts de Cracovie que lui. André Salmon habitait au 6 dans la même rue. Farceur, casse-cou, un brin provocateur, Moïse ne perdait jamais une occasion d'épater les amis par de nouvelles excentricités, et pour cela prenait parfois des risques. Il allait une nouvelle fois se faire remarquer le matin du 11 ou du 12 juin 1914 — encore un exemple de divergence dans les souvenirs. Pour une raison restée inconnue, s'agissait-il d'un différend artistique, d'une histoire de cocufiage, d'injures de voisinage, ou plutôt d'un coup médiatique pour faire parler un peu de lui, « question d'honneur » rapportent les chroniques sans préciser laquelle, il avait défié son compatriote en duel.

Et les voilà, comme au bon vieux temps, face à face, en manches de chemises et pistolet à la main, au bord de la piste du Parc des Princes, avec leurs témoins : le peintre Conrad Moricand et le docteur Raymond Barrieu pour Kisling, Diego Rivera et André Salmon pour son adversaire. Les caméras des actualités Gaumont et des photographes de presse avaient été conviés pour immortaliser l'événement dont ils se délectaient à l'avance. Après un coup de pistolet tiré de part et d'autre, les duellistes en décousent au sabre pendant une heure, puis on les sépare de force. Gottlieb s'en tire avec une balafre au menton et Kisling arbore fièrement une égratignure sur le nez. De retour rue Joseph-Bara, Moïse offrit une tournée générale pour fêter ce qu'il considérait comme sa victoire.

Une autre fois, étant allé chez Vlaminck pour lui demander la main de sa fille Madeleine, il avait été reçu à coups de fusil par le peintre qui lui avait crié qu'il y avait déjà assez d'un artiste dans la famille.

Du 8 mai au 20 juin 1914, deux œuvres d'Amedeo figurent à l'exposition *Twentieth Century Art : A Review of Modern Movements* (« Rétrospective des mouvements d'art moderne du XXᵉ siècle »), dans une galerie londonienne, la Whitechapel Art Gallery. Et ce fut un événement. Autour du peintre anglais David Bomberg et d'autres cubistes, la galerie accueillait la jeune génération d'artistes juifs et présentait notamment des œuvres de Kisling, du sculpteur polonais Élie Nadelman, du peintre bulgare Jules Pascin et de Modigliani. Les deux œuvres d'Amedeo étaient un dessin et la tête sculptée qui est aujourd'hui conservée à la Tate

Gallery de Londres. Ces œuvres n'avaient pas été envoyées par les artistes eux-mêmes, mais prêtées par leurs propriétaires respectifs. Le critique Adolphe Basler pour les trois premiers, alors que pour Modigliani, elles furent prêtées par un peintre sud-africain, Edward Roworth, qui vivait à Londres et les avait acquises à Paris, en 1911-1912, pendant son voyage de noces, pour le prix de cinq livres sterling, un bon prix pour l'époque. Le jour de la fermeture de l'exposition, le sculpteur Henri Gaudier-Brzeska publie un article dans la revue *Blast* intitulé « Vortex », pour exalter le mouvement vorticisme, né sous la double influence du cubisme et du futurisme, qui affirme que l'art prend sa source directe dans le vortex des émotions. Cet article, publié à Londres, fut repris à New York et à Toronto, ce qui a très certainement contribué à faire connaître le Modigliani sculpteur et avant-gardiste.

Rencontres décisives

L'épisode Georges Chéron ayant fait long feu, c'est Paul Guillaume, le même Paul Guillaume qui avait été l'un des découvreurs de l'art nègre, qui sera le premier vrai marchand d'art d'Amedeo, et surtout son principal acheteur jusqu'en 1916.

Ils se rencontrent en 1914, et c'est encore Max Jacob, la pipelette du Tout-Paris littéraire et artistique qui connaît tout le monde, qui les a présentés l'un à l'autre. Auparavant, il avait été courtier et, profitant de ses rencontres professionnelles, il s'était mis, très jeune, à collectionner des toiles et des objets d'art qu'il entassait dans son appartement rue des Martyrs. Passionné d'art nègre, il achetait aux puces et chez les brocanteurs des statuettes africaines avant que l'art n'en fût à la mode. Suivant les bons conseils de son ami Apollinaire, il ouvre en février 1914 sa propre galerie au 6 rue de Miromesnil. Paul Guillaume est un petit bonhomme tout rond, jovial, joyeux, très cultivé, raffiné et qui parle un très bon anglais. Il choisit ses peintres en fonction de préférences précises et courageuses. Sa première exposition présente Natalia Gontcharova et son compagnon Michel Larionov qui ont mis au point, en 1912, une manière de rendre les vibrations de la lumière par la peinture, le rayonnisme. Puis ce sera Derain, Giorgio De Chirico, Gino Severini. Il offre un contrat à Amedeo et lui loue un petit atelier au 13 rue Ravignan pour qu'il puisse travailler plus tranquillement. Ses premières toiles sont des portraits de ses amis, Diego Rivera et le peintre Frank Burty Haviland qui était aussi un riche collectionneur.

Au cours de l'hiver 1914, coiffé de son éternel chapeau noir et vêtu de son non moins éternel costume de velours, son écharpe rouge accentuant la pâleur de son beau visage, Amedeo fait irruption dans le bistrot de Rosalie. Il tient un paquet de journaux roulés sous le bras. Il se dirige vers une table occupée par une jeune femme et pointant un doigt vers sa propre poitrine lui dit d'emblée :

— Je suis Modigliani, *jew* [juif].

Puis il déroule ses journaux et en extrait des dessins qu'il pose sur la table en annonçant :

— Cinq francs.

Comme tous ceux qui voient Amedeo pour la première fois, la jeune femme est saisie par sa beauté. Un peu imbue d'elle-même, mais sans préjugés, elle lui achète quelque chose et l'invite à s'asseoir près d'elle. Banalités habituelles des présentations. Il apprend qu'elle est anglaise, artiste peintre, un peu écrivain. Qu'elle s'appelle Nina

Hamnett. Qu'elle vient d'arriver à Montparnasse et s'est inscrite aux cours de l'Académie Vassilieff. Très vite ils deviennent d'excellents amis, sortent dans les endroits à la mode, à La Closerie des lilas, à La Gaîté Montparnasse, dans les nombreuses fêtes privées données dans les ateliers. Un soir, chez Van Dongen, boulevard Saint-Michel, ayant pas mal bu pendant la fête, elle se déshabille et danse enveloppée d'un voile noir. « Tout le monde était content car j'étais bien faite », confiera-t-elle. C'est une femme facile, un peu exhibitionniste, elle a un tempérament de grande amoureuse et la réputation de coucher avec tout le monde, mais ses relations avec Amedeo n'outrepasseront jamais le stade de l'amitié.

Dans les souvenirs qu'elle a laissés, elle revendique lui avoir fait rencontrer la poétesse anglaise Béatrice Hastings avec laquelle il va vivre deux années de passion, de désordres et de folie, sans doute les deux années les plus tumultueuses de sa vie : « Un jour, Béatrice arrive à Paris, très grande amie de Katherine Mansfield, c'était un écrivain plein de talent, elle dirigeait avec Alfred Richard Orage la revue *The New Age*. Je l'ai présentée à Modigliani et nous passâmes toute la soirée ensemble à La Rotonde. »

Ossip Zadkine revendique également le privilège de les avoir présentés l'un à l'autre, un soir où il se trouvait en compagnie de Béatrice chez le père Libion : « Ce ne fut pas un rapport heureux, dit Zadkine, mais ce fut pendant ces deux ans qu'ils vécurent ensemble que Modigliani se tourna résolument vers la peinture. »

Une troisième variante circulait à Montparnasse au sujet de cette rencontre. Ce serait Jacob Epstein qui, se trouvant à Londres, fit la connaissance d'une dame de la bonne société anglaise, fort cultivée, écrivain, un peu désœuvrée et fantasque.

— Allez à Paris, madame H., il y a là-bas un peintre de génie qui est bel homme..., lui aurait-il dit.

Peu après, Mme H. arrive dans la capitale française, et dès son entrée à Montparnasse, aperçoit un grand diable, en pleine excitation, se démenant dans une danse nègre, sur une des tables de La Rotonde.

— Modigliani ? se serait-elle écriée.

Lui, saute à terre, et ils partent, main dans la main.

Plus tard, Béatrice Hastings démentira formellement toutes ces rumeurs. Voici ce qu'elle en dira : « Il n'y a que Max Jacob et moi qui pouvons dire comment les choses se sont passées avec ce bohémien pur-sang de Modigliani. » Et de fait, dans une lettre de novembre 1914 adressée à son cousin, Jean-Richard Bloch, Max Jacob écrira avoir fait la connaissance d'un vrai grand poète anglais, Mme Hastings, ivrognesse, pianiste, élégante, bohème, habillée à la mode du Transvaal et entourée de bandits un peu artistes et danseurs. Béatrice traduisait des poèmes de Max et les faisait publier dans *The New Age*. Ce serait donc Max Jacob qui aurait mis en présence Béatrice et son ami italien. Béatrice ajoutera :

Je raconterai toute cette histoire dans mon livre *Minnie Pinnikin*. C'était un caractère compliqué, un cochon et une perle. Je l'ai rencontré dans une crémerie. On était assis l'un devant l'autre : haschich et cognac, je ne savais pas qui il était. Il me sembla laid, la barbe longue, féroce. Puis, je l'ai revu à La Rotonde et son aspect était différent : bien rasé, gentil, il enleva son chapeau d'un joli geste et me demanda d'aller voir son travail.

Jeanne Modigliani juge que Béatrice Hastings est entrée dans la légende comme une espèce de Lady Brett[1], excentrique, autoritaire et séduisante. Selon certains, elle poussait Modigliani à boire et à se droguer ; selon d'autres, elle a au contraire essayé de le freiner et de le faire travailler.

Quelle que soit la vérité sur les circonstances de leur rencontre, entre Amedeo et Béatrice, c'est le coup de foudre.

Béatrice Hastings était née à Port Elizabeth en Afrique du Sud, en 1879. Son père, John Walker Haigh, était un homme d'affaires britannique, sévère et conservateur. La cinquième de sept enfants, Emily Alice Béatrice était sans doute la plus instable et la plus forte de caractère. À dix-huit ans, elle quitte Port Elisabeth pour s'installer à Captown où elle se marie avec un boxeur, un certain Hastings, qui à l'occasion est aussi forgeron. Cependant l'union ne dure pas et en 1906, elle part pour Londres où elle s'intègre très vite aux

---

1. Personnage du roman *Le soleil se lève aussi*, d'Ernest Hemingway, relatant les soirées d'errance alcoolisées d'un groupe de jeunes aventuriers américains désabusés qui parcourent l'Europe dans les années vingt.

mouvements rénovateurs et contestataires et rencontre Alfred Richard Orage, directeur de la revue *The New Age*. Elle se lie à cet homme de trente-trois ans pendant sept ans et collabore à la revue. Elle ne cache pas ses idées progressistes, se bat pour le droit de vote des femmes et demande la reconnaissance des jeunes femmes qui mettent un enfant au monde. Les écrivains et journalistes George Bernard Shaw, Gilbert Keith Chesterton, Hilaire Belloc, Ezra Pound et Katherine Mansfield, avec qui Béatrice aura pendant quelque temps un étrange rapport d'amour et d'amitié, comptent parmi les collaborateurs de la revue. *The New Age* publie le manifeste futuriste de Marinetti. Après sa rupture avec Alfred Richard Orage, Béatrice s'installe à Paris où elle devient correspondante artistique de la revue. Elle envoie régulièrement des articles et des chroniques artistiques sur Montmartre et Montparnasse sous le titre *Impressions of Paris,* qu'elle signe du pseudonyme d'Alice Morning. Elle se fait remarquer à La Closerie des lilas habillée en page Louis XV, au Dôme par ses allures de femme du monde, à La Rotonde sirotant du whisky, et devient très vite un personnage du Tout-Paris littéraire et artistique.

Elle n'est pas vraiment belle, mais assez piquante. Le teint pâle, la bouche menue, d'espiègles petits yeux de chat, le caractère autoritaire et volontiers boudeur. Elle séduit Amedeo par ses manières originales et décontractées. Se promène avec des animaux dans un panier d'osier, se déguise. Dès le début, leurs rapports sont orageux et compliqués. Sur le plan intellectuel, ils se valent. Béatrice défend ses idées avec ténacité. Modigliani est charmeur, il lui récite Dante, elle répond en citant des poèmes de Milton ou du préraphaélite anglais Dante Gabriele Rossetti. Un soir à Montparnasse, alors qu'ils doivent aller au bal costumé de La Rotonde, Béatrice ne trouvant rien d'approprié à la circonstance dans sa garde-robe, Amedeo s'empare d'une poignée de pastels et se met à dessiner sur sa robe noire des papillons colorés qui luisaient comme des poussières d'étoiles.

Béatrice habite 53 rue du Montparnasse. Les deux amants s'y rejoignent dans des parades exhibitionnistes, dans l'alcool, le haschisch, et au lit dans des étreintes parfois violentes. Assez vite, leurs relations deviennent conflictuelles. Leurs querelles se font de plus en plus fréquentes, puis presque quotidiennes, et dégénèrent souvent en scènes de jalousies ponctuées de coups, cris, fugues, réconciliations rugissantes.

La voyant arriver à La Rotonde, il arrive à Amedeo de demander à ses amis :

— Elle est là, vite, cachez-moi, c'est une vache.

Jacques Lipchitz a raconté qu'un jour Amedeo arrivant chez lui à moitié nu, complètement bouleversé et haletant, lui avait dit :

— Tu sais ce que voulait me faire cette truie furieuse ? Elle voulait me bouffer les balloches. C'est une mangeuse d'hommes. J'en peux plus.

D'après l'un de ses biographes, Béatrice avait la

manie de creuser une petite entaille dans le bois de
son lit pour chaque homme qu'elle réussissait à y
mettre. D'après Blaise Cendrars, elle était hystérique, toujours prête pour la chose, défoncée à partir de neuf heures du soir. Cendrars ajoute : « Elle
était entichée de Modigliani qui lui-même était un
libidineux comme tous les Italiens. »

Après l'attentat de Sarajevo, le 28 juin 1914,
l'Autriche, poussée par le Kaiser Guillaume II et
soutenue par l'Allemagne, déclare la guerre à la
Serbie. Aussitôt, des alliances entrent en action
dans toute l'Europe. À Paris, les manifestations se
succèdent à un rythme incessant. Les magasins et
les banques sont pris d'assaut. Des files d'attente
interminables se forment devant les commerces
d'alimentation. Un vent patriotique souffle sur la
ville. Partout, on crie des slogans : « À bas le Kaiser
Guillaume ! », « Vive l'Alsace et la Lorraine ! »,
« À Berlin, à Berlin ! » La capitale est en ébullition.

Les artistes allemands de Montparnasse déser-
tent bistrots et restaurants. Le samedi 1er août
1914 la mobilisation générale est décrétée. Les si-
nistres affichettes blanches portant l'ordre de se
présenter dans les casernes pullulent sur les murs
comme des champignons vénéneux. Le 2 août la
libre circulation des biens et des personnes est interdite. Il n'est plus question d'aucune exposition
de peinture. Le courrier est arrêté aux frontières.
Les 11e et 12e régiments de cuirassiers, ainsi que le
23e régiment de la caserne Lourcines et le 102e de

ligne de la caserne Babylone se dirigent vers la gare de l'Est, accompagnés par les cris et les chants de la foule en délire.

À Montparnasse, on a le cœur gros, on discute gravement. Les premiers à grossir les rangs des engagés volontaires, rue Saint-Dominique, sont les Polonais, les Russes, les Italiens. Portant capote et képi, on voit bientôt arriver à La Rotonde Moïse Kisling, Simon Mondzain, Ossip Zadkine, František Kupka, puis Braque, Derain, Maurice Raynal, Blaise Cendrars, André Utter qui se marie avant de partir avec Suzanne Valadon, René Dalize, Apollinaire, Ortiz de Zarate, Paul Alexandre, ainsi que Ricciotto Canudo, alors directeur de la revue *Montjoie* et qu'Apollinaire avait surnommé le « barisien » car, bien qu'originaire de Bari, il était devenu plus parisien qu'un Parisien. Tous prêts à défendre la France et à devenir français en servant le pays. Ils partaient pour le dépôt de Blois avant d'aller au front. Le père Libion, un peu triste mais fier d'eux, leur offrait le champagne.

Amedeo, qui avait déjà été réformé en Italie pour des raisons de santé avant de quitter son pays en 1906, se présente lui aussi au bureau de recrutement et se porte volontaire. Encore une fois, à cause de sa tuberculose, il est déclaré inapte, de même que Diego Rivera à cause de ses varices, le peintre ukrainien Mané-Katz en raison de sa petite taille, et Ilya Ehrenbourg. Picasso se fait discrètement oublier. Max Jacob est réformé. Soutine est affecté quelque temps chez Renault à la fabrication des munitions, puis comme déchargeur à la gare Montparnasse. Il rejoindra ensuite Kikoïne et sa femme, à Francville, où ils avaient une maison. Marc Chagall, qui avait quitté sa bien-aimée Ruche pour rentrer en Russie où il devait se marier, fut pris et engagé dans l'armée du tsar. Vlaminck qui a trente-huit ans au début de la guerre est envoyé dans une usine d'armement pour tourner des obus. Utrillo est convoqué au dépôt d'Argenton, mais quand le major constate qu'il est complètement détraqué, il le renvoie chez lui. Jules Pascin se réfugie aux États-Unis et Diego Rivera, qui se trouvait à Majorque à la déclaration de guerre, devra attendre un an avant de pouvoir regagner Paris.

Paris change d'aspect, la ville lumière est devenue une ville noire, meurtrie par le hurlement strident des sirènes qui appellent aux abris. Sur la tour Eiffel, un phare donne la chasse aux zeppelins ennemis.

Sombre et amère période pour Amedeo qui traîne son anxiété, son désœuvrement et sa triste mine de bistrot en bistrot. Il y a des besoins, comme il dit, qui demandent à être satisfaits immédiatement, comme celui de boire pour oublier.

Un soir, Hélène d'Œttingen, Ardengo Soffici, Giovanni Papini et Carlo Carrà sont assis à la terrasse de La Rotonde. Ils discutent du succès de Giorgio De Chirico au Salon de printemps, et de son frère, Alberto Savinio, qui s'est surpassé au piano à la dernière réception des *Soirées de Paris*. Apercevant un homme dépenaillé, les cheveux hirsutes, les yeux fébriles s'avancer en titubant entre les chaises, et tenter de vendre quelques dessins en déclamant des vers de la *Divine Comédie*, Soffici s'exclame :

— Mais c'est Modigliani !

« Son visage autrefois si beau et clair s'était endurci, était torturé et violent ; sa bouche autrefois si belle se tordait dans une grimace amère, ses paroles étaient incohérentes et pleines de tristesse. » Personne n'osa l'appeler. La baronne affirma que Giorgio appréciait beaucoup Amedeo. Il lui avait dit qu'il n'y avait pas d'art moderne en Italie, ni marchands, ni galeries. Il n'y avait que Modigliani et lui ; « mais nous sommes presque français. La peinture de Modigliani est très belle », avait ajouté Giorgio. Il n'en était pas de même de son frère. Alberto n'appréciait pas beaucoup le Livournais, il ne voyait en lui que le bouc émissaire de tous les péchés de vanité. Juif et italien, antipharisien par excellence, avait-il écrit, Modigliani a suivi ce qu'a été le destin commun de tous les « bons » juifs, c'est-à-dire de répéter le drame du Christ : de se christianiser. Sa peinture, et davantage ses dessins, ne sont autres que le signe d'un christianisme linéaire.

Ils ont continué à parler, mais par peur de le froisser ou par lâcheté, aucun n'eut le courage de l'appeler pour le sortir de son enfer.

Il en veut à tout le monde. Aux militaires qui l'ont rejeté. Aux garçons de café qui le mettent dehors quand il est trop soûl. Aux poilus de métier en permission, qu'un soir près du Val-de-Grâce il traite de fainéants et qui le rouent de coups. Sans l'intervention de Soutine, il y serait resté. À plusieurs reprises, le commissaire Zamarron est obligé de le coffrer pour trouble à l'ordre public. Il n'y a que le brave père Libion, qui trône à son comptoir sanglé dans sa jaquette grise, pour le calmer, lui offrir un morceau de pain et un verre de vin.

Montparnasse était devenu un quartier sans âme. Comme l'a raconté Kiki, le modèle préféré de Foujita, à l'heure où on livrait le pain, la grande famille des affamés était au complet. On apportait une vingtaine de pains immenses que la porteuse mettait dans une espèce de panier en osier près du bar. Mais les pains étaient trop longs et un bon tiers dépassait. Oh, pas pour longtemps. Le temps de se retourner — et papa Libion avait toujours à s'absenter pendant quelques secondes à ce moment-là —, le temps de se retourner donc, et tous les pains étaient décalottés en un clin d'œil ; puis, d'un air détaché, tout le monde sortait avec son quignon de pain dans la poche.

C'est le peintre polonais Maurice Mendjisky qui a surnommé Alice Prin Kiki, diminutif d'Aliki, Alice en grec. Par son journal intime, on apprend qu'Alice est née le 2 octobre 1901 en Bourgogne, qu'elle a été élevée par sa grand-mère maternelle avec cinq autres cousins et cousines, tous comme elle enfants de l'amour que leurs seigneurs de pères respectifs avaient oublié de reconnaître. Sa mère s'étant établie à Paris, Alice est placée chez une boulangère. Incapable de comprendre les enfantillages d'une gamine de quatorze ans qui s'éveille à la coquetterie, sa patronne la réprimande sans cesse parce qu'elle se noircit les sourcils avec des allumettes brûlées ou qu'elle se maquille les lèvres et les joues avec des pétales de géranium et finit par la renvoyer. Alice n'en dit rien à sa mère et décide de poser pour des peintres et des sculpteurs. On lui avait dit que c'était rémunérateur. Mais un jour, quelqu'un la dénonce et va raconter à Mme Prin que sa fille se déshabille dans les ateliers. Aussitôt, sa mère enfile son manteau et fait irruption dans le studio d'un vieux sculpteur où, effectivement, sa fille est en train de poser, nue. Hurlements, larmes, sa mère lui crie qu'elle est une ignoble pute et qu'elle n'est plus sa fille. Pour Alice, c'est comme une libération. Il n'en fallait pas plus pour combler son tempérament insouciant. Elle est à la rue mais elle est libre. Elle découvre sa véritable vocation : être regardée nue et être payée pour ça.

Elle ne sait pas qu'un jour elle deviendra la reine des fêtes de Montparnasse. Pour le moment, elle en bave, Kiki, sur le pavé parnassien, contre la faim et le froid, dans ses vieilles hardes récupérées chez des copines et ses bottines trop grandes. En plus, elle n'a qu'une idée en tête : découvrir l'amour. Une amie lui suggère de se laisser séduire par un vieux, soutenant que personne mieux qu'un vieux ne pouvait la déniaiser.

Elle deviendra l'égérie de bon nombre de peintres et le modèle préféré de Foujita : « Elle entra dans mon atelier silencieux avec timidité, sur la pointe des pieds, en dandinant ses hanches. Elle enlève le manteau et dessous, elle était complètement nue. Un petit foulard coloré dans le décolleté du manteau donnait l'impression qu'elle avait un vêtement. Pendant les séances, ayant peu de poils pubiens, elle s'arrangeait toujours pour en rajouter avec son crayon à maquillage. »

« Ce qui l'a surpris, écrit Kiki, ça a été ma petite chatte sans plumes. Il s'approchait, le nez à deux centimètres du truc pour voir si les poils avaient poussé pendant la séance et s'exclamait de sa petite voix : "Très amusant, pas de petits poils." »

Elle était généreuse. Un jour, à La Rotonde, voyant une femme en larmes qui venait de perdre son enfant et n'avait pas d'argent pour l'enterrer, sans rien dire, elle commença à faire le tour des clients du bar en soulevant sa jupe sous laquelle elle était nue. Elle demandait deux ou trois francs pour le spectacle. Quand elle revint au comptoir, son chapeau était plein. Elle le donna à la pauvre femme.

Par la suite, elle achètera L'Oasis, cabaret à la mode de la rue Vavin, où elle chantera tous les soirs avec beaucoup de succès, fera de la peinture, de la figuration dans quelques films, écrira ses mémoires, avec une préface d'Ernest Hemingway pour la version américaine. Et elle sera le modèle, en 1924, de la célèbre photo de Man Ray avec qui elle vivait à ce moment-là, *Le Violon d'Ingres*, photo qui la représente nue de dos, dans une pose en hommage au *Bain turc* d'Ingres, avec deux « f » figurant les ouïes du violon au bas du dos.

Kiki dira avoir rencontré Amedeo chez Rosalie, qui bougonnait quand elle ne prenait pas plus qu'un potage à six sous. Mais était-ce sa faute si à force de jeûner plus souvent qu'à son tour, elle n'avait plus d'appétit ? D'après elle, le client qui donnait le plus de fil à retordre à Rosalie était Modigliani. Au début, Kiki le craignait un peu, le bel Amedeo, qui s'amusait à pousser de grands grognements, pour l'impressionner. Mais qu'il était beau !

La passion, les hauts et les bas successifs de ses amours avec Béatrice, leurs incompréhensions, leurs désaccords intellectuels, sinon des rivalités, ont probablement joué un rôle considérable dans l'œuvre de Modigliani. Au moment où ils se rencontrent, dit Béatrice, Amedeo s'intéresse encore passionnément à la sculpture et dans l'une de ses rubriques pour *The New Age,* en février 1915, la seule où elle citera le nom de Modigliani, elle décrit une de ses sculptures, une tête :

Elle sourit en contemplant la sagesse, la folie, la grâce, la sensibilité, la stupidité, la sensualité, les diverses illusions et désillusions — toutes éloignées comme un argument d'une éternelle méditation. On peut la lire comme l'Ecclésiaste, même si elle est certainement plus consolante, car il n'y a aucune lugubre restriction mentale dans son éclatant sourire finement équilibré.

En novembre 1915, dans une autre chronique, elle écrira : « Quelqu'un m'a représentée dans un beau dessin. Je rappelle un peu la Vierge Marie, mais sans les accessoires de luxe. » Dans ses correspondances avec le journal, elle ne citera plus jamais le nom d'Amedeo, elle sait que cet homme si talentueux, en dehors des circuits commerciaux est snobé par les critiques mondains. C'est une égoïste qui ne pense qu'à sa propre carrière.

Ils se chamaillent dans l'intimité et en public. Elle possède un pistolet qu'elle tient à la portée de sa main. Quand elle a été si insupportable qu'Amedeo lui balance quelque gifle, elle hurle qu'elle va le tuer. « Voilà qu'ils recommencent ! » commentent les amis. Un jour, n'en pouvant vraiment plus, Amedeo la quitte, emportant l'unique trousseau de clefs de la maison. Elle s'arrange pour le retrouver à La Rotonde et le supplie de revenir.

— Non ! J'en ai marre, tu m'empoisonnes la vie !

Il crie si fort que le père Libion menace de le jeter dehors. Parvenant quand même à ses fins, elle lui soustrait les clefs et ajoute :

— N'oublie pas que tu es un gentilhomme, et que ta mère est une dame de la meilleure société.

Dans une lettre, datée de Paris, Katherine Mansfield écrit à son mari en mars 1915 : « Elle a laissé tomber Modigliani pour un autre rital, le sculpteur Alfredo Pina. »

Mais les choses s'arrangent finalement très vite. Béatrice laisse tomber le sculpteur et se réconcilie avec Amedeo. Elle pose, il peint. Des portraits, souvent des premiers plans de visage, ou des bustes, avec un ridicule petit chapeau sur la tête.

Au printemps 1915, refaisant, à l'inverse, le chemin des artistes qui avaient presque tous émigré de Montmartre vers Montparnasse, Béatrice quitte le 53 rue du Montparnasse pour aller s'installer à Montmartre, au 13 rue Norvins, dans une petite maison autrefois habitée par Émile Zola. Quatre pièces en rez-de-chaussée, une cuisine, un grand vestibule, un débarras. Deux des pièces donnant sur un jardin dont elle fait un petit paradis avec beaucoup de fleurs et de plantes, un grand poêle de faïence dans la salle à manger. C'est Max Jacob qui la conseille pour l'ameublement. La vie à trois s'organise, car Max habite avec eux, peut-être pas en permanence, mais sans doute assez souvent :

Nous nous étions, Max Jacob et moi, arrangé une vie tranquille dans ma petite maison avec jardin sur la Butte Montmartre. Dedo avait l'habitude de venir soûl et de casser les vitres pour entrer. Si j'étais soûle moi-même, c'était une formidable scène ! Mais en général, j'étais en train d'écrire, et c'était une vraie plaie de l'entendre sonner. Max était mon chien de garde, récompensé par une charmante petite chambre à la grille. En 1915, j'ignorais encore l'aversion de Max pour les femmes. Il allait à la messe à six heures chaque matin, travaillait toute la journée dans son studio de la rue Gabrielle et revenait entre dix et onze heures avec toutes les nouvelles et les potins de ceux qui lui avaient rendu visite dans la journée. Personne, pas même la pire commère, n'a jamais pensé à mal à propos de nous deux. On nous acceptait tel qu'on était — un ménage littéraire. Si Max était là quand Dedo arrivait, il y avait des chances pour que nous conversions tranquillement tous ensemble, avant que Modigliani fasse une sortie élégante vers son atelier tout proche[1].

1. Béatrice Hastings, *in* Beatrice Mousli, *Max Jacob*, Flammarion, 2005.

L'atelier dont elle parle est celui que Paul Guillaume lui a loué 13 rue Ravignan, qui est devenue la place Émile-Goudeau, comme Amedeo l'écrit à sa mère le 9 novembre 1915 :

Ma chère Maman,
Je suis un criminel de t'avoir laissée si longtemps sans nouvelles. Mais... tant de choses... changement d'adresse d'abord. Adresse nouvelle 13, place Émile-Goudeau XVIIIe. Mais malgré toutes ces agitations, je suis relativement content. Je fais à nouveau de la peinture et j'en vends. C'est beaucoup. [...]

Amedeo peindra quatre portraits de Paul Guillaume, son mécène, son acheteur, son nouveau guide, « *novo pilota* », comme il l'indiquera en bas à gauche du premier portrait qui représente le marchand en dandy, le cou allongé dans une sorte de mouvement de tête légèrement ennuyé, tenant mollement une cigarette dans sa main gantée.

Même si elle n'est pas de taille à lui tenir tête, Béatrice donne une nouvelle impulsion à la vie et à l'art d'Amedeo.

— Si tu es un peintre, il faut peindre ! lui disait-elle après une dispute. Montre-moi que tu es un peintre, je suivrai le fil rouge formé par les trois cents étapes de l'évolution de tes portraits.

Et dans l'affrontement continuel entre le peintre qui veut saisir ce caractère frondeur et la femme qui résiste aux assauts de l'envahisseur indiscret, Amedeo se saisit de ses pinceaux. Tantôt avec un bonnet de fourrure, tantôt avec une robe à carreaux, ou bien nue, il réalisera d'elle une dizaine de peintures et de dessins.

Certes, elle buvait beaucoup, du whisky, du cognac, et aimait la débauche, mais elle le soutenait moralement et financièrement car elle recevait régulièrement des ressources d'Angleterre sur lesquelles ils pouvaient compter pour mener une vie à peu près décente. Cependant, l'argent ne suffisait jamais. Les disputes reprirent de plus belle, émaillées de scènes sordides. Soûleries de désespoir, nuits d'ivresse, grandes crises de délire, déchirures atroces, jalousies absurdes. Béatrice note dans son journal : « Mis Amedeo à la porte... Amedeo est brutal, mais si gentil comme ça. » D'après Fernande Barrey, la première épouse de Foujita, Béatrice faisait peur à Modigliani. C'était une femme du monde, mais une vilaine femme.

Paul Guillaume assiste à l'éclosion de cette nouvelle phase de son talent, l'aide et l'encourage. Il s'attribue le mérite d'avoir sorti Amedeo d'une certaine indigence de vie, même si son étrange façon de s'habiller avec négligence avait une incontestable élégance, une distinction qui surprenait. Il n'est pas le seul à remarquer, au point d'en parler, l'élégance d'Amedeo, toujours tiré à quatre épingles. Picasso disait qu'il n'y avait qu'un homme à Paris qui sache s'habiller, et c'était Modigliani.

Je me rappelle, dit Paul Guillaume, m'être présenté un matin dans son atelier, pendant qu'il dormait encore, j'ai dû le réveiller. Il me pria de m'asseoir en s'excusant de ne pas pouvoir me parler avant de s'être lavé. Il prit alors un broc de zinc, sans poignée et qui pour lui remplaçait le pot de nuit que nos grands-mères ont l'habitude de garder dans leur table de nuit.

Modigliani, qui pendant la nuit s'était servi du broc, courut le vider dans le lavabo du couloir et le rapporta tout de suite, rempli d'eau fraîche. Il me confia que c'était là une coutume hébraïque, de se laver le plus complètement possible, dès le lever du lit. Et que se rincer la bouche avec de l'eau fraîche donnait de la lucidité. Il n'hésita donc pas à boire quelques gorgées du broc avant de commencer une abondante ablution.

Paul Guillaume apprécie également le Modigliani poète. Dans sa revue *Les Arts de Paris,* il publiera certains de ses poèmes, parmi lesquels :

> Du haut de la montagne noire, le Roi
> Celui qui, élu pour régner, pour commander,
> Pleure les larmes de ceux qui n'ont pu rejoindre
> Les étoiles.
> Et de la sombre couronne des nuages
> Tombent des gouttes et des perles
> Sur la chaleur excessive de la nuit.

S'il n'avait pas décidé dans sa tête d'abandonner définitivement la sculpture, Amedeo n'en faisait plus. Depuis l'automne 1914, au cours duquel il avait réalisé six toiles, études et portraits de Diego Rivera, Frank Haviland et Béatrice, il se consacrait uniquement à la peinture.

Il peint de plus en plus. En 1915, il va réaliser plus d'une cinquantaine de tableaux dont *La Petite Louise, La Jolie Ménagère, Les Époux, La Servante au tablier rayé, L'Enfant gras, Madam Pompadour,* et une grande quantité de portraits parmi lesquels Juan Gris, Moïse Kisling, les sculpteurs Léon Indenbaum, Henri Laurens et Celso Lagar, l'écrivain André Rouveyre, Pablo Picasso,

Chaïm Soutine, Paul Guillaume, et naturellement beaucoup de Béatrice Hastings. Et il peint l'essentiel, essayant de révéler la psychologie intérieure des personnages derrière leur apparence physique, la plupart du temps avec une extrême économie de moyens, sans décor, tout au plus devant une croisée de fenêtre ou à côté d'un pan de mur. À peine les femmes ont-elles quelque bijou, un collier, une petite croix, une médaille, un col de dentelle. Seule *Madam Pompadour* est coiffée d'un somptueux chapeau à plumes.

D'après Pinkus Krémègne, il gagnait toujours de quoi manger, mais c'était un bohème. Lorsqu'on lui donnait un chapeau ou un manteau, il s'empressait de le bazarder chez un brocanteur pour pouvoir aller boire.

Son voisin de la place Émile-Goudeau, le peintre Ubaldo Oppi, qui avait soufflé la belle Fernande Olivier à Picasso, et qui était aussi parmi les poulains de Paul Guillaume, a rapporté l'anecdote selon laquelle Amedeo était allé un jour chez lui, pour lui vendre une valise.

— Je n'ai pas de sous, lui avait répondu Oppi.

— Dix-huit sous me suffisent.

— Je n'ai pas de sous, je te dis. C'est pour ça que je reste au lit. Je n'ai pas encore mangé.

Je me vois encore, dit Oppi, sur le seuil de l'atelier en chemise, les jambes nues, et lui les bras ballants, la valise par terre. Valise en toile aux coins renforcés. Nous nous regardâmes tristement en souriant. Modigliani ferma ses grands yeux lumineux, baissa sa très belle tête, se pencha pour reprendre la marchandise. Il se releva en soupirant et s'en alla, chagriné, en murmurant à mi-voix :

— Bon, alors...

À Montmartre, Béatrice reçoit ses amis et en particulier un journaliste, écrivain, anglais, Charles Beadle avec lequel elle semble entretenir des liens troubles. Amedeo les entend parler dans leur langue qu'il connaît mal et s'énerve. Il est jaloux, soupçonneux, et le jour où Beadle arrive au cottage avec sa maîtresse, Suze, et qu'il lui propose un échange de partenaires, Amedeo fait un tel scandale qu'il met Montmartre sens dessus dessous. Il éprouve les mêmes affres vis-à-vis de ses propres amis. Lorsque Moïse Kisling demande à Béatrice de poser, il le lui interdit sous prétexte que : « Quand une femme accepte de poser pour un peintre, elle se donne à lui. » Amedeo pense que l'artiste déclenche tout un mécanisme de séduction pendant lequel il fouille, évalue, compare le corps nu du modèle exposé aux regards amoureux et avides du peintre qui creuse, viole, vole chaque parcelle de son corps pour finir par devenir son amant car une séance de pose est toujours érotique et devance souvent l'acte sexuel.

Dans les nus de Modigliani, les femmes s'offrent nues comme si c'était leur condition naturelle, et leur sensualité est manifeste, franche, exaspérée. L'éditeur et critique Giovanni Scheiwiller écrira plus tard : « On ne connaît pas de nu qui, comme ceux de Modigliani, puisse témoigner d'une parfaite communion spirituelle entre le peintre et la créature prise pour modèle. » Pour lui ont posé des amies, des bonnes, des prostituées, des rencontres occasionnelles, des midinettes. Certaines furent la compagne d'un soir de solitude. D'autres sont devenues ses maîtresses. C'est la raison pour laquelle il a peur pour Béatrice qui entretient des complicités ambiguës, parfois malsaines, avec ses amis. Il est courant maintenant, parce que c'est la mode à Paris, qu'Amedeo se déshabille pendant une fête et commence à danser nu parmi les invités. Marevna Vorobiev devenue, après Angeline Beloff, la compagne de Diego Rivera en 1912, parle d'une réception qui se termina en orgie chez Béatrice, rue Norvins.

Artiste russe, Maria Vorobiev avait fréquenté l'École des arts décoratifs où enseignaient des maîtres admirateurs de Van Gogh et des Fauves. Lors d'un voyage en Italie, elle avait découvert les primitifs italiens et rencontré Maxime Gorki à Capri. C'est l'écrivain russe qui lui avait donné le surnom de Marevna (fille de la mer), dont elle signera ses tableaux.

À la soirée chez Béatrice, il y avait Max Jacob, le sculpteur Paul Carnet, Katja et Ilya Ehrenbourg, le journaliste André Delhay, le philosophe grec Mitrani, Carmen, un modèle de Montparnasse, et le mathématicien Vitja Rosenblum, qui venait de se convertir au catholicisme. Subitement, une violente querelle éclate entre Amedeo et Béatrice. Violemment bousculée par Modigliani, l'Anglaise passe par la fenêtre et se blesse en tombant dans le jardin. S'ensuit une bousculade générale. Pleurs, cris, tous veulent accourir à l'aide de l'infortunée poétesse. Voulant intervenir promptement, Marevna se trompe de chambre et tombe dans une pièce noire où Vitja, à genoux, est en train de prier à haute voix : « Seigneur Dieu sauve-nous du maudit, préserve-nous du mal. » On récupère Béatrice, on l'étend sur le divan et on la couvre d'un plaid. Modigliani fait les cent pas dans la pièce en répétant comme une litanie : « Ce n'est pas ma faute, ce n'est pas ma faute. » Quant à Mitrani et Carmen, surpris par le boucan pendant qu'ils faisaient l'amour, ils sont pris de panique, se ruent dans le jardin et se blessent sur les morceaux de vitre cassés. La première agitation passée, la fête reprend, Max Jacob est assis par terre, aux pieds de Béatrice gémissante, avec un missel entre les mains. Modigliani fredonne. Carmen et Mitrani ont re-disparu. Et partout il y a du verre cassé, des assiettes sales, des vases renversés, des plantes déracinées, des papiers épars, des reliefs de nourriture.

De la colonie russe, il ne restait désormais à Paris qu'Ilya Ehrenbourg, Max Volochine, le philosophe communiste Rappoport, les peintres Sourikov, Fotinski, Marevna et Marie Vassilieff.

Après quelques études de médecine vite abandonnées, Marie Vassilieff avait fréquenté les Beaux-Arts de Saint-Pétersbourg et avait obtenu, malgré son militantisme anarchiste, une bourse d'études octroyée par la tsarine, pour se rendre à Paris, où elle était arrivée en 1905. Elle avait fréquenté l'Académie Matisse, puis, en 1910, avait participé à la création de l'Académie russe de peinture et de sculpture de Paris, pour les jeunes artistes russes non francophones. À la suite de désaccords avec les autres membres fondateurs, elle quitte l'Académie russe en novembre 1911 pour fonder, dans son atelier, 21 impasse du Maine, sa propre académie, l'Académie Vassilieff, qu'elle dirige d'une main énergique. Alliant la tradition populaire russe et le cubisme, elle peint d'étranges tableaux aux vives couleurs. L'atelier de Marie à Montparnasse devient un carrefour artistique de première importance. On y rencontre Picasso, Braque, Juan Gris, Matisse, Blaise Cendrars, André Salmon, Max Jacob, Erik Satie, Fernand Léger, Marevna, Suzanne Valadon, Survage, Soutine, Foujita, Ortiz de Zarate, et naturellement Amedeo.

Romantique, fantasque, Marie a une âme de midinette. Ses insuccès auprès des hommes lui brisent le cœur à tel point qu'un jour elle fait publier une prière dans un petit journal de quartier : « C'est à toi, Marie, mère du bon Jésus, que je m'adresse. À toi j'adresse ma grande prière de mère. Oh, donne-moi aussi quelque chose... que je puisse trouver un homme de confiance avec qui partager les bienfaits de la vie, excepté peut-être les droits d'auteur. »

Quand la guerre éclate, elle se fait infirmière de la Croix-Rouge et transforme son atelier de l'impasse du Maine en cantine pour les artistes restés à Paris. Déjà que la vie leur était difficile en temps normal, avec la guerre c'était devenu la misère noire ! Les amateurs sont au front, ou réfugiés à l'étranger. Les riches touristes ont déserté. Les Salons ne se tiennent plus que très irrégulièrement. Ils ne reçoivent plus d'aide de leurs pays d'origine. Au début, le gouvernement français organise une aide aux artistes sans distinction de leur nationalité, leur octroyant 25 centimes par jour et le droit d'aller manger dans des cantines, mais naturellement, c'est insuffisant. Le manque d'argent se fait plus cruel, la faim plus vive. Dans le petit coin-cuisine dissimulé par un rideau, Marie leur préparait, avec l'aide d'Aurélie, un repas pour 50 centimes. Une longue table, des chaises et des tabourets dépareillés, deux fauteuils en rotin provenant du Marché aux puces, un sofa qui lui servait aussi de lit composent le mobilier. Des peintures de Chagall et Modigliani, des dessins de Picasso et Léger aux murs, une sculpture sur bois de Zadkine dans un coin.

Quand il n'allait pas manger son minestrone ou ses pâtes à l'ail chez Rosalie, Amedeo allait chez Marie Vassilieff. Tout le monde y allait. Le soir, dès le couvre-feu, plutôt que les obliger à rentrer en vitesse, Marie calfeutre les ouvertures et la fête continue toute la nuit. On parle, on chante, on joue de la guitare, du piano et du violon, Picasso mime, en dansant, les toréadors. Marie esquisse des danses cosaques, elle leur fait admirer les poupées de papier mâché, tissu, cuir, fil de fer et toile cirée qu'elle confectionne pour la boutique de décoration du couturier Paul Poiret.

Le 27 décembre 1915, Maurice Utrillo est hospitalisé à Sainte-Anne, pour dégénérescence mentale avec accès suraigus accompagnés d'idées de persécution, dues à l'abus d'alcool. Momo se voyait cerné d'esprits malfaisants. Le soir, il apercevait des figures grimaçantes, comme celles des garnements montmartrois qui se moquaient de lui et l'assaillaient d'injures dans la rue. Suzanne le réclame à cor et à cri. Comme elle promet de le surveiller, et s'y engage solennellement, elle finit par obtenir qu'on le lui rende. Il sortira le 8 novembre 1916, après avoir passé dix mois à l'asile de Villejuif.

Le front explose, Paris expose

Et tous ceux qui sont partis, dans l'enthousiasme, la fleur au fusil, parce qu'on devait régler son compte à l'assaillant en quelques semaines, qui ne reviennent pas ! Le conflit s'enlise. On s'enfonce dans la guerre. Les heures tragiques s'éternisent. À Montparnasse, c'est désormais dans les cafés que les nouvelles de ceux qui sont au front parviennent par les permissionnaires ou le bouche à oreille.

Au cours de la même bataille, le 11 mai 1915, Braque a été blessé à la tête et Moïse Kisling a reçu un coup de baïonnette en pleine poitrine. En septembre, c'est Blaise Cendrars qui perd un bras lors d'une offensive en Champagne. Tous les trois font partie du même régiment, ils seront réformés. Henri Gaudier-Brzeska a été tué le 5 juin 1915 dans le nord de la France, il n'avait que vingt-quatre ans. Le 17 mai 1916, c'est Apollinaire qui sera blessé à la tête par un éclat d'obus. Au printemps 1917, Fernand Léger et Zadkine subiront les gaz asphyxiants. Du côté allemand, August Macke est tombé sur le front de Champagne le 26 septembre 1914, Franz Marc succombera devant Verdun en

1916. Du côté italien, c'est Umberto Boccioni, engagé volontaire en 1915, qui disparaît, victime d'une fracture du crâne, à la suite d'une chute de cheval. Et René Dalize, le copain d'enfance d'Apollinaire, lui aussi, mort pour la France, comme tant d'autres...

Lorsque Moïse Kisling rentre définitivement du front, réformé à cause de sa blessure, il trouve Amedeo dans un état physique et intellectuel pitoyable, se sentant lâche et coupable de n'être pas parti lui aussi. Intelligent, sensible, cultivé, serviable, généreux, Kisling sait comprendre son ami et le prend en quelque sorte sous sa protection. Petit à petit, ils retrouvent le goût de vivre et de travailler ensemble. L'atelier de Moïse, rue Joseph-Bara, est accueillant, bien chauffé, les murs couverts de photos jaunies, le vin abondant et les amis chaleureux.

Peu après, Kisling hérite de vingt-cinq mille francs, légués par son ami, le sculpteur américain Chapman Chandler, dont l'avion s'est écrasé en mer et, à la même période, se fiance avec Renée Gros, la fille d'un officier de la garde républicaine. Elle peint sous le nom de Renée Jan et fréquente l'Académie Ranson qui vient de s'installer dans la rue Joseph-Bara.

La veille du mariage qui aura lieu à la mairie du 6e arrondissement au cours de l'été, Moïse invitera Blaise Cendrars, Max Jacob, André Salmon, Simon Mondzain, Amedeo, et quelques autres à une grande fête dans son atelier pour enterrer sa vie de garçon.

La Première Guerre mondiale avait donné un très sérieux coup de frein à la suprématie de Paris sur l'art d'avant-garde. Les salons officiels étant fermés, des initiatives privées prennent le relais, relancent la vie artistique, montent des expositions, donnent des concerts, des lectures de poésie.

En premier lieu, la styliste Germaine Bongard, sœur du couturier Paul Poiret, organise une série d'expositions dans sa boutique de la rue de Penthièvre. Au moins trois, ainsi que de nombreuses soirées littéraires et musicales. Dans une lettre du 22 novembre 1915 Matisse avait écrit à son ami, le peintre Charles Camoin, que Mme Bongard avait rempli sa maison de peintures ramassées un peu partout et qu'elle s'apprêtait à les vendre.

En mars 1916, Amedeo participe à la deuxième de ces expositions avec des dessins en noir et blanc. Il s'agit d'une exposition d'avant-garde, raffinée, qui propose également des œuvres de Derain, Roger de la Fresnaye, Max Jacob, Moïse Kisling, Marie Laurencin, Fernand Léger, Lipchitz, Marevna, Matisse, Amédée Ozenfant, Picasso et Gino Severini. Mme Bongard avait le sens du commerce. En échange de leurs œuvres, elle passait un accord avec les artistes pour habiller leurs femmes gratuitement. Jamais femmes d'artistes ne furent aussi bien habillées que pendant cette période.

Parallèlement, en Amérique, et c'est assez surprenant si l'on considère que le marché artistique français était pratiquement fermé à cause de la guerre, deux sculptures d'Amedeo sont exposées sous le titre *Figureheads*, sur la Cinquième Avenue à New York. L'exposition dure deux semaines, du 8 au 22 mars 1916, elle a été organisée par le caricaturiste mexicain Marius de Zayas, à la Modern Gallery. Amedeo y compte deux œuvres sur quinze exposées. Il était le seul artiste à proposer des sculptures en pierre. Les autres étaient en bois, en plâtre, ou en métal. C'est Lucien Lefèbvre, le directeur de la maison de fournitures pour artistes, Lefèbvre-Foinet, installée 19 rue Vavin et 2 rue Bréa, qui avait réalisé l'exploit : expédier par temps de guerre les sculptures d'Amedeo, et une aussi de Brancusi, à New York par bateau. Si son nom circule déjà en Amérique, Amedeo le doit à Paul Guillaume qui s'évertue à y promouvoir l'art moderne européen. Il n'était pas méconnu à New York à l'époque de cette exposition, son nom avait été mentionné dans les deux derniers numéros de la revue *291*, mensuel de la Galerie 291, dirigée par de Zayas. Le premier article saluait sa sensibilité pour la matière. Le deuxième ne tarissait pas d'éloges sur sa manière de s'habiller, une veste avec des revers gris perle sur un gilet de femme vert pâle, une cravate blanche en satin de soie, un chapeau à bords ronds, une chemise à carreaux bleus et blancs, des chaussures de daim lacées. « Cet habillement fera fureur. Modigliani sera la dernière mode. » Le journaliste l'avait vu dans les coulisses d'une exposition en Europe car, bien sûr, Amedeo n'est pas allé en Amérique.

L'exposition suivante est une collective en juin 1916, au Cabaret Voltaire de Zurich. Selon le catalogue, Modigliani prêta deux dessins, deux portraits du peintre et sculpteur alsacien Jean Arp. Les autres œuvres de l'exposition étaient de Kisling, August Macke, Nadelman, Picasso, Jean Arp et le Roumain Marcel Janco, illustrateur, peintre et architecte. Des *Paroles en liberté,* poésies visuelles du futuriste Marinetti, y figuraient aussi.

En 1916, Béatrice finit par quitter définitivement Amedeo pour « l'ombre de Rodin », ainsi qu'on surnommait par dérision le sculpteur milanais Alfredo Pina qu'elle quittera à son tour pour une brève liaison avec le très jeune et très précoce futur écrivain Raymond Radiguet, qui deviendra l'ami de Jean Cocteau en 1917.

Amedeo la cherche désespérément partout, plus par jalousie et par dépit que parce qu'il en est encore amoureux, faisant des incursions à Montmartre en pleine nuit, en pleine guerre, pour chercher refuge auprès de Suzanne Valadon, arrivant complètement ivre, un litre d'alcool sous le bras, lui parlant d'Utrillo.

Du 16 au 31 juillet, c'est au tour d'André Salmon d'organiser une gigantesque exposition, « L'Art moderne en France », au Salon d'Antin, 26 rue d'Antin, dans la résidence de Paul Poiret qui la sponsorise. Impressionnante liste d'artistes avant-gardistes d'un certain calibre au catalogue. Aux cimaises, cent soixante-six œuvres. Cinquante-deux noms parmi lesquels : Giorgio De Chirico, André Derain, Kees Van Dongen, Raoul Dufy, Roger de la Fresnaye, Othon Friez, Max Jacob,

Moïse Kisling, Fernand Léger, André Lhôte, Mare-vna, Henri Matisse, Chana Orloff, Ortiz de Zarate, Georges Rouault, Gino Severini, Marie Vassilieff. Et le clou de l'exposition : le révolutionnaire *Demoiselles d'Avignon* que Picasso sort aux yeux du public pour la première fois. Modigliani y expose trois portraits.

Si le peintre Roger Bissière félicite André Salmon pour avoir organisé une exposition cohérente et de haut niveau, comme d'habitude la presse a la dent dure. Visant en particulier Picasso, *Le Cri de Paris* écrit que les cubistes ne veulent même pas attendre la fin de la guerre pour reprendre les hostilités contre le bon sens. Une autre revue, *Le Bonnet rouge*, définit la contribution d'Amedeo comme une blague.

Les poètes et les musiciens ne sont pas oubliés. Ils peuvent s'exprimer lors de matinées et de soirées littéraires agencées en marge de l'exposition.

Ainsi, à la soirée du 21 juillet, Max Jacob lit des passages de son *Christ in Montparnasse* et Béatrice Hastings le cinquième chapitre de *Minnie Pinnikin*[1], le fameux livre où elle avait promis de raconter son histoire d'amour avec Modi. Les deux personnages, Minnie Pinnikin et Pinarius, représentent respectivement Béatrice et Amedeo.

Cette soirée spéciale se terminera à la cantine de Marie Vassilieff. Derrière le rideau, Aurélie s'af-

---

1. Un manuscrit, dactylographié en français de cette nouvelle, traduite de l'anglais par Béatrice Hastings elle-même, et corrigé par endroits de la main de Max Jacob, se trouve dans les archives du Musée d'art moderne de New York. Modigliani y fit allusion dans une esquisse intitulée *Sketch of Minnie Pinnikin*.

faire sur le petit réchaud à deux feux pour préparer un bouillon, une viande accompagnée de légumes, une salade et un dessert. La cantine de Marie peut accueillir jusqu'à quarante-cinq hôtes à qui il n'en coûterait que 65 centimes pour ce dîner. Dix centimes de plus pour ceux qui voudraient aussi du vin.

Au nombre des aventures d'Amedeo après Béatrice, il faut compter Simone Thiroux, une jolie Québécoise qu'il rencontre à La Rotonde un soir où Béatrice Hastings réapparaît subitement en compagnie d'Alfredo Pina. Modigliani se met dans une rage noire. S'ensuit une furieuse bagarre pendant laquelle la pauvre Simone est blessée à l'arcade sourcilière par un éclat de bouteille qu'Amedeo vient de casser sur la table. Simone est une fille timide, douce, qui aime la musique et joue du piano. Comme Amedeo, elle souffre de tuberculose. C'est une fille de bonne famille venue à Paris faire des études de médecine, mais très vite elle a abandonné la médecine pour s'intégrer à la bohème de Montparnasse qui la fascine. Elle vit de l'argent que lui envoient ses parents et qu'elle dépense sans compter. Modèle à ses heures, elle est tombée folle amoureuse d'Amedeo qui, lui, ne veut pas en entendre parler. Mais elle s'agrippe, le suit comme son ombre et plus d'une fois se dévoue pour le raccompagner à la maison quand il est ivre, pour le soigner et, comme dit si bien l'illustrateur Roger Wild, à force de mettre Modigliani au lit, elle finit par s'y mettre avec lui. Lorsqu'elle tombe enceinte, Amedeo continue à la traiter avec indifférence, lui dit qu'il ne veut plus la voir traîner derrière son dos, refuse catégoriquement sa grossesse et affirme que l'enfant n'est pas le sien.

— C'est une poule mouillée, elle m'emm..., dit-il à ses amis.

Du 19 novembre au 5 décembre, dans le grand atelier du peintre suisse Émile Lejeune, un rez-de-chaussée au fond d'une cour au 6 de la rue Huyghens, près du carrefour Vavin, s'ouvre la première manifestation d'une série d'événements littéraires et artistiques qui vont avoir un grand retentissement sous le titre Lyre et Palette.

Pour sa première exposition, dont le vernissage a lieu à deux heures, le dimanche 19 novembre, Lyre et Palette propose cinq artistes : Kisling, Matisse, Modigliani, Ortiz de Zarate, Picasso ; et à trois heures, un « Instant musical » avec des œuvres d'Erik Satie. La présence de Matisse et de Picasso, maîtres reconnus de l'avant-garde, donne un tel prestige à l'exposition que les échos en parviendront jusqu'à Francfort et Stockholm. Amedeo expose quatorze toiles et plusieurs dessins, Picasso deux tableaux et Matisse un dessin. Entre masques et sculptures africaines, il y a aussi vingt-cinq pièces prêtées par Paul Guillaume, et c'est bien la première fois que l'on montre au public des sculptures africaines et des fétiches d'Afrique et d'Océanie pour leur valeur artistique et non plus seulement en tant qu'objets ethnographiques comme au musée du Trocadéro.

Parmi les toiles d'Amedeo, il y a *La Jolie Ména-gère*, *Madam Pompadour*, *Les Époux* et le por-trait de Moïse Kisling. Même si Picasso est peu représenté, le *Cri de Paris* définit l'événement comme un salon « cubiste ». Le critique Louis Vaux-celles regarde avec grand intérêt le nouveau style de Modigliani qui allonge les visages en les styli-sant. Et la revue *Sic* (Sons, Idées, Couleurs) parle d'un très intéressant tour d'horizon de la peinture moderne.

Pendant l'exposition, le dimanche 26 novembre, est organisée une soirée littéraire. D'après le pro-gramme, les poètes Blaise Cendrars, Jean Cocteau, Pierre Reverdy, André Salmon, Max Jacob et Guillaume Apollinaire sont invités à réciter quel-ques-unes de leurs œuvres. Mais Guillaume qui a encore la tête bandée, ayant subitement un violent mal de tête des suites de son éclat d'obus, ne peut dire ses poèmes et c'est Cocteau qui lit à sa place *Tristesse d'une étoile,* dont le sens symbolique est plus émouvant que jamais. Ce soir-là, Amedeo fait le portrait de Guillaume.

En 1916, Cocteau est infirmier à Nieuport en Belgique. Lorsqu'il vient à Paris en permission, il fait la navette entre la bohème de la rive gauche, le salon de son amie comtesse et poétesse Anna de Noailles qu'il considère « plus exquise que Ron-sard, plus noble que Racine, plus magnifique que Victor Hugo », et se fait une joie d'animer, avec Blaise Cendrars, ces soirées de Montparnasse, de plus en plus prisées. On lui doit quelques-unes des plus jolies pages jamais écrites sur Amedeo.

Le dessin de Modigliani est d'une élégance suprême. Il était notre aristocrate. Jamais sa ligne, souvent si pâle qu'elle semble un spectre de ligne, ne rencontre une flaque. Elle les évite avec une souplesse de chat siamois. Modigliani n'étire pas les visages, n'accuse pas leur asymétrie, ne crève pas un œil, n'allonge pas un cou. Tout cela s'organise dans son cœur. Tels, il nous dessinait aux tables de La Rotonde, tels, il nous jugeait, nous ressentait, nous aimait ou nous contredisait. Son dessin était une conversation silencieuse.

Outre les soirées dédiées à la poésie, Lyre et Palette organise des récitals où l'on peut entendre le pianiste catalan Ricardo Viñes interpréter à quatre mains avec Erik Satie *En habit de cheval* ou *Trois morceaux en forme de poire*. Au cours de l'une de ces soirées, Cocteau propose à Erik Satie d'adapter un ballet sur *Morceaux en forme de poire*. Le compositeur refuse, mais il acceptera, l'année suivante, d'écrire la musique d'un autre ballet, *Parade*, imaginé par Cocteau pour la troupe russe de Diaghilev, avec qui il collabore depuis 1909.

Amedeo a toujours entretenu des rapports étroits avec la musique, la poésie, la littérature. Il traîne toujours dans sa poche un Ronsard, un Baudelaire, un Mallarmé, un Bergson, un Lautréamont ou l'*Éthique* de Spinoza. Comme il aimait déjà le faire sur les livrets d'opéra quand il était à Venise, il annote ou dessine sur les partitions de ces soirées musicales. Dédicace à ses amis Moïse et Renée Kisling « *Carissimo, la musica un pensiero* que j'ai fait et qui continue sans limites », sur une partition d'Erik Satie. « *Mod à la musique* », un cahier à musique, dessiné en hommage à la musique pour *Les Soirées de Paris*.

Marika Rivera, la fille de Diego et de Marevna, a entendu parler des soirées de la rue Huyghens par sa mère. Tous les artistes en étaient et se passionnaient pour ces manifestations de l'avant-garde, mais ses parents allaient souvent les terminer avec Amedeo et Max Jacob dans le silence du cimetière Montparnasse. Une expédition ardue. Le grand portail étant imprenable, il fallait escalader le haut mur qui entoure le cimetière, puis sauter de l'autre côté. Diego, grand et large, était loin d'avoir la même agilité que Modigliani. Il fallait bien les trois autres pour le propulser tout en haut du vieux mur, tandis qu'il proférerait les pires injures en espagnol. Lorsque les trois autres l'avaient rejoint, ils se mettaient en quête d'une tombe assez large pour le derrière de Diego, s'asseyaient, devisaient, récitaient des poèmes ou restaient silencieux pour le plaisir d'être réunis dans la sérénité et la douceur de la nuit.

Deux portraits à l'huile de Diego et plusieurs dessins à l'encre de Marevna ont été réalisés par Amedeo : Marevna sur papier à musique, Marevna mouchoir fleuri sur la tête dédicacé « à Mania », Marevna avec le chapeau et la veste de Diego.

À la fin de l'année, Marie Vassilieff et Max Jacob organisent une réception pour fêter le retour, et de Georges Braque, démobilisé après sa longue convalescence, et de Fernand Léger. Dans la cantine, où Picasso sert de maître de cérémonie, la table est dressée avec soin, des serviettes de papier rouge sur une nappe noire, et du bon vin. Outre Max Jacob, Picasso, Fernand Léger et les Braque, Georges et sa femme Marcelle, sont aussi invités Henri Matisse, Blaise Cendrars, Juan Gris et un peintre norvégien qui deviendra marchand de tableaux après la guerre, Walther Halvorsen. Béatrice Hastings et « l'ombre de Rodin » ayant annoncé leur participation à la fête, Marie, qui se méfie des réactions d'Amedeo, l'a prié de ne pas venir. C'était mal connaître son côté provocateur et manquer de psychologie. Il eût mieux valu ne pas lui en parler du tout car, à peine Marie et Matisse s'apprêtent-ils à découper la dinde que Modigliani surgit à l'improviste avec une bande de copains et de modèles. Le voyant faire ainsi irruption, Béatrice se met à crier. Son nouveau chevalier servant tire un revolver de sa poche et menace le Livournais. Affolée, Marie Vassilieff se jette sur Pina et l'empêche de tirer. Bien vite, on réalise que tout cela n'est que du mélo d'opérette et la soirée se termine dans une franche rigolade générale. La truculence fanfaronne et agressive était une attitude générale très à la mode à cette époque. Marie Vassilieff immortalisera la scène par un dessin.

Peu après, Béatrice Hastings disparaît définitivement de la vie d'Amedeo et de la vie parisienne en rentrant en Angleterre où elle se dédiera à la magie, à la théosophie et épousera un autre boxeur du nom de Thompson.

Plus d'une fois la police menacera de fermer la cantine Vassilieff, au prétexte que ce serait un repaire d'espions et de révolutionnaires. Il est vrai que Lénine et Trotski la fréquentaient aussi, et qu'on prêtait à Marie une liaison avec Trotski. Quand, en 1918, elle sera emprisonnée à Fontainebleau parce qu'elle est citoyenne russe, le maréchal Joffre interviendra pour la faire libérer et la félicitera pour son activité humanitaire.

Zbo

C'est probablement pendant une exposition à la salle de la rue Huyghens à la fin de l'année 1916, et par l'intermédiaire de Kisling, qu'Amedeo rencontre Léopold Zborowski, familièrement surnommé Zbo, accompagné de sa femme Hanka et d'une amie, Lunia Czechowska, qui vit avec eux depuis que son mari, appelé au front, a été porté disparu. Lunia a confirmé qu'ils s'étaient retrouvés à La Rotonde après la visite de l'exposition. Des crayons dépassant de ses poches, un énorme carton à dessins sous le bras, Amedeo s'était assis à côté d'elle, et s'était mis à la portraiturer, d'une main très sûre, traçant des lignes sur le papier sans jamais corriger. Lunia était très belle ; il lui avait demandé de poser pour lui ; et quelques jours plus tard, il avait fait son premier portrait en robe noire, dans la chambre d'un petit hôtel du boulevard de Port-Royal où les Zborowski habitaient à l'époque.

Léopold Zborowski, qui avait alors vingt-sept ans, était né dans une famille aisée du village polonais de Zaliszckyki. Sa famille ayant émigré au

Canada, il avait été élevé par une sœur aînée et avait passé un doctorat ès lettres à l'université de Cracovie. S'étant passionné très jeune pour la poésie et la littérature, il était lui-même poète. Arrivé à paris en 1913 pour perfectionner son français à la Sorbonne, il avait rencontré une jeune et belle bourgeoise polonaise, Hanka Cirowska, qu'il avait épousée. Les jeunes mariés s'étaient installés dans un modeste hôtel du boulevard de Port-Royal, le Sunny Hôtel. Léopold s'était alors mis à chercher du travail et en avait trouvé. Dans une agence, pour recopier des adresses à 3 francs les cinq cents enveloppes. Ce qui n'était évidemment pas une profession digne de faire vivre un jeune ménage, même si par sa situation familiale, Léopold n'était pas à proprement parler un pauvre. Pour compléter ses maigres ressources, il se fait brocanteur et dès qu'il a un moment de liberté, va au Marché aux puces où il parvient toujours à dénicher quelque toile, qu'il revend très vite avec un petit bénéfice.

Par la suite, Kisling témoignera l'avoir souvent rencontré place de l'Opéra, une immense toile fraîchement peinte sous le bras, alors qu'il se rendait chez un amateur. Sa force de persuasion était telle, qu'il ne revenait jamais les mains vides.

Zbo est un jeune homme calme, bien élevé, distingué même, sobrement mais élégamment vêtu, une barbe rousse toujours bien taillée, très humain, généreux. Il fume la pipe.

Amedeo et Léopold sympathisent immédiatement.

Ils ont en commun le même amour de la poésie, de la littérature et de la peinture. Quand il voit les œuvres de l'Italien, c'est un coup de foudre. Quelque chose lui dit qu'il est tombé sur un très grand artiste. Il confie à Hanka qu'il a trouvé un peintre qui vaut deux fois Picasso et regrette bien de n'avoir pas suffisamment de moyens pour lui permettre de travailler sans avoir à vendre des dessins dans les cafés.

Le 31 décembre 1916, à l'heure du déjeuner, le rez-de-chaussée de La Rotonde fourmille de célébrités. André Billy, André Salmon, Maurice de Vlaminck, Maurice Raynal, Paul Fort, Henri de Régnier, André Gide, Félix Fénéon, Paul Poiret, Jean Cocteau, Picasso, Max Jacob, Pierre Reverdy, Juan Gris, Blaise Cendrars sont réunis en banquet pour fêter la publication du *Poète assassiné*, sorti en octobre et honorer son auteur qui n'est autre que Guillaume.

Le menu, à lui seul tout un poème, gargantuesque, et qui restera dans les annales, a été concocté par Max Jacob et Apollinaire lui-même :

Hors d'œuvres cubistes, orphistes, futuristes
Poisson de l'ami Méritarte
Zone de contre-filet à la Croniamantal
Arétin de chapon à l'Hérésiarque
Méditations esthétiques en salade
Fromages en Cortège d'Orphée
Fruits du Festin d'Ésope
Biscuits du Brigadier masqué
Vin blanc de l'Enchanteur

Vin rouge de la Case d'Armons
Champagne des artilleurs
Café des Soirées de Paris
Alcools...

Apollinaire parlera de ce festin « cubiste » comme d'une « sorte d'éclair au magnésium, exactement comme il fallait que ce fût, éclatant et dangereux, bref, mais poussé au paroxysme ».

Pendant ce temps-là, au premier étage, Amedeo fait le portrait d'une jeune fille de dix-neuf ans, élève de la toute proche Académie Colarossi, un portrait daté et signé du 31 décembre 1916. Elle s'appelle Jeanne Hébuterne. Elle ne se poudre pas le visage, elle ne se met pas de rouge aux lèvres. Elle ressemble à une vierge vénitienne, dessine très bien. Douée pour la peinture et attirée par le fauvisme, elle voudrait peindre sur porcelaine et prépare le concours d'entrée à l'École nationale des arts décoratifs de la rue Bonaparte.

Ce dernier jour de l'année, Amedeo caresse les longues tresses châtain qui encadrent le visage de Jeannette, comme il l'appelle affectueusement, « Noix de Coco » pour ses camarades d'atelier. C'est une jeune fille douce qui s'ouvre à la vie et à l'amour. Elle est pâle, jolie, maigrelette, un peu maladive, de grands yeux en amande. Son inséparable amie, Germaine Labaye, qu'on surnomme « Haricot rouge », et qui plus tard épousera Roger Wild, dit qu'elle est timide et sans sourire. En fait, elle est sérieuse.

Une lueur d'espoir s'ouvre dans la vie d'Amedeo. Tout à coup, il est envahi d'une sorte de paix, il est conquis par la fraîcheur de cette jeune fille pas comme les autres. Telle une muse, elle l'inspire. À partir de ce jour-là, il l'attendra à la sortie de ses cours, le cœur battant, comme un collégien qui court à son premier rendez-vous. « Le bonheur est un ange au visage grave », dit-il.

Elle est émerveillée par cet homme de trente-trois ans qui la courtise discrètement et qui la fascine. Elle aime qu'il s'intéresse à elle, à sa peinture, à ses dessins et le contemple pendant des heures, recroquevillée dans un coin de banquette de La Rotonde tandis qu'il déclame ses poésies en italien. Avant de rencontrer Modigliani, il semblerait qu'elle ait eu une petite aventure avec Foujita, qui la trouvait vicieuse et sensuelle, sûrement par esprit revanchard, car l'idylle n'aurait duré qu'un mois.

La plus jolie description de Jeannette revient au philosophe Stanislas Fumet, un ami de la famille Hébuterne, qui la connaissait depuis son plus jeune âge :

Sa démarche lente et un peu lourde évoquait l'image d'un cygne. Toute sa personne, au vrai, tenait de ce volatile princier. Le port, le rythme, les formes, le cou allongé, les hanches. Son front était ceint d'un turban vert Véronèse, de grandes nattes cuivrées lui descendaient jusqu'aux genoux. Elle porta longtemps une robe bleu canard et, sur sa tête, en noix de coco, une petite calotte de couleur vive. Son teint qui ignorait aussi bien la poudre que le fard, alliait le rose au vert pâle. Deux yeux d'un bleu de myosotis très clair, admirablement disposés sous les sourcils, paraissaient presque blancs. Le nez, long comme dans les figures byzantines, s'apparentait, dans l'infini d'une origine, au bec de cygne, mais proportionné au pur ovale d'un visage de vierge primitive. La bouche était orange : c'était vraiment la fille à « la lèvre d'orange », que Rimbaud a vue « à la lisière » de la forêt, mais tout entière elle semblait échappée d'un feuillet des *Illuminations*. Les bras étaient grêles, les mains minuscules, les attaches fines : l'ensemble, d'une beauté paradoxale, avait l'équilibre et la grâce d'une amphore.

Le père de Jeanne, Achille Casimir Hébuterne, travaille comme chef comptable au Bon Marché, sa mère, Eudoxie Anaïs Tellier, est femme au foyer. Ils habitent rue Amyot sur la Montagne Sainte-Geneviève. Ce sont de braves gens, honnêtes, catholiques, respectueux de la morale. Le frère de Jeanne, André, est peintre lui aussi, assez bon aquarelliste. Dès le début, tous les trois s'opposent avec un entêtement implacable et cruel à sa relation amoureuse avec Amedeo. Ce qui oblige la jeune fille à se cacher dans la journée et à rentrer tous les soirs à la maison, car ils ne supportent pas l'idée que Jeanne puisse découcher.

Lorsque Amedeo se trouve chassé de son atelier du boulevard Raspail, de nouveau en proie au découragement, ne sachant où aller, Zbo lui propose de venir travailler dans sa chambre d'hôtel. Il fait deux portraits d'Hanka dont le visage ressemble à celui des madones siennoises, que Léopold parvient à vendre assez vite. Voyant que les affaires commencent à marcher, Zbo lui propose un contrat : 15 francs par jour (environ 20 euros d'aujourd'hui), la fourniture des toiles, couleurs et les frais de modèles. Il pourra ainsi travailler sans problème. Amedeo accepte, à condition que Paul Guillaume, avec qui il n'a pas beaucoup d'affinités, le laisse partir.

Les désordres apparents de sa vie, ses façons déroutantes ou choquantes, qui dérangeaient les uns, amusaient les autres, ses abus de boisson ou de drogue, n'ont jamais empêché Amedeo de travailler. Et il travaille vite.

Au début 1917, pour l'aider, moralement et financièrement, Lipchitz et sa femme commandent leur portrait à Modigliani.

— Mon prix est de 10 francs la séance et un peu d'alcool, répond-il.

Le lendemain, Amedeo réalise plusieurs esquisses préliminaires avec une rapidité et une précision incroyables, puis ils se mettent d'accord sur une pose inspirée de leur photo de mariage. Le surlendemain, une vieille toile sous le bras et sa boîte de couleurs à la main, Amedeo arrive chez les Lipchitz à une heure. La séance commence. Amedeo s'assied devant la toile qu'il a posée sur une chaise et se met au travail sans un mot, ne s'interrompant de temps à autre que pour saisir la bouteille et avaler une rasade. Parfois, il se lève, prend un peu de recul, examine son travail d'un œil critique, le compare au modèle. La journée terminée, il déclare :

— Voilà, je crois que j'ai fini.

Le tableau était en effet achevé et très réussi, mais Lipchitz, à mille lieues de penser qu'Amedeo exécuterait deux portraits sur une même toile en une seule séance, était très gêné. Ayant grand scrupule à ne payer que 10 francs pour la toile, il le pria de continuer sous prétexte qu'il aurait souhaité quelque chose d'un peu plus détaillé.

— Eh bien, répondit Amedeo, si vous voulez que je le gâche, je peux continuer.

Entre-temps, les Zborowski ont trouvé à se loger, 3 rue Joseph-Bara, au quatrième étage, dans le même immeuble que Moïse Kisling. En bon salarié, Amedeo vient y peindre tous les après-midi de 14 à 18 heures. Il y peindra plusieurs portraits de Lunia, d'Hanka et de Léopold Zborowski.

Une relation affectueuse, on a même dit amoureuse, liait Lunia et Amedeo qui fera d'elle en tout quatorze portraits. Mais Lunia démentira toujours être allée au-delà de relations purement amicales avec lui. Elle était mariée avec un ami d'enfance de Léopold, disparu pendant la guerre, et dont elle n'aurait malheureusement plus jamais eu de nouvelles. Lunia affirmait qu'on avait dit et écrit trop de bêtises à leur propos. Elle pensait qu'il l'aimait mais n'éprouvait rien de plus pour lui qu'une profonde amitié. Ils vagabondaient souvent dans Paris tous les deux.

Pour faire plaisir à Amedeo qui le lui demandait de temps en temps, elle rendait parfois visite à Utrillo qui était en cure dans une maison de santé. Elle le trouva un jour enfermé dans sa chambre, en train de peindre, mais en grand manque d'alcool. Ce jour-là, Lunia avait réussi, au mépris du règlement de l'établissement, et en la cachant bien, à lui apporter une bouteille de vin envoyée par Amedeo. Quand Utrillo avait vu le cadeau inespéré, il s'était violemment jeté sur elle pour le lui arracher des mains. Hélas, la bouteille tomba et explosa en mille morceaux. Lunia avait alors vu Momo se jeter à quatre pattes et se mettre à lécher le sol.

Simone Thiroux met au monde un petit garçon à la maternité Tarnier, boulevard de Port-Royal, en mai 1917. L'enfant, que Modigliani refuse de reconnaître, est prénommé Serge Gérard et surnommé Zaza. Il sera baptisé dix-huit mois plus tard, au même moment où, à Nice, naîtra la petite Jeanne Hébuterne. Simone habite au 207 boulevard Raspail. On fait une fête à La Closerie des lilas où sont réunis tous les amis de Simone et de Modigliani qui insiste pour dire que cet enfant n'est pas le sien. Simone, désormais seule, sans travail et sans argent, travaille comme infirmière à l'hôpital Cochin, fait quelques séances de pose dans les ateliers ; mais sa tuberculose va brusquement s'aggraver. Ce sont les amies, surtout Fernande Barrey et Anna Diriks, la femme du peintre norvégien Édouard Diriks, qui vont l'aider et s'occuper du petit Gérard.

Elle succombera à la tuberculose un an après la mort de Modigliani. Anna Diriks, sa marraine, prendra soin de l'enfant qui sera adopté par un officier à la retraite et sa femme qui venaient de perdre leur propre enfant. Personne ne saura jamais ce qu'allait devenir le petit Gérard, même pas Jeanne, la fille d'Amedeo qui aurait tant souhaité connaître son demi-frère.

À l'époque où Zborowski le prend sous sa protection, Amedeo est très lié avec Soutine. En fait, depuis leur rencontre, les deux peintres ne se quittent plus. Tout naturellement, Amedeo le présente donc à Zborowski, lui dit tout le bien qu'il pense de sa peinture, insiste tant et tant que Zbo finit par accepter de s'occuper aussi de Soutine. Souvent, lorsque Amedeo va peindre rue Joseph-Bara, Chaïm l'accompagne, au grand désespoir de Lunia et d'Hanka qui le trouvent répugnant, ivrogne, grossier, qui en ont même un peu peur. Et voilà qu'un jour d'euphorie, Amedeo se met à peindre le portrait de Chaïm, avec ses petits yeux de fou à demi-clos, directement sur la porte de la chambre de Hanka. Le portrait est intitulé *Portrait de Chaïm au grand chapeau*. Une peinture qui fait sursauter la femme de Zbo chaque fois qu'elle doit ouvrir la porte, elle qui méprise « ce juif de Lituanie », comme elle dit.

Quand il écrit sur Soutine, le chroniqueur Michel Georges-Michel s'entend dire par de prétendus amis du peintre :

— Pourquoi vous inquiétez-vous de Soutine ? Ce n'est pas sérieux ! Sa peinture ne passera pas le carrefour Vavin, ni celle de Modigliani non plus, d'ailleurs.

Les mêmes oiseaux de mauvais augure, les sceptiques, les jaloux tentent bien aussi de décourager Zborowski qui, heureusement, reste sourd à leur dédain et se démène autant qu'il peut. Oui, le pauvre Léopold se décarcasse, fait d'immenses sacrifices pour assurer la survie d'Amedeo, allant même jusqu'à abandonner ses propres ambitions littéraires tant il croit en lui, jusqu'à vendre des objets personnels, jouer au poker pour essayer de gagner quelques sous, s'endetter.

Cependant, la légende du peintre maudit, malade, alcoolique, désespéré et sans le sou commence à circuler à Montparnasse. Le peu d'argent que lui donne Zborowski ne lui suffit pas. Il s'efforce de travailler mais il ne vend pas et, sous l'influence conjuguée des abus et de tendances dépressives chroniques, peut-être ataviques, comme ses tantes maternelles, Laure, maniaco-dépressive, et Gabrielle qui s'était suicidée, il commence à donner des signes de déséquilibre. Il passe de l'euphorie aux idées les plus noires en quelques instants.

— Peu importe ! Je veux une vie brève mais intense, déclare-t-il à tous vents.

Même si Léopold l'aide de son mieux, les difficultés de la vie au jour le jour, la guerre qui n'en finit pas, le marasme général, son intolérance à l'alcool, car il en a tant bu qu'il lui suffit maintenant du moindre verre de vin pour être fin soûl, minent la santé d'Amedeo, lui sapent le moral. Les incertitudes le reprennent, son anxiété décuple et le pauvre Léopold doit affronter des attitudes arrogantes, voire irascibles. Si quelqu'un entre dans la pièce où il travaille, il devient fou furieux comme si l'on faisait une irruption incongrue dans un sanctuaire. Comme ce jour où Zbo, content et heureux, entre pendant une séance alors qu'il peint un modèle nu, une jeune fille blonde. Il en fait un tel drame que Zbo s'empresse de disparaître. Et la pauvre fille, terrorisée par l'excitation de Modigliani qui avait commencé à donner des coups de pinceau furieux sur la toile, ses vêtements à la main, s'affole par toute la maison jusqu'à ce qu'elle tombe sur Lunia qui lui ouvre une pièce où se réfugier pour se rhabiller. Pour éviter que cela ne se reproduise, s'il y a du monde dans la maison, Lunia monte parfois la garde derrière la porte pendant qu'il peint.

Amedeo est à bout de nerfs, harassé, facilement démotivé. Décidément, la vie ne veut pas !. Il lui arrive maintenant d'oublier ses rendez-vous, tel ce jour où il convie un modèle chez Zborowski mais n'y va pas. Inquiet, Léopold se rend chez lui pour voir ce qui se passe et le trouve tout simplement affalé sur le divan, à moitié ivre. Il avait oublié.

Mais lorsqu'il travaille, le poète Zbo s'enthousiasme et retrouve l'inspiration :

> Sur la toile blanche coulent des flots de gloire,
> Voici dans leur chaleur riante,
> Les femmes
> Nues.
> Un miracle de la mesure.
> L'explosion de sa palette est pleine d'ardeur,
> Le feu jaillit du cœur,
> Il suit sa vision intérieure écoutant un haut état
> D'amour.

À la demande de Jean Cocteau, Erik Satie accepte donc, en 1917, d'écrire la musique de *Pa-*

rade. Ballet réaliste en un tableau, annonce le programme. Jean a imaginé un argument de ballet moderne très simple : telle une parade de cirque, trois managers de troupes présentent trois numéros, un prestidigitateur chinois, une petite danseuse américaine et deux acrobates, pour convaincre les spectateurs d'entrer dans un music-hall, à Paris, un dimanche. Mais aucun numéro n'est assez tentant pour leur donner envie d'entrer et de payer pour voir le spectacle en entier. Pour le décor et les costumes, Cocteau s'adresse à Picasso, qui se fait un peu tirer l'oreille, puis finalement accepte après avoir rencontré Diaghilev. Cocteau veut changer la grisaille d'une vie monotone en divertissement, Diaghilev apporte le dynamisme endiablé du chorégraphe Léonide Massine, Picasso l'éclat de ses papiers colorés, Satie une musique de foire, tambour, tambour de basque, claquettes, sirène aiguë, sirène grave, machine à écrire, revolver, roue de loterie, tuyaux, tam-tam, cymbales, grosse caisse, xylophone, bouteillophone[1], triangle...

La première a lieu au Châtelet le 18 mai. Apollinaire est convaincu que le ballet va surprendre les spectateurs de la plus agréable façon et leur faire découvrir toute la grâce des arts modernes, « il y a dans *Parade* une sorte de sur-réalisme, un effet nègre, un effet cubiste et un effet classique ».

---

1. Sorte de xylophone composé de bouteilles plus ou moins remplies de manière à en obtenir des notes quand on les frappe d'une baguette de bois ou de métal. Au XIXᵉ siècle, des bouteillophones mécaniques jouaient des chansons à boire traditionnelles.

Mais contrairement à ses attentes, fiasco retentissant ! Le public crie au scandale, à la provocation naïve, vulgaire et puérile !

— Vous n'avez plus l'âge de guignols ! crie un spectateur.

— Si j'avais su que c'était si bête, j'aurais amené les enfants, chuchote un autre à l'oreille de sa femme, mais pas suffisamment bas pour que Picasso et Cocteau ne l'aient entendu.

Le Gaulois et *Le Figaro* éreintent le ballet. André Gide écrit :

... été voir *Parade*, dont on ne sait ce qu'il faut admirer le plus : prétention ou pauvreté. Cocteau se promène dans la coulisse, où je vais le voir ; vieilli, contracté, douloureux. Il sait bien que les décors, les costumes, sont de Picasso, que la musique est de Satie, mais il doute si Picasso et Satie ne sont pas de lui.

Dans son journal, Paul Morand note :

Salle comble, hier au Châtelet, pour *Parade*. Décor de toile, genre spectacle forain, de Picasso, musique gracieuse de Satie, tantôt Rimski, tantôt bastringue. Les managers, constructions cubistes, ont surpris. La petite fille américaine et les faiseurs de tours avaient de charmants costumes. Massine ? Bien aussi en jongleur chinois. Mais l'idée centrale de Cocteau de se dégager des poncifs de la danse pour grouper une série de gestes de la vie et ses thèmes modernes, stylisés dans du mouvement n'a pas paru tout à fait au point. Beaucoup d'applaudissements et quelques sifflets[1].

Il n'y a que Coco Chanel, la jeune couturière qui monte, pour ne dire que du bien de *Parade*.

1. *Journal inutile*, Gallimard, 2001.

Quand il n'est pas chez Zbo, Amedeo peint chez Moïse Kisling qui lui a prêté une petite pièce attenante à son atelier. Souvent, Moïse et Amedeo travaillent ensemble, Kouski, le chien de Moïse, sagement couché dans un coin de l'atelier. Ils demandent à des amis comme Soutine, Jean Cocteau de poser et tous les deux font simultanément leurs portraits. Kisling peignait plus spécialement les femmes et les enfants. Modigliani peignait pratiquement tous les hommes de son entourage, Picasso, Soutine, Max Jacob, Zborowski, Survage, Kisling.

Les deux peintres réaliseront ensemble quatre œuvres importantes dont *L'Atelier de Moïse Kisling*, et *La Table de l'atelier de Moïse Kisling*. Un hommage que les deux peintres se rendent l'un à l'autre en représentant leur cadre et leurs instruments de travail, pinceaux, couleurs, toiles, châssis, ainsi qu'une sculpture et deux tableaux de Modigliani dans le décor.

Modigliani travaille plus vite que Kisling qui s'applique davantage aux finitions mais leurs sensibilités sont très proches. Enfant, Jean Kisling, le fils de Renée et Moïse, les a vus travailler ensemble sur les mêmes toiles, avec les mêmes peintures, leurs mains se croisant sur la toile. D'après Jean, l'autoportrait de son père aux côtés de sa mère peut être considéré comme un Modigliani signé Kisling.

À propos du grand nu allongé de Modigliani qui représente Céline Howard, l'épouse du sculp-

teur américain Cecil Howard, Jean révèle qu'il a
été exécuté dans l'atelier de Moïse Kisling en
1918. La jeune femme qui avait aussi posé pour
Derain et pour Kisling posa le temps de trois séances sous l'étroite surveillance du mari jaloux, ras-
suré par la présence de Renée Kisling. Dans ce
tableau, nu et plastiquement vivant, Amedeo rend
hommage à la beauté et à la grâce du modèle. Les
nus de Moïse gagnent en sensualité et en élégance,
ceux de Modigliani en audace et en vie.

L'œuvre d'Amedeo a désormais pris le chemin
des portraits et des nus. Précédés par une réflexion approfondie, ses tableaux sont plus légers,
plus épurés. Il a trouvé sa ligne, la courbe harmonieuse qu'il trace jusqu'à ce qu'elle en rencontre
une autre qui la contraste et en même temps la
soutient. Cette ligne se perd dans l'imagination de
celui qui contemple le tableau et prend la physionomie d'un rêve. Il a enfin résolu son dilemme
ligne-volume. Il a enfin réalisé « l'œuvre » comme
il disait à Oscar Ghiglia.

Il peint comme il respire. Frénétiquement. À
toute allure. Sans fond, sans décor sans composition, d'un seul jet. Pour le plaisir, laissant le soin
de vendre à d'autres. Et l'histoire de sa longue recherche s'accomplit par la transposition sur la
toile de l'expérience acquise grâce à la sculpture.
Il peut renoncer définitivement à sculpter.

Avant de commencer un tableau, Amedeo observe longuement son modèle, s'imprègne de sa personnalité et le mémorise, puis l'esquisse au crayon,
au fusain, au pinceau très effilé ou à l'encre de

Chine, allant vite au but, quitte à renoncer parfois au chevalet, prenant place sur deux chaises mises l'une en face de l'autre, une pour s'asseoir, l'autre pour y mettre la toile ou le carton, pressant directement quelques tubes de couleurs directement sur la toile ou le bois. Dès le début, il englobe le modèle et son environnement, toujours très simple, une chaise, un angle de table ou de mur, une amorce de porte ou fenêtre. En cinq ou six heures, et pour les plus grands nus, le triple de temps, l'œuvre est achevée.

Pour les parents de Jeannette, ce Modigliani est sûrement un peintre raté, inconnu, en plus il boit et il se drogue, un homme à femmes beaucoup trop vieux pour elle, sans un sou en poche et qui profite de l'ingénuité de leur fille. Ce tableau, c'est le cas de le dire, n'est certes pas à l'avantage d'Amedeo. Mais quoi faire ? Un gros rocher tombe sur la tête de cette famille petite-bourgeoise, une tempête qui balaie tout sur son passage, leurs principes moraux et leurs projets. Ces gens simples attachés à leurs convictions religieuses se sentent trahis par leur propre fille. Pour eux, Amedeo est un étranger, quelqu'un qui vient manger leur pain, un fainéant, un ennemi en puissance, un aventurier sans scrupule tout juste bon à barbouiller une toile, et encore. Quel avenir pouvait-il offrir à leur fille cet Italien ? En 1917, alors que la France était en guerre ? Les parents ne tolèrent plus que Jeanne passe ses soirées hors de la maison, la situation devient insupportable pour tout le monde. Achille-Casimir la met un jour devant ce marché :

— Tu quittes cet homme ou alors tu quittes la maison.

Sans hésiter un instant, Jeanne ramasse ses hardes et s'en va rejoindre Amedeo qui l'attend dans un logement de fortune. Le plus dur, c'est qu'André, son frère, peintre lui-même, qui aurait dû comprendre la situation, ne la défend pas et se range aux côtés de leur père. Celui qui voit en revanche cette nouveauté d'un œil favorable, c'est Léopold qui croit en Jeanne et sait qu'elle est un stimulant bénéfique pour la créativité d'Amedeo, un remède à sa déchéance. Pendant quelques jours les deux amants vont vivre dans une petite chambre de l'Hôtel des mines payé par Zborowski, le même hôtel qu'Amedeo avait habité pendant son histoire orageuse avec Simone Thiroux.

Ce soir-là, on les vit tous les deux assis sur un banc près de La Rotonde. Le regardant tendrement dans les yeux, Jeanne lui enroulait l'écharpe autour du cou pour soulager sa toux et qu'il ne prenne pas froid. Ils ne disaient rien. Puis Amedeo passa un bras autour des épaules de Jeanne et ils restèrent longtemps appuyés l'un contre l'autre, avant de s'acheminer vers leur petite chambre d'hôtel. Souvent, on pouvait les surprendre attablés à La Rotonde pendant des heures, regardant passer les amis sans échanger un mot, plongés dans leur bonheur. Amedeo avait trouvé une compagne fervente, une amante. Pendant des mois, Amedeo peint en solitaire, perfectionne son style.

Mais il fume trop, il boit trop, il ne mange pas assez. Sa santé se fragilise de nouveau. Les ventes de tableaux sont rares et c'est toujours Léopold qui l'aide financièrement.

En juillet, Zbo lui loue un nouveau logement qui donne sur la cour intérieure à l'avant-dernier étage d'un immeuble bourgeois — pierre de taille, concierge et porte cochère —, au 8 rue de la Grande-Chaumière. Juste en dessous, il y a l'atelier d'Ortiz de Zarate. Gauguin avait vécu au deuxième étage avec Annah la Javanaise, une métisse indonésienne, entre deux voyages à Tahiti dans les années 1893-1894. C'est un atelier avec de grandes verrières qui laissent filtrer beaucoup de lumière. Léopold qui veille discrètement sur sa santé se dit que Modi est sauvé. D'ailleurs, tous ses amis pensent qu'il a enfin trouvé l'équilibre, la stabilité et que l'amour de Jeanne le sauvera.

Hanka et Lunia les aident à s'installer, leur prêtent un poêle, leur trouvent des meubles, Amedeo bouche les crevasses, repeint les murs en orange et ocre, couleurs qui lui serviront d'arrière-plans pour les portraits. Il se remet au travail, exécute beaucoup de portraits de Jeanne à la peinture et encore plus de dessins : *Jeanne au grand chapeau, Jeanne aux yeux bleus, Jeanne au collier, Jeanne en chemise, Jeanne aux cheveux de fée*, le portrait de Fernande Barrey, à l'huile sur toile, titré *Jeune fille brune* qui sera exposé en 1920 à la galerie du Centaure à Bruxelles, dans une rétrospective Modigliani et Foujita organisée par Fernande.

En décembre, les nombreuses démarches entreprises par Zborowski pour organiser une grande exposition Modigliani à Paris aboutissent enfin. Il s'agit d'exposer dans la prestigieuse galerie de Berthe Weill, 50 rue Taitbout, où ont déjà été exposés Picasso, Derain, Van Dongen, Utrillo, Vlaminck, Pascin. Le carton d'invitation de ce qui sera la première et unique exposition individuelle qu'Amedeo ait connue de son vivant, sur lequel est reproduit un dessin de nu debout, annonce :

EXPOSITION

des

PEINTURES

et des

DESSINS

de

MODIGLIANI.

du 3 décembre au 30 décembre 1917.

(sauf les dimanches)

La page 2 du catalogue a été confiée à la plume de Blaise Cendrars :

Sur un portrait de Modigliani

Le monde intérieur
Le cœur humain avec
ses 17 mouvements
dans l'esprit
Et le va-et-vient de la
Passion

Blaise Cendrars

Zborowski avait eu la bonne, ou la malheureuse idée de mettre en vitrine deux nus pour attirer les visiteurs. Esclandre phénoménal ! Berthe Weill l'a raconté dans son livre de souvenirs, *Pan ! Dans l'œil !* Le dimanche 2 décembre, on avait accroché les somptueux nus de Modi dans la galerie, et donc deux en vitrine. Le lundi 3, à quatorze heures : vernissage. Comme d'habitude, Mlle Weill avait envoyé des invitations à toute une assemblée de connaisseurs particulièrement choisis. Amateurs d'art, collectionneurs, mais aussi chroniqueurs, critiques, peintres, personnalités. Vers quatre heures, le jour baissant, on illumine la galerie. Intrigué de voir tant de monde dans la boutique, un passant s'arrête, puis deux, puis trois. Une foule de badauds rigolards s'amasse, attirant bientôt les bourgeois qui se détournent de leur chemin pour s'enquérir de l'objet de ce rassemblement. Jamais les scandales artistiques précédents, et Dieu sait combien il y en avait eu, ne les avaient autant choqués ! Affront à la pudeur ! Outrage aux bonnes mœurs ! Crime de lèse-passants bien-pensants et intransigeants sur les lois immuables de ce qu'ils ont décrété devoir être les bonnes manières !

Alarmé par l'attroupement, le voisin d'en face qui n'est autre que le commissaire Rousselot, divisionnaire du quartier, s'émeut :

— Qu'est-ce que c'est que ça ? Un nu !

Un nu est placé juste face à sa fenêtre. Il envoie un agent en civil :

— Monsieur le commissaire vous ordonne d'enlever ce nu.

— Tiens ! Pourquoi ? s'étonne Berthe Weill.

Accentuant, et un ton plus haut, l'agent ajoute :

— Monsieur le commissaire vous ordonne aussi d'enlever celui-ci.

Ni Berthe Weill ni les invités ne comprennent, mais on enlève les tableaux de la vitrine. Dehors, la foule de plus en plus dense devient houleuse. Redoutant une émeute, le commissaire renvoie son agent :

— Monsieur le commissaire vous prie de monter.

— C'est mieux « vous prie », mais vous le voyez, je n'ai pas le temps, fait observer la propriétaire de la galerie.

Haussant le ton, l'agent insiste :

— Monsieur le commissaire vous prie de monter.

Traversant la rue sous les huées et les quolibets de la foule, Berthe Weill se résout à monter chez le commissaire :

— Vous m'avez priée de monter ?

— Oui ! Et je vous ordonne d'enlever toutes ces ordures ! dit-il sur un ton d'une insolence rare et qui ne supporte pas la réplique.

— Mais, il y a des connaisseurs qui ne sont pas de cet avis..., tente timidement la malheureuse galeriste, décontenancée par la hargne du commissaire. Mais qu'ont-ils donc ces nus ?

— Ces nus !... Ils ont des POILS ! beugle alors le commissaire d'une voix tonitruante et les yeux exorbités.

D'une voix que l'on dut entendre de La Courneuve, précise Berthe Weill dans ses souvenirs, et, plastronnant, excité par

283

les rires approbateurs des pauvres types, tassés là, sous le bât, il poursuivit, triomphant :

— Et si mes « ordres » ne sont pas exécutés « de suite », je fais saisir le tout par une escouade d'agents…

On peut imaginer le spectacle : chaque agent de l'escouade tenant un nu de Modigliani dans ses bras… Berthe Weill se résigne à fermer aussitôt sa galerie, et les invités, restés à l'intérieur, aident au décrochage des toiles.

M. Henri Simon, alors ministre des Colonies, Marcel Sembat, Mme Aguttes et diverses autres personnalités marquantes, venaient précisément de partir… Les cris de pudeur effarouchée de cet énergumène dénote évidemment un état maladif, émotif, que la vue de ces nus attise. Si j'ai parlé de La Courneuve, c'est qu'il me revient que, lors de l'explosion qui se fit entendre dans tout Paris, son émotion se manifesta bruyamment sous le coup d'une frousse formidable ; il se contenta, cette fois-là, de gueuler dans la rue pour interdire de répandre la panique… « Ceux qui répandront la panique, je les fous dedans ! », avait-il menacé.

Malgré l'incident, la soirée suivit son cours, mais le cœur n'y était plus. Deux dessins seulement furent vendus, pour 30 francs chacun. Pour dédommager Zborowski, Berthe Weill acheta elle-même cinq toiles. Cette bonne Mlle Weill, à qui les artistes fredonnaient une petite rengaine sur l'air populaire de « Mad'moisell' Rose » en lui apportant leurs œuvres :

Ah ! Mad'moisell' Weill-le,
J'ai un p'tit tableau, un p'tit

Tableau à vous offrir...
C'est pas un' merveil-le
Mais payez-le-moi et j' vous jur'
Qu' ça vous fera plaisir
Mad'moisell' Weill-le...

Il s'en fallut de peu que ce qui devait être une consécration pour Amedeo ne se transformât en déroute totale. Au contraire, l'écho du scandale se répandit dans Paris à la vitesse de l'éclair, lui apportant une publicité et une renommée inespérées. Francis Carco rendit hommage à son audace de peintre :

Il aborde franchement sur la toile ces étonnantes études dont les nudités semblent ne découvrir que certains modelés du ventre, des seins ou le sourire de bouches plus ambiguës qu'un sexe. La souplesse animale, parfois immobilisée, ses abandons, sa faiblesse heureuse, n'ont point encore connu de peintre plus soucieux de les traduire. Ces mains unies ou qui se cherchent, ce mouvement du visage, ces yeux dont l'un déjà clos à l'approche du plaisir, ce doigt, ces cuisses plus tendres que l'appel de deux bras et ce pli délicat qui dissimule la retraite humide de l'amour.

L'ami Zbo qui a toujours partagé avec Amedeo sa noire et douloureuse détresse, qui n'a jamais douté de lui, qui l'aide à vivre au prix de n'importe quel sacrifice, qui aurait vendu sa chemise pour lui, continue à le soutenir et à le défendre.

Pendant les premiers mois de l'année 1918, malgré la guerre qui avait chassé les amateurs d'art, le collectionneur William Kundig achète l'un des nus roses pour 300 francs. D'autres amateurs s'intéressent à Modigliani comme le collectionneur parisien bien connu Roger Dutilleul, dont il fait le portrait. Le célèbre commissaire Zamarron, promu secrétaire général de la Préfecture de police, achète lui aussi différentes toiles. Puis, un banquier du nom de Schnemayer visite l'appartement de Zborowski et, après un long marchandage, lui prend en bloc une série de portraits d'Amedeo. Le collectionneur et critique Gustave Coquiot, toujours à l'affût d'un nouvel artiste, achète trois grands nus. Francis Carco, cinq, à des prix dérisoires, comme il le dira plus tard.

Si les difficultés poussent probablement Amedeo à boire plus que de raison, les bonnes nouvelles n'en sont pas moins prétexte à s'enivrer. Quand après un internement de sept mois à la clinique du docteur Vicq, à Aulnay-sous-Bois, Utrillo débarque chez lui un après-midi, s'ensuivent trois jours de beuveries pour fêter à la fois les retrouvailles et les tableaux vendus, trois jours pendant lesquels ils ne dessoûlent pas, font le tour de tous les bistrots, s'amusent à peindre sur les murs du petit troquet de Rosalie, se font flanquer à la porte de La Rotonde par le père Libion et chasser de La Closerie des lilas pour avoir causé du scandale.

Les affaires commencent à bien marcher. L'espoir renaît. Amedeo travaille comme un fou. Portraits de Jeanne, de Lunia Czechowska, de Léopold Zborowski et de sa femme Hanka, de jeunes filles. Et soudain, coup de tonnerre ! Au mois de mars, Jeanne lui annonce qu'elle va avoir un bébé.

Amedeo est à la fois très heureux et complètement déstabilisé. Certes il aime profondément Jeanne, c'est la femme de sa vie. Mais il ne se sent absolument pas prêt à devenir père de famille, déjà qu'il ne peut pas assurer leur subsistance régulière à tous les deux. Il retombe peu à peu dans un malaise moral qui le ronge intérieurement. Si au moins ce bébé avait patienté encore quelques mois avant d'arriver. Décidément, il ne s'en sort pas. La malchance semble s'acharner sur lui, sur eux, car Jeanne n'est toujours pas réconciliée avec ses parents. Et puis cet atelier, aussi sympathique soit-il en comparaison de tous les taudis où il a vécu jusque-là, n'est tout de même pas l'endroit idéal pour un bébé. Sans compter qu'il est fourbu, éreinté, lessivé, l'hiver, la guerre, trop d'alcool, trop de travail. De toute façon, rien ne vient jamais au bon moment.

En route pour la Côte d'Azur

Les ennuis de santé d'Amedeo s'aggravent. Il a souvent de la fièvre, des crises de toux épouvantables. Le docteur Devraigne, dont il a fait deux portraits, lui conseille un séjour sur la Côte d'Azur. Zbo est bien d'accord. Un séjour au bord de la Méditerranée ne pourrait que lui faire du bien. Et ce serait aussi bénéfique pour Jeanne, fatiguée par son début de grossesse.

En outre, pense Léopold Zborowski, ce voyage pourrait être utile pour la vente de quelques tableaux, car il y a beaucoup de touristes étrangers sur la Côte, même s'ils dépensent généralement davantage au poker et au casino qu'en œuvres d'art. Et le voilà qui se met à rêver de fabuleux clients qui lui achèteraient tous les tableaux d'Amedeo et ceux de Soutine. Il décide qu'on partira au début du mois d'avril, Hanka, Jeanne, Amedeo, Soutine et lui-même. Foujita et sa compagne Fernande Barrey feront aussi partie du voyage. Zbo s'occupe de tout. Du logement, de la nourriture, des frais de voyage, hormis pour Fernande et Foujita qui n'est pas sous contrat avec lui mais avec Chéron. Au dernier moment, Mme Hébuterne mère s'ajoute au groupe.

Blaise Cendrars qui n'apprécie pas beaucoup Zbo écrira injustement dans *Bourlinguer*[1] :

Ce sacré Zborowski qui ne craignait pas de commettre un crime pour faire fortune, avait peur de quelques obus que la grosse Bertha lâchait sur Paris et n'avait qu'une seule envie, celle de ficher le camp. Mais comme Modigliani ne voulait quitter Paris à aucun prix, Zbo eut l'astuce de mener le peintre chez un toubib, lequel déclara à Modigliani qu'il n'en avait pas pour trois mois s'il continuait à boire comme il le faisait. Le médecin avait peut-être raison. Modigliani s'arrêta net, et il se laissa conduire dans le Midi par Zborowski et sa smala.

Au moment de prendre le train, tout le monde attend Amedeo avec une certaine impatience pour monter dans le wagon. Il tarde à les rejoindre. Foujita et Zbo s'inquiètent. Il s'est attardé au bar de la gare pour boire un verre avant de partir. Enfin, il arrive, au dernier moment, juste quand le contrôleur s'apprête à fermer les portes du wagon.

Dans un premier temps, la petite tribu s'installe à Nice, au Pavillon des Trois Sœurs, rue Masséna. Mais bien vite, Amedeo, qui a toujours ressenti la nécessité de briser les contraintes sociales et familiales, se retrouve en conflit permanent avec sa belle-mère. Quelques jours plus tard, il décide de quitter le groupe pour aller s'isoler dans un hôtel. D'abord à l'Hôtel Torelli, 5 rue de France, puis dans un hôtel de passe, au 13 de la même rue. Là, les filles montent facilement dans les chambres

1. Éditions Denoël, 1948.

pour voir les clients, elles lui serviront de modèles. Carco a raconté qu'une de ces filles, heureuse et flattée de poser pour un peintre qui allait lui faire son portrait, comme aux grandes dames, heureuse aussi de s'octroyer quelques heures de répit pour échapper à son tyran de protecteur, avait trouvé refuge chez Amedeo. Le souteneur, qui ne l'entendait pas de cette oreille, avait fini par découvrir le pot aux roses et s'était présenté, menaçant, chez Amedeo pour lui réclamer l'argent des séances de pose, qu'il tarifa bien sûr non pas au prix de séance en vigueur dans les ateliers mais selon les prix et tarifs pratiqués sur le trottoir.

Encore plus misérable, mais content de voir la mer, Soutine avait élu domicile dans un cabanon où il passait ses journées à se brosser les dents. Un jour où Fernande et Foujita l'avaient amené dîner au Pavillon des Trois Sœurs, il s'était tellement gavé de gigot qu'il s'en était rendu malade.

Un soir, rentrant à l'hôtel après une journée fatigante, Amedeo croise Paul Guillaume en compagnie de l'acteur Gaston Modot et de Blaise Cendrars dans les ruelles du vieux Nice. Le voyant un peu hagard, manifestement en manque d'alcool, Blaise, qui travaillait alors comme scénariste aux studios de la Victorine, lui propose de l'argent pour qu'il aille immédiatement « se soûler la gueule », dans l'espoir de fausser compagnie aux deux autres et de l'accompagner au bistrot, fatigué qu'il était, lui aussi, de son travail régulier au studio. Mais, au désespoir de Blaise, Amedeo refusa l'argent.

Quelque temps après, le propriétaire du Pavillon des Trois Sœurs, M. Curel, ne fit plus crédit parce que personne ne payait plus le loyer et décida de mettre tout le monde à la porte. Les trois peintres, Soutine, Modigliani et Foujita, lui proposèrent des toiles pour le dédommager mais il refusa catégoriquement. Dommage pour lui, car le père Curel avait saisi tous les bagages, mais pas les tableaux, cinq ans après pourtant il aurait été millionnaire avec les Modigliani, les Soutine, les Foujita. Le père Curel est mort étranglé par les regrets et par la rage.

Après Nice, la petite compagnie s'installe à Cagnes-sur-Mer. Amedeo fréquente un café accueillant, tenu par une certaine Rose, femme perspicace, drôle et cordiale qui accepte ses dessins en paiement de quelques bons verres de vin. Rose n'a certainement pas la bonhomie ni le savoir-faire de Libion mais elle sait lui faire crédit quand il ne jette plus sur le comptoir les deux rondelles de bronze à l'effigie de Napoléon.

La vie s'organise tant bien que mal pour tout le monde. Même s'il ne peut y faire une escapade à cause de la guerre, Amedeo se sent tout près de l'Italie. Il profite du climat, de la mer et du soleil. Son vieux borsalino sur la tête, il musarde sur la Promenade des Anglais bondée de riches venus sur la Côte pour se mettre à l'abri de la guerre. Il a revu Survage qui est à Nice.

Quant à Léopold, du matin au soir il fait le tour des marchands d'art, des restaurants, des hôtels de luxe, Nice, Cagnes, Saint-Jean-Cap-Ferrat, Beaulieu,

Villefranche-sur-Mer, cherchant à vendre quelques toiles de Modi ou de Soutine mais les clients potentiels et les gens riches ne s'intéressent qu'au casino de Monte-Carlo. Le soir venu, toute la petite famille l'attend à l'arrêt du tram en espérant qu'il a vendu quelque chose. « C'étaient des jours d'angoisse et de rigolade », dira Fernande Barrey. En réalité, ils vivotaient tous grâce aux 125 francs que Chéron envoyait de Paris à Foujita tous les mois. Et les jours passaient dans une relative insouciance, loin des brumes de la capitale et des bruits de la guerre. Il n'y qu'Amedeo qui ne va pas bien. Il lui aurait fallu une vie plus calme, régulière et sereine, libérée des contingences matérielles, mais au lieu de cela, il est perpétuellement en proie à l'angoisse du manque d'argent, démoralisé par la mévente de ses tableaux, tourmenté par l'incertitude de l'avenir, il continue à boire, à fumer sans répit, à faire la noce à tout propos pour se donner des illusions, tenter de tromper l'adversité. Par-dessus le marché, toujours en guerre avec sa belle-mère.

Et finalement, Zbo apporte la bonne nouvelle que tout le monde attendait depuis si longtemps : à Marseille, il a réussi à vendre un lot de toiles au collectionneur et marchand Jacques Netter, et pour un très bon prix. Parmi ces toiles il y avait la *Bambina in azzurro* (« La fillette en bleu »), portrait d'une très gracieuse petite fille de quatre ou cinq ans aux yeux bleus, vêtue d'une robe bleue et blanche, avec un petit ruban rose dans les cheveux. Elle se tient debout dans un coin de chambre, son petit air mélancolique inspirant une grande tendresse. Amedeo exécutera beaucoup de portraits d'enfants, garçons et filles, à cette période. Peut-être est-il inconsciemment inspiré par l'attente du sien.

Cependant, loin d'avoir perdu ses habitudes, il continue à vagabonder de bistrot en bistrot, d'hôtel en hôtel, comme il le faisait à Paris. Les aubergistes lui demandent de partir au bout de quelques jours, lassés d'affronter les récriminations des autres clients qui se plaignent qu'Amedeo les dérange parce qu'il chante trop fort, parce qu'il fait trop de bruit, tard le soir, en rentrant complètement éméché. Jusqu'au jour où Survage lui propose de travailler chez lui.

Puis, il s'installe chez les Osterlind, une famille de peintres scandinaves dont la maison entourée d'oliviers et de rosiers touchait celle de Renoir à Cagnes. À l'époque, le vieux peintre Allan Osterlind, âgé de soixante-dix ans, était au comble de la gloire. Son fils, Anders Osterlind, a raconté avoir vu Zborowski et Modigliani arriver un jour dans son jardin. Malgré son port de prince italien, Amedeo semblait sale et fatigué comme s'il avait été un docker du port de Gênes. Anders avait offert à Amedeo sa meilleure chambre, toute repeinte de frais, propre et blanche, mais cette nuit-là et les suivantes, Amedeo n'avait pas beaucoup dormi. Toussant continuellement, sans cesse assoiffé, il passait ses nuits en buvant directement à la cruche, puis crachait le plus haut possible sur les parois et restait ensuite à regarder la salive retomber. Mais dans cette chambre, il avait fait plusieurs dessins et peint certaines choses remarquables, parmi lesquelles un beau portrait de femme. Il fit aussi le portrait de Mme Osterlind, la belle Rachel aux yeux d'or, qui se consumait lentement d'une tuberculose intestinale, suite d'une grippe espagnole, assise sur un fauteuil à bascule, le visage appuyé languissamment sur sa main droite.

Tous les soirs, Osterlind allait rendre visite dans sa villa Les Collettes à son vieux voisin, Auguste Renoir, à demi paralysé dans son fauteuil à roulettes. Ses pauvres et belles mains d'ouvrier, d'ancien peintre sur porcelaine, étaient tellement percluses de rhumatismes qu'il fallait le moucher et lui ficeler un pinceau dans la main à l'aide de bandelettes quand il voulait peindre, il avait soixante-dix-sept ans.

— Amène-moi un soir chez Renoir, lui avait demandé Amedeo.

Osterlind introduisit donc Modigliani, ce peintre italien méconnu et sans le sou, auprès du célèbre vieux maître. Zborowski les accompagnait. Renoir les reçut très simplement, dans sa salle à manger où on le transportait après son travail. C'était une grande pièce bourgeoise où il y avait quelques toiles de lui sur les murs et un paysage gris et fin de Corot. Renoir était recroquevillé dans son fauteuil, un châle sur les épaules, une casquette sur la tête et le visage enveloppé d'une mousseline pour le préserver des moustiques. Derrière cette sorte de voilette, ses yeux vifs et perçants évaluaient ses interlocuteurs au premier regard. L'un face à l'autre, les deux hommes se jaugeaient. Renoir avec son glorieux passé, Modi avec sa jeunesse maladive et son manque de confiance. D'un côté la joie, le plaisir d'une œuvre lumineuse et sans douleur, de l'autre les tourments d'une autre œuvre née dans la souffrance et le mal de vivre.

Renoir fit apporter quelques toiles.

— Alors vous êtes peintre, vous aussi, jeune homme ! dit-il à Modigliani qui examinait les toiles.

Modigliani ne répondit pas.

— Peignez-vous avec joie, avec la même joie que celle que vous mettez à aimer une femme ?

Modigliani persista dans son mutisme.

— Caressez-vous longtemps vos toiles ?

Modigliani continuait à ne rien dire. Il était sombre.

— Moi je pelote les fesses pendant des jours et des jours avant de terminer une toile.

Modigliani semblait souffrir. Osterlind sentit que la catastrophe était imminente. Elle arriva. Amedeo se leva brusquement, et la main sur le bouton de la porte dit brutalement :

— Moi, monsieur, je n'aime pas les fesses.

Déjà un peu ivre — Zbo avait dû le récupérer dans une taverne du chemin des Collettes avant le rendez-vous —, Amedeo avait mal interprété les propos du vieux peintre et avait eu un sursaut d'orgueil mal placé. Renoir n'avait rien dit, mettant cette façon de faire au compte de cette génération de jeunes peintres qui veulent choquer à tout prix pour se faire remarquer. Il continua à converser avec Osterlind et Zborowski comme si de rien n'était. Zbo lui parla de ses projets, de Soutine et de Foujita. Le vieux peintre lui fit cadeau d'une petite toile en lui disant qu'il pouvait en disposer à sa guise et accepta de recevoir Foujita qui pendant ses études aux Beaux-Arts de Tokyo avait pu peindre des œuvres du maître impressionniste d'après des reproductions. Foujita fut très ému de connaître le vieux maître et de le voir au travail alors qu'il terminait l'une de ses dernières compositions de *Baigneuses*. Renoir lui acheta quelques gouaches et lui rappela combien avait été importante l'influence de l'art japonais à la fin du siècle dernier. « L'art japonais, lui dit Renoir, a complètement modifié ma vision, comme celle de Van Gogh et de Gauguin. »

Au mois de juillet la petite bande se sépare. Foujita et Fernande, Hanka et Léopold, ainsi que Soutine rentrent à Paris. Amedeo, Jeanne et Mme Hébuterne restent sur la Côte. Amedeo brosse des portraits : une petite bonne de Cagnes, Blaise Cendrars, le comédien Gaston Modot, Survage, le notaire de Nice, des portraits de Jeanne, des portraits d'enfants, une maternité : *Zingara con bambino* et quatre paysages d'inspiration cézannienne évoquant la Provence, avec arbres au premier plan sur fond de maisons, *Arbres et maisons, Cyprès et maisons, Paysage à Cagnes, Paysage dans le Midi*. À la lumière de la Provence, ses couleurs se sont éclaircies, fluidifiées et réchauffées.

Parfois, il rend visite au sculpteur russe Alexandre Archipenko qui possède dans le voisinage un grand jardin avec verger et potager où il cueille des fruits et des légumes pour sa famille. À Nice, il rend visite à Survage chez Mme Meyer qui s'y est réfugiée avec ses deux filles, la pianiste virtuose Marcelle Meyer qui entrera dans la liste des pianistes légendaires et sa sœur Germaine, fiancée à Survage. L'acteur Pierre Bertin, futur sociétaire de la Comédie-Française, ami de Max Jacob, qui était devenu le mari de Marcelle depuis l'année précédente et qui connaissait déjà Modigliani pour l'avoir rencontré à Paris, se trouvait aussi à Nice à ce moment-là. Tandis que les hommes conversaient dans l'entrée, Germaine Meyer vint à passer en robe bleu ciel. Les présentations faites, Amedeo exprima aussitôt le souhait de faire le portrait de Germaine, qui accepta et rendez-vous fut pris pour le lendemain.

Le lendemain, Amedeo arrive avec son matériel, demande à Germaine de se mettre au piano — elle joua *Ma mère l'Oye* de Ravel —, et trace les contours de son visage en quelques secondes. En deux séances, le portrait est terminé. Il commença un deuxième portrait mais elle tomba malade — la grippe espagnole d'après Jeanne Modigliani — et dut interrompre les séances de pose. Une quinzaine de jours plus tard, quand elle fut rétablie, Amedeo refusa de reprendre le tableau, dit qu'il ne pouvait pas revenir sur un travail inachevé et qu'il ferait un autre portrait.

Germaine deviendra Mme Survage en 1921.

Le 11 novembre, avec la signature de l'armistice et la cessation des hostilités, tout le monde reprend espoir. C'est l'occasion pour Amedeo et son ami Léopold Survage de fêter l'événement. Ils ne savent pas encore qu'avant-hier, à Paris, la terrible épidémie de grippe espagnole a emporté Guillaume Apollinaire.

Le 29 novembre, à l'hôpital Saint-Roch de Nice, Jeanne met au monde une petite fille qu'ils prénomment comme sa mère, et qu'on appellera Giovanna durant toute son enfance. Amedeo est si heureux qu'il commence par faire la tournée des bistrots avec ses amis. Quand il se présente au bureau de l'état civil pour déclarer la naissance, il est trop tard, le guichet est déjà fermé. Ensuite, il n'y pense plus. L'acte de naissance de la petite Giovanna portera donc seulement le nom de sa mère. Plus tard, lorsqu'elle restera orpheline, elle sera adoptée par sa tante Margherita et portera le nom de Modigliani.

Pendant qu'Amedeo pouponne à Nice, à Paris, Paul Guillaume expose dans sa galerie du 108 rue du Faubourg-Saint-Honoré une trentaine d'œuvres. Quatre Matisse, trois Picasso, quatre Derain, quatre Chirico, quatre Vlaminck, quatre Roger de la Fresnaye, trois Utrillo et quatre Modigliani titrés *Femme au voile*, *La Jolie Ménagère*, *Madam Pompadour*, *Béatrice*. L'exposition, intitulée « Peintres d'aujourd'hui », déclare « présenter quelques œuvres choisies des plus marquants parmi les peintres d'aujourd'hui, c'est tout ce que prétend cette exposition. C'est une affirmation pondérée qui répond dignement aux attaques auxquelles les détracteurs de l'art moderne français s'évertuent en ce moment ».

Le vernissage réunit de nombreuses personnalités, artistes et écrivains connus, collectionneurs et marchands, journalistes et critiques d'art, parmi lesquels Roger Allard, Albert Marquet, le marchand Georges Bernheim, le peintre Jacques-Émile Blanche et son ami André Gide, les grands couturiers Paul Poiret et Jacques Doucet, la journaliste Louise Faure-Favier, Natalia Gontcharova, l'expert en tableaux Joseph Hessel, les collectionneurs Georges Menier, Gertrude Stein et la princesse de Polignac, André Salmon, Louis Vauxcelles.

Malgré sa brève durée, du 15 au 23 décembre, l'exposition aura un grand retentissement dans la presse, intéressera une quinzaine de journaux dont le *New York Herald*. Dans *Paris-Midi*, le peintre Roger Bissière écrit : « C'est une bonne sélection ; il serait beau de voir régulièrement des œuvres d'une telle importance. » Devenu peintre parmi les plus marquants d'aujourd'hui, il n'est pas abusif de dire que Modigliani est désormais considéré à l'égal de Picasso et de Matisse.

Cependant, sur la Côte, Amedeo devenu papa, conscient et fier, semble-t-il, de ses nouvelles responsabilités, essaie de mener une vie un peu plus équilibrée. Il boit moins et travaille avec plus d'ardeur. Mais les premières émotions de la paternité passées, l'enthousiasme décroît. Inexpérience de Jeanne qui ne sait pas s'occuper du bébé, antagonisme permanent avec sa belle-mère qui ne sait pas s'en occuper non plus, les obsessions sont de retour. Félicie Cendrars, la première femme de Blaise, racontera les avoir vus, vers Noël, Jeanne et lui, errer à la recherche d'une nourrice pour la petite fille. Et c'est à une nurse calabraise, affectueuse et douce, que la petite Giovanna sera confiée.

Le 31 décembre 1918, tandis que Jeanne, sa mère et la petite restent à la maison, Amedeo s'en va fêter la nouvelle année avec Survage. Ensemble, ils écrivent à Zborowski :

Minuit Juste.

Mon cher ami,

Je vous embrasse comme j'aurais voulu si j'avais pu... le jour de votre départ. Je fais la bombe avec Survage au Coq d'Or. J'ai vendu toutes les toiles. Envoyez vite l'argent. Le champagne coule à flots. Nous vous souhaitons, à vous et à votre chère femme, les meilleurs vœux pour la nouvelle année. Resurrectio vitae. Hic incipit vita nova.

MODIGLIANI

[Survage ajoute en russe :] *Bonne Année !*

[et en français :] *Vive Nice ! Vive la dernière nuit de la première année.*

SURVAGE

Naturellement l'histoire des tableaux vendus est une invention grinçante d'Amedeo et les demandes d'argent à Zbo continuent, incessantes. De Nice, au mois de janvier 1919, il lui expédie cette missive :

> *Mon cher ami,*
> *Vous êtes un ballot qui ne comprend pas la blague. Je n'ai rien vendu du tout, demain ou après-demain je vous expédierai la marchandise.*
>
> *Maintenant, une chose réelle et très grave vient de m'arriver : on m'a volé mon portefeuille avec 600 francs qu'il contenait, il paraît que c'est une spécialité niçoise. Vous parlez si je suis embêté.*
>
> *Naturellement je suis à sec ou presque. C'est idiot, c'est entendu. Seulement comme ce n'est ni votre intérêt ni le mien que je reste en panne, voilà ce que je vous propose : Envoyez à l'adresse de Sturzwage 500 francs, télégraphiquement... si vous pouvez et je vous rembourserai 100 francs par mois. C'est-à-dire que pendant cinq mois, vous pourrez prélever 100 francs par mois sur ma mensualité. De n'importe quelle façon en somme, je vous tiendrai compte de la dette. Argent à part, la question des papiers m'embête énormément.*
>
> *Il ne manquait plus que ça au moment d'être un peu tranquille... enfin.*
>
> *Malgré tout, ça ne peut rien casser d'essentiel, j'espère. Croyez mon cher à ma loyauté et à mon amitié et avec les souhaits que j'adresse à votre femme, agréez vous-même une cordiale poignée de main.*
>
> MODIGLIANI

Léopold a-t-il reçu la lettre ? Amedeo lui a-t-il laissé le temps de se retourner avant de lui en adresser quelques jours plus tard une seconde, encore plus pressante ?

> *Mon cher Zbo,*
> *Voilà la question, ou, that is the question (voir Hamlet) c'est-à-dire.*

To be or not to be. C'est moi le pécheur ou le con, c'est en-
tendu : je reconnais ma faute (si faute il y a) et ma dette (si
dette il y aura) mais maintenant la question est celle-ci : que je
suis sinon totalement en panne, fortement enlisé. Comprenez-
vous ? Vous avez envoyé 200 francs dont 100 ont dû naturelle-
ment être pour Survage à l'aide duquel je dois de ne pas être to-
talement en panne... mais maintenant...

Si vous me libérez, je reconnaîtrai ma dette et je continuerai
de marcher.

Sinon je resterai immobilisé sur place pieds et poings liés...
quel en sera l'intérêt ?

Il y a actuellement 4 toiles. J'ai vu Guillaume (il s'agit de Paul
Guillaume). J'espère qu'il va m'aider pour mes papiers. Il me
donne de bonnes nouvelles. Tout irait bien sans ce maudit acci-
dent : pourquoi ne pas le réparer immédiatement pour ne pas
stopper une chose qui marche.

J'en ai assez dit, maintenant faites ce que vous voulez ou
pouvez... mais répondez... seulement, ça presse, autrement dit le
temps court.

Je vous embrasse.
Bonjour à Mme Zborowski.

MODIGLIANI

Zbo sait bien que sans papiers et sans argent
Modigliani ne peut pas bouger de la Côte. Comme
toujours, il fait le maximum pour l'aider afin qu'il
ne manque pas du nécessaire et puisse s'occuper de
sa femme et de sa petite fille. Ce que la grand-mère
Hébuterne n'a jamais fait, que l'on sache. Amedeo
remercie Zbo dans un message envoyé de Nice en
février 1919.

Mon cher Zborowski,
Reçu vos 500 francs et merci.
Je vais me remettre au travail interrompu.
Pour toute explication (car on ne s'explique jamais complète-
ment par lettre) il y a eu un « trou ».

302

Reçu une charmante lettre de votre femme.

Je ne veux pas que vous annuliez aucune dette... au contraire. Établissez plutôt, ou établissons si vous voulez un crédit qui répare les vides remplissables que peuvent occasionner des circonstances imprévues. Espère vous voir bientôt à Nice et avant sûrement des nouvelles.

Je vous serre la main.

MODIGLIANI

Tandis qu'ils sont attablés devant une anisette et qu'Amedeo griffonne quelques lignes dans son carnet d'études, Léopold Survage lui demande tout à coup :

— Pourquoi me dessines-tu toujours avec un œil fermé ?

— Parce que avec l'un tu regardes le monde et avec l'autre tu regardes en toi-même.

La plupart des lettres d'Amedeo ne comportant pas de date précise, c'est le contenu du texte qui permet d'en déterminer la chronologie. La lettre suivante est indiquée de Nice, février 1919.

Cher Zbo,

Merci de l'argent. Demain matin, je vous enverrai quelques toiles.

Je m'attèle à faire du paysage. Les premières toiles seront peut-être un peu « novices ».

Tout le reste, bien. Saluez bien Mad. Zborowski. Une poignée de main.

MODIGLIANI

Intercédez auprès de Guillaume pour qu'il m'envoie le « piston » promis pour refaire mes papiers.

Paul Guillaume fera des démarches auprès de l'ambassade pour faire refaire les papiers d'Amedeo, mais c'est finalement son frère Giuseppe Emanuele, député socialise, qui le sortira du pétrin et lui fera obtenir un laissez-passer.

En février 1919, Amedeo écrit encore à Zborowski :

Mon cher Zbo,

Merci de la galette.

J'attends qu'une petite tête, que j'ai faite de ma femme, soit sèche pour vous envoyer (avec celles que vous connaissez) quatre toiles.

Je fais comme le nègre, je continue.

Je ne pense pas qu'on puisse vous envoyer plus de 4 ou 5 toiles à la fois avec la limite du froid (en hiver les toiles séchaient mal et très lentement).

Ma fille se porte admirablement.

Écrivez si ça ne vous pèse pas trop.

Saluez bien de ma part Mad. Zborowski et à vous-même une bonne poignée de main.

MODIGLIANI

Envoyez la toile au plus vite. N'oubliez pas l'affaire de la place Ravignan. Écrivez.

La lettre suivante est datée de Nice, 27 février 1919.

Cher ami,

Merci des 500 et surtout merci de votre promptitude. Je ne vous ai expédié qu'aujourd'hui les toiles (4).

Je vais me mettre à travailler 13 rue de France.

Les circonstances, le changement des circonstances, le changement de saison me font appréhender un changement de rythme et d'atmosphère.

Laissons aux choses le temps de croître et de s'épanouir.

J'ai flâné un peu ces jours-ci : la féconde paresse, le seul travail.

Le bilan Survage se résume : petit cochon. Viendrez-vous au mois d'avril ? La question des papiers vis-à-vis de moi est presque complètement arrangée grâce à mon frère. Je peux matériellement, maintenant, partir quand je veux.

Je suis tenté de rester encore, de ne revenir qu'au mois de juillet.

Écrivez si vous en trouvez le temps et saluez bien de ma part Mad. Zborowski.

Je vous la serre.

MODIGLIANI

L'enfant, très bien.

Par une demande de laissez-passer présentée en mai 1919, on apprend qu'Amedeo habite Villa La Riante, à Cagnes.

Avec la fin de la guerre et la reprise des affaires, le marché de l'art ressuscite. Pour Zborowski aussi les affaires vont de mieux en mieux, on envisage une exposition à Londres pour l'été, il le fait savoir à Amedeo qui envoie aussitôt une carte postale à sa mère, datée de Cagnes, 13 avril 1919 :

Chère maman,
Je suis ici tout près de Nice. Très heureux. Sitôt fixé, je t'enverrai une adresse définitive.
Je t'embrasse très fort.

DEDO

Retour à Montparnasse

Le 31 mai 1919, tout juste un an après son arrivée sur la Côte, Amedeo embrasse tendrement sa femme et sa fille qu'il laisse avec la nourrice calabraise et, muni d'un sauf-conduit de la police de Cagnes en attente de ses papiers définitifs, rentre à Paris, insouciant et regonflé à bloc. S'il les laisse à Cagnes, c'est pour qu'elles puissent continuer à profiter du soleil mais bien un peu aussi pour retrouver une certaine liberté de renouer avec la vie artistique, les amitiés faciles, et Montparnasse. Les rapports d'Amedeo avec Jeanne, qu'il considère comme sa femme, et que les témoins de l'époque ont toujours désignée comme « la femme de Modigliani », sont lisibles à travers tous les tableaux qu'il peint d'elle. Expressions de tendresse, d'estime et de respect, bien différentes de celles des autres modèles. Des maîtresses qu'il a eues, Jeanne est aussi la seule qu'il n'a jamais fait poser nue.

Le 28 juin, la ratification du traité de Versailles met officiellement fin à la guerre. Mais depuis l'armistice, la vie culturelle avait déjà doucement repris ses droits. Les ateliers et les salons s'étaient réanimés. Bistrots, boîtes de jazz, cabarets se multipliaient. Paul Poiret modernisait le costume, Coco Chanel libérait le vêtement féminin. Le Groupe des Six, constitué en 1918, mettait la musique classique à la mode. On se pressait à l'Opéra ou au Châtelet. Les touristes commençaient à affluer dans un Paris en effervescence impatient de reconquérir sa splendeur, de revivre, de balayer les mauvais souvenirs et de s'étourdir.

L'idée d'exposer à Londres met Amedeo dans un état d'euphorie inouï, car il en attend un signe important de reconnaissance pour son œuvre. Il ne se passe pas un jour sans qu'il voie Zborowski pour mettre au point leur « campagne d'Angleterre ». C'est à Lunia Czechowska qui est son modèle et sa confidente qu'il parle de ses espoirs et de ses projets : il rêve d'aller vivre en Italie, près de sa mère, dans une grande maison fleurie et pleine de lumière, avec un grand jardin où sa fille pourrait jouer librement et entendre les soupirs de la mer. Après leurs longues séances de travail, ils se promènent dans Paris, au jardin du Luxembourg, ils vont au cinéma, à La Closerie des lilas, où ils évoquent les heures difficiles des débuts de leur amitié. Une fois, Amedeo emmène Lunia dans un quartier périphérique voir la Goulue, le modèle de son cher Toulouse-Lautrec, oubliée et déchue, qui s'exhibe maintenant dans une cage de baraque foraine avec des fauves. À propos de Soutine, Lunia revoit ce dîner, rue Joseph-Bara, quand le pauvre Chaïm affamé s'était jeté sur le bon repas préparé par Hanka et comment il s'était assoupi. Modigliani en avait profité pour faire son portrait à la lumière des bougies. Une autre fois, Soutine était arrivé chez Zbo avec une grande toile qu'il venait de peindre, de magnifiques fleurs d'automne. Léopold avait eu l'idée de la proposer à Gustave Coquiot qui habitait alors rue de Moscou. Tout le monde était fauché. Ils avaient dû faire mille acrobaties pour réunir les 15 centimes du billet d'autobus. C'était Lunia, qui connaissait Coquiot, qui avait été chargée par la petite bande d'aller chez le collectionneur. Hanka l'avait accompagnée mais n'était pas montée chez le marchand, préférant rester à l'attendre boulevard des Batignolles. Coquiot avait aimé le tableau et l'avait acheté pour 75 francs. Lunia rappelait la fête qui avait suivi et comment Amedeo avait réussi à convaincre Soutine de s'acheter une paire de chaussures. À l'époque, le pauvre garçon marchait encore les pieds entourés de chiffons et de papier.

À cette période, Lunia est le modèle préféré d'Amedeo. Au dos d'un dessin qu'il a fait d'elle, esquissé à la lueur d'une bougie, il inscrit cette phrase qu'il affectionne particulièrement et qui se retrouve sur plusieurs autres de ses dessins :

> *La vie est un don ; de quelques-uns à la multitude :*
> *De ceux qui Savent et possèdent*
> *À Ceux qui ne savent et ne possèdent.*

Le 24 juin, Amedeo reçoit, chez Zborowski, un télégramme de Jeanne qui demande d'urgence de l'argent pour payer la nourrice calabraise et les billets de retour. Elle a décidé de rentrer à Paris. MANQUONS ARGENT VOYAGE ENVOIE TÉLÉGRAPHIQUEMENT 170 F PLUS 30 POUR NOURRICE LETTRE SUIT ARRIVERAI SAMEDI HUIT HEURES RAPIDE PRÉVIENS NOURRICE, écrit-elle. Dans le télégramme, elle n'ajoute pas qu'elle est de nouveau enceinte, elle le lui annoncera de vive voix.

En attendant de trouver une nouvelle nounou, la petite Giovanna a été confiée à Lunia qui la garde et s'en occupe dans l'appartement des Zborowski. Amedeo, qui s'est remis à boire en compagnie d'Utrillo, est interdit d'entrée dans la chambre quand il est ivre. C'est la mère Salomon, la concierge aux yeux de lynx de la rue Joseph-Bara, qui a été chargée de la délicate mission de le surveiller. Il faut dire qu'elle déteste Utrillo.

On les entendait arriver tard dans la nuit, dit Lunia, tous les deux cuits par le vin, chantonnant et rigolant au coin de la rue. Amedeo restait en bas dans la rue pendant des heures, et ça me faisait mal au cœur de le voir si malheureux. Nous n'allumions pas la lumière pour lui faire croire que nous étions déjà couchés, et finalement nous le voyions s'éloigner avec son ami. Parfois je cédais à ses prières, alors il montait à la maison et s'asseyait près de la petite fille, la fixant avec intensité, jusqu'à ce qu'il s'endorme lui aussi.

Pendant les séances de travail d'Amedeo avec Lunia, Jeanne vient parfois les voir. Ses nattes relevées, un sourire discret sur les lèvres, elle salue gentiment, reste un moment avec eux, puis se retire pour se reposer. Sa grossesse la fatigue énormément. Elle ne sort presque plus avec Amedeo quand il va au café car ces endroits sont toujours bondés et enfumés.

Et quand on demande à Modigliani :

— Comment vont ta femme et ta fille ?

Il répond :

— Bien. Elle est fatiguée par la grossesse et préfère rester à la maison pour dessiner. Quant à ma petite Giovanna, elle est à la campagne maintenant, à Chaville près de Versailles.

Lors d'une petite fête familiale avec les Zborowski et Lunia, Amedeo écrit sur une feuille de papier à lignes :

Je m'engage, aujourd'hui 7 juillet 1919, à épouser Mademoiselle Jane Hébuterne aussitôt les papiers arrivés.

En dessous de la signature, Amedeo Modigliani, suivent celles de Léopold Zborowski, Jeanne Hébuterne, Lunia Czechowska.

À la lumière du tempérament instable et de la vie dissolue que menait Amedeo, certains auteurs ont prétendu qu'il avait écrit ce billet, à la hâte, dans un moment d'euphorie, à la veille du départ pour l'Angleterre, où allait se jouer une carte importante dans sa carrière de peintre. On peut plutôt penser qu'avec la fin de la guerre, les communications administratives ayant repris leur cours normal, il avait entrepris des démarches pour épouser Jeanne qui allait lui donner un second enfant, ce qu'il n'avait pu faire auparavant en raison des circonstances.

L'exposition de Londres a lieu du 9 août au 6 septembre 1919, sous le titre « Exposition d'art français 1914-1919 », à la Mansard Gallery, une galerie installée sous les combles du grand magasin Heal & Son's. Elle a été organisée par deux aristocrates anglais, les frères Sitwell, qui sont les propres fils de cette Lady Ida Sitwell dont Amedeo avait fait le portrait d'après photo en 1907. Les trois enfants de Lady Ida, Osbert, Sacheverell et leur sœur Edith, quand ils s'arrêtaient à Paris sur la route de leurs voyages en Italie où ils aimaient passer leurs vacances, avaient connu des œuvres de Modigliani grâce à Sacheverell qui fréquentait Zborowski et Paul Guillaume, et avait acheté un joli dessin de Modigliani. Son frère, Osbert, était éditeur et rédacteur en chef de la revue *Arts and Letters,* qu'il avait créée en 1917. Les deux frères Sitwell avaient donc décidé avec la collaboration de Zborowski d'organiser un échange d'expositions entre Londres et Paris. Jusque-là, seul Picasso avait travaillé à Londres, avec les ballets russes de Diaghilev en mai 1919, pour la création des décors et costumes du *Tricorne*, de Manuel de Falla.

L'exposition rencontre un grand succès auprès du grand public et des intellectuels. Des invitations ont été envoyées à tous les clients du magasin. Cinq cent cinquante affiches, quatre mille programmes et mille trois cents catalogues ont été diffusés. À la fin de l'exposition, on dénombrera vingt-quatre mille cinq cent trente visiteurs. La liste des artistes présents est impressionnante. Au total, trente-neuf, parmi lesquels Picasso, Matisse, Derain, Vlaminck, Marcoussis, Léger, Dufy, Survage, Valadon, Utrillo, Modigliani, Kisling, Soutine, Ortiz de Zarate, Zadkine, Archipenko. Arnold Bennett, journaliste et écrivain anglais, qui préface le catalogue présente 358 œuvres, dont 158 toiles, 19 sculptures et 141 dessins. Les critiques T.W. Earp, Roger Fry, Gabriel Alkin et Clive Bell en font d'enthousiastes comptes rendus. Amedeo Modigliani, avec ses 59 œuvres, est l'artiste le mieux représenté. Neuf tableaux et cinquante dessins qu'on a disposés dans une corbeille d'osier, et que les visiteurs peuvent acquérir pour un shilling pièce. Dans sa préface au catalogue, Arnold Bennett écrit : « Je suspecte fermement les sujets figuratifs de Modigliani de ressembler à d'authentiques chefs-d'œuvre. »

Lors du vernissage, Sandro Mondolfi, le frère d'Uberto, qui est à Londres à ce moment-là, assiste avec beaucoup d'enthousiasme au triomphe de l'ami d'enfance de son père. C'est Modigliani et Utrillo qui font la sensation de ce vernissage. Le jour même, Zborowski télégraphie à sa femme : VENDU PORTRAIT LUNIA MILLE FRANCS À L'ÉCRIVAIN AUTEUR DRAMATIQUE ARNOLD BENNETT.

Pour la première fois depuis la déroute chez Berthe Weill, Amedeo voit des journalistes s'intéresser de près à sa peinture. Parmi les plus passionnés, Osbert Sitwell qualifie ses nus de « fruits de la peinture italienne de la Renaissance inspirés de Giorgione et du Titien ». Roger Fry publie une critique longue et enthousiaste dans *The Athenaeum*. La seule réserve vient du journal *The Nation*, qui tout en accueillant favorablement l'exposition sous la plume de son critique, Clive Bell, dit avoir par ailleurs reçu beaucoup de lettres de lecteurs indignés par la scandaleuse nudité des toiles de Modigliani. Il s'en trouve même un qui pour dire que la vue de tels tableaux encouragerait la prostitution. Tout cela naturellement ne fait qu'ajouter du sel à la réussite et au talent d'Amedeo.

De Paris, Amedeo envoie une carte postale à sa mère le 17 août :

Chère maman,

Merci de ta bonne carte. Je t'ai fait envoyer une revue « L'éventail » avec un article sur moi. J'expose avec d'autres à Londres. J'ai dit qu'on t'envoie les coupures de journaux. Sandro qui est à Londres en ce moment va repasser par Paris avant de retourner en Italie. Ma petite fille qu'on a dû ramener de Nice et que j'ai installée, par ici à la campagne, se porte admirablement. Je regrette de ne pas avoir de photo.

Je t'embrasse bien fort.

DEDO

Osbert Sitwell témoigne : « Mon frère et moi, nous pouvons revendiquer l'honneur d'avoir présenté pour la première fois les tableaux de Modigliani au public anglais. Avant, nous avions déjà eu la possibilité d'apprécier la beauté de ses des-

313

sins, mais ses tableaux furent une véritable révolution. » Les Sitwell qui avaient eu l'occasion d'acheter un tableau pour un prix raisonnable auraient aimé en acquérir d'autres, mais les marchands parisiens, Guillaume et Zborowski, qui possédaient la plus grande partie de son œuvre, se les réservaient pour spéculer.

À Paris, le succès de Modigliani se répand comme une traînée de poudre. L'esprit marchand se met aussitôt à spéculer. On sait le peintre malade. À Londres, la nouvelle que Modigliani a eu un collapsus et qu'il serait bon de suspendre la vente de ses tableaux pour le moment, car naturellement, en cas d'issue fatale, la cotation monterait subitement, parvient à Sacheverell Sitwell sous forme d'un télégramme. C'est Osbert Sitwell qui rapporte le fait, disant qu'en en ouvrant le télégramme, son frère Sacheverell était particulièrement abattu, d'autant plus que Zborowski, lui-même, demandait d'arrêter immédiatement les ventes. « Il y a à se demander, dit Osbert, si ce n'est pas Paul Guillaume qui lui a expédié ce télégramme. » Osbert ajoute avec son humour tout à fait anglais : « Malheureusement, Modigliani ne s'adapta pas au programme qu'on avait bâti pour lui. »

Est-ce Paul Guillaume ? Est-ce Zborowski qui avait orchestré tout cela ? Amedeo lui en avait tellement fait voir et baver.

Lorsqu'en rentrant en Italie Sandro Mondolfi repasse par Paris, Amedeo lui confie pour son frère, Umberto, l'exemplaire de *Ainsi parlait Zarathoustra*, dans lequel il écrit de sa main, en italien, sur la page de garde :

Cher Umberto,
Sandro rapporte
Ainsi parlait Zarathoustra en Italie
Pour toi.
Je t'embrasse très fort.

DEDO

Le succès de Londres, conforté par les intellectuels et les critiques, fait un bien énorme à Modigliani, mais c'est peut-être trop tard. Bien qu'il se sache malade, il ne fait rien pour se soigner, et pis encore, continue sa vie désordonnée de bistrot en bistrot. Ses joues se creusent, ses yeux perdent de leur éclat, il perd ses dents, devient l'ombre de lui-même. De là, accès de colère, vagabondages solitaires sous la pluie, disputes avec Jeanne. Il devient intraitable. André Salmon dira l'avoir vu ivre mort, près du Luxembourg, malmener Jeanne qui voulait le ramener de force à la maison. Elle, fidèle et silencieuse, se tait et encaisse. Ne parvenant pas à le raisonner, elle lui prend la main, et ils repartent, ensemble, serrés l'un contre l'autre, pour de longues errances dans le quartier.

Quand ils ne sortent pas, ils continuent à peindre, chacun de leur côté ou ensemble. En collaboration, ils réalisent en particulier quatre œuvres à l'huile, dont un portrait sur toile de Casimir Hébuterne, le père de Jeanne, un portrait sur carton d'un ami russe, le poète Marc Toloff, un autre portrait de la sculptrice russe Chana Orloff. Au Salon d'automne qui se tient au Grand Palais du 1er novembre à la mi-décembre 1919, Zborowski envoie quatre œuvres d'Amedeo : un nu, deux portraits de jeune fille et un portrait d'homme, mais les tableaux ne rencontrent pas d'acquéreur.

À la fin de l'année, sa santé s'aggrave d'une manière alarmante, la fièvre le dévore, il ne cesse plus de tousser, crache parfois du sang. Dévastant sa poitrine, la tuberculose creuse son impitoyable chemin. Malgré cela, il ne se repose pas, et continue à travailler, enchaînant les tableaux. Des toiles et des dessins de Jeanne, le portrait de Paulette Jourdain, la petite bonne des Zborowski, encore un dernier portrait de Jeanne, et puis son unique autoportrait peint, le seul depuis celui de son enfance au fusain en 1899. Il se représente palette et pinceaux dans la main droite, épuisé, le visage très amaigri, les traits tirés et sans expression, sans regard, ou plutôt le regard tourné en lui-même, comme détaché, comme s'il pressentait la fin. Son dernier tableau sera le portrait du musicien grec, Mario Varvogli.

D'après les historiens de l'art et les biographes, sans compter les dessins, les esquisses, Modigliani a peint environ cent vingt toiles entre 1918 et 1919.

En décembre, il écrit pour la dernière fois à sa mère :

Chère maman,

Je t'envoie une photo. Je regrette de ne pas en avoir de ma fille. Elle est à la campagne : en nourrice.

Je médite, pour le printemps peut-être, un voyage en Italie. Je voudrais y passer une « période ». Ce n'est pas sûr, quand même.

Je pense revoir Sandro. Il paraît que Uberto va se lancer dans la politique... qu'il s'y lance donc.

Je t'embrasse très fort.

DEDO[1]

---

1. *Ibid.*

La joie éternelle

Le vicomte Lascano Tegui, un vieil artiste italien, ami d'Amedeo depuis l'époque héroïque de Montmartre, qui l'aperçoit un soir de janvier 1920, assis sur le perron de l'église d'Alésia, décrit ce que fut l'une de ses dernières sorties :

Une nuit, un soir de janvier, Modigliani, les yeux égarés, vert aqueux, suivait un groupe d'artistes peintres qui venait de quitter La Rotonde. Il était ivre. Les peintres voulurent le conduire chez lui. Mais il n'entendait raison. Derrière eux, à la dérive, prenant pour but le groupe de peintres amis qui disparaissait dans la nuit, Modigliani continuait sa route. Un vent de tempête soufflait dans le creux de son oreille. Sa veste de coutil bleu, une blouse qui ne le quittait pas, flottaient au vent. Il traînait son pardessus comme la peau d'une bête abattue. Dans l'étendue de son hypnose, il contournait les bâtisses du boulevard Raspail ainsi que de sombres coteaux. Le Lion de Belfort dut lui paraître, dans son cauchemar, une des bornes de la fin du monde. Des inconnus passaient près de lui et il rapprochait ses yeux tout près de leur nez pour les regarder. Des grandes masses rouges, des rideaux cramoisis, les figures de ces malades dont Blaise Cendrars peupla le Brésil dans le récit de ses aventures, hantaient la désolation de l'homme ivre. La mer des Sargasses, la mer des absinthes et la mer des anis ballottaient les tables et les chaises en fer sur les terrasses abandonnées des bougnats. Modigliani avait le pied marin, il était aussi ballotté que ces tables par la tempête, mais il se croyait capable de vaincre, corps à corps, l'ouragan. Les phares avaient été éteints dans cette nuit sans étoiles, fille des nuits de la guerre quand Paris n'était plus Paris. Modigliani savait chercher dans l'ombre, la fissure du mur pour s'orienter. Mes amis, les peintres, allaient chez le dessinateur Benito, rue de la Tombe-Issoire, près de la rue d'Alésia. Modigliani les harcela jusqu'à la porte de la maison. Puis, il ne voulut pas monter. Il resta sur le trottoir. À minuit, Modigliani était encore là. Un agent voulut le conduire au poste. Mes amis le dégagèrent. Il repartit avec eux. Ce n'était pas commode. Le delirium tremens, la rage déchaînée apparaissait sur ses lèvres écumeuses. Il en voulait à tout le monde. Pas d'amis ! Pas d'amis ! Et par cette nuit froide, il voulut faire asseoir ses camarades sur un banc qui se présentait, dans son délire, comme l'embarcadère vers des pays miraculeux. Malgré les prières et les conseils, Modigliani resta sur le banc. Il resta tout seul, n'ayant à ses côtés que les grilles de l'église de Montrouge. Le dernier paysage de Modigliani était devant ses yeux effarés.

Il rêve d'Italie.

Il trouve la force de se traîner à La Closerie des lilas car le père Libion, accusé de trafic de cigarettes, avait été contraint de vendre La Rotonde. À La Closerie, il rencontre Louis Latourette qui s'inquiète de sa santé.

— Je vais bien, lui dit Modi, je devrais essayer une cure d'altitude sur la Butte.

La dernière fois qu'il monte à Montmartre, il fait une visite à Suzanne Valadon. Après lui avoir demandé des nouvelles d'Utrillo et tout en buvant, il se met à chanter le *kaddish*, cette prière psalmodiée, que chaque juif retrouve quand il est au plus près du danger, quand il demande pardon des fautes qu'il a commises contre sa propre liberté. Il rend visite à André Derain qui fait un portrait de lui le représentant en train de peindre une merveilleuse petite toile, l'expression d'Amedeo, lointaine et douloureuse, semble déjà un suprême et conscient adieu à la vie.

Ce mois de janvier, voyant Amedeo si malade, Ortiz de Zarate qui habite au-dessus de lui, rue de la Grande-Chaumière, lui fait porter du charbon chaque semaine. Puis il s'absente. À son retour, une huitaine de jours plus tard, il le trouve au plus mal, couché avec sa femme sur un grabat d'une saleté repoussante :

— Au moins, manges-tu ? lui demande Ortiz.

Au même moment, la concierge lui apportait une boîte de sardines. Et Ortiz se rend compte que les deux matelas et le plancher étaient maculés de plaques huileuses, que des boîtes et couvercles vides jonchaient le sol. Modigliani, déjà moribond, mangeait des sardines depuis huit jours ! Ortiz demande à la concierge d'aller préparer un pot-au-feu et fait appeler un médecin en qui il a toute confiance.

— L'hôpital, immédiatement, conseille le médecin.

Tandis que le médecin et Ortiz le conduisent à l'hôpital de la Charité, Amedeo murmure d'une pauvre voix éraillée à l'oreille de son ami :

— Je n'ai plus qu'un petit morceau de cerveau... Je sens bien que c'est la fin... J'ai embrassé ma femme, et nous sommes d'accord pour une joie éternelle.

Pendant son transport à l'hôpital, Amedeo murmura encore à plusieurs reprises :

— *Cara Italia* [chère Italie].

La méningite tuberculeuse qui le minait depuis si longtemps empira subitement. Le soir du samedi 24 janvier, à 20 h 50, sans souffrir, car on l'avait fait dormir avec une piqûre, Amedeo rejoignait le paradis des sculpteurs.

Prévenu, son frère Giuseppe Emanuele adresse un télégramme à Zborowski le matin du 26 janvier : COUVREZ DE FLEURS. POURVOYEZ TOUT. REMBOURSERONS. MILLE EMPRESSEMENTS. MODIGLIANI.

C'est Hanka et Ortiz qui apportèrent la triste nouvelle à Jeanne. Elle était proche de son terme. Ils restèrent longtemps avec elle. La petite Paulette Jourdain l'accompagna dans un hôtel de la rue de Seine où elle passa la fin de la nuit.

Le lendemain matin, elle se rendit à la Charité avec son père pour voir Amedeo. Moïse Kisling et un autre peintre de ses amis, Conrad Moricand, avaient essayé sans y parvenir de réaliser un calque de son visage. Finalement, avec des débris de plâtre, Lipchitz fit douze moulages qui furent distribués aux amis de Modigliani et aux membres de sa famille. Un rabbin avait dit les prières des morts.

Lorsqu'elle entra dans la chambre où il reposait, Jeanne s'approcha, le regarda longuement, puis, selon Francis Carco, se coupa une mèche de cheveux qu'elle mit sur la poitrine de son bien-aimé et sortit sans un mot pour rejoindre les Zborowski et les amis qui l'attendaient. Dans l'après-midi, elle rentra chez ses parents, rue Amyot.

André Hébuterne, le frère de Jeanne, passa une grande partie de la nuit suivante avec elle, dans sa chambre, pour lui tenir compagnie. Mais à l'approche de l'aube, il avait dû s'endormir, et Jeanne saisit ce moment pour se jeter par la fenêtre du cinquième étage.

D'après Jeanne Modigliani, sa mère se serait tuée à l'aube du lundi 26 janvier comme le dit André Hébuterne et non le 25 comme il est inscrit sur sa pierre tombale du cimetière du Père-Lachaise.

Le corps de Jeanne Hébuterne avait été ramassé dans la cour par un cantonnier et transporté sur le palier du cinquième étage, chez ses parents. Épouvantés, ils n'avaient pas voulu ouvrir la porte. Le corps fut alors chargé sur une carriole jusqu'à l'atelier de la Grande-Chaumière où la concierge dit qu'elle n'était pas « officiellement locataire » et qu'il fallait l'amener au commissariat de police. Le corps y resta toute la matinée avant qu'on donne l'ordre de le ramener à l'atelier de la rue de la Grande-Chaumière.

Une amie de Jeanne de l'École des arts décoratifs et de l'Académie Colarossi, Chantal Quenneville, et la femme de Fernand Léger allèrent à l'atelier. La vue de la jeune fille, tellement douée, tellement absolue dans son amour pour Amedeo, les bouleversa. Jeanne Léger alla chercher une infirmière pour l'habiller.

Les funérailles de Modigliani furent imposantes. La famille d'Amedeo n'ayant pas eu la possibilité de se procurer des passeports, car l'Italie était toujours en guerre, c'est Moïse Kisling qui avait organisé une collecte auprès des amis pour les obsèques.

Quelques années après la mort d'Amedeo, Margherita écrira à l'éditeur Giovanni Scheiwiller pour le supplier de l'aider à détruire la rumeur ridicule, qui avait coûté tant de larmes à sa pauvre mère, et selon laquelle la famille Modigliani aurait laissé son pauvre frère à l'abandon après sa mort.

Vous, monsieur Scheiwiller, vous répétez la phrase que tout le monde répète : que Kisling l'a sauvé de la fosse commune en lui payant une place au Père-Lachaise. Cela a été vrai seulement tout de suite après sa mort. Le pauvre Dedo est mort moins de trois mois après l'armistice quand il était encore très difficile de se procurer un passeport pour l'étranger.

En Italie, la guerre ne s'était pas terminée comme en France, en 1918. L'armistice italien avec l'Allemagne avait été signé le 28 juin 1919, mais sur les autres fronts, la guerre s'était poursuivie jusqu'en novembre.

Le mardi 27 janvier, plus d'un millier de personnes suivaient, dans un silence impressionnant, le corbillard fleuri tiré par quatre chevaux noirs.

Tous les amis de Modigliani étaient là : Max Jacob, André Salmon, Moïse Kisling, Chaïm Soutine, Constantin Brancusi, Ortiz de Zarate, Gino Severini, Léopold Survage, Jacques Lipchitz, André Derain, Fernand Léger, André Utter, Suzanne Valadon, Maurice Utrillo, Kees Van Dongen, Maurice de Vlaminck, Foujita, la malheureuse Simone Thiroux, les modèles et beaucoup d'autres. Voyant la police arrêter la circulation aux carrefours, Pablo Picasso murmura à l'oreille de Francis Carco :

— Tu vois, maintenant, il est vengé.

Léon Indenbaum dit :

— Au fond, Modigliani s'est suicidé.

En silence, Léopold Zborowski repensait que peu de temps avant de mourir, Amedeo lui avait dit : « Ne vous tourmentez pas. En Soutine, je vous laisse un homme de génie. »

Ortiz de Zarate comprenait tout à coup la petite phrase d'Amedeo dont le sens lui avait tout d'abord échappé et qu'il avait mise au compte du délire : « Nous sommes d'accord pour une joie éternelle. »

Tout Montmartre et tout Montparnasse, même les garçons de café qui l'avaient si souvent mis à la porte des tripots, tout le monde était au Père-Lachaise, ses amis, ses ennemis, ses admirateurs. « Que de fleurs ! La guerre était finie et nous ne voulions pas avoir l'air triste, nous qui étions habitués à la mort », témoignera Chantal Quenneville.

Lunia Czechowska, qui n'était pas à Paris, n'apprendra la triste nouvelle qu'en septembre 1920.

Le jour même des funérailles d'Amedeo, la galerie Devambez, place Saint-Augustin, tenue par le beau-père de Georges Chéron, exposait une vingtaine de tableaux de Modigliani. Étaient-ils de la brève période où Amedeo avait été chez Chéron ? Provenaient-ils de chez Zborowski qui, pressentant la fin d'Amedeo, les aurait proposés à Chéron ? Personne ne le sait. Nombreuses sont les lacunes dans la vie d'Amedeo Modigliani, nombreuses les anecdotes qui ont été racontées. À quels épisodes faut-il croire pour comprendre sa vie ? Même parmi ses amis les plus intimes, ceux qui le connurent et le fréquentèrent, il n'en fut pas un seul pour dire quelles étaient ses véritables intentions, ses désirs les plus secrets, ses ultimes confidences. Ainsi se fit la légende.

D'après Chantal Quenneville, l'enterrement de Jeannette fut bien différent de celui de l'homme qu'elle avait adoré. Ses parents ne voulaient voir personne. Ils avaient fixé la cérémonie à huit heures du matin, mais quelqu'un avait réussi à le savoir. Sous un ciel gris et froid, Zborowski, Kisling, André Salmon et leurs femmes dans un taxi, les parents et le frère de Jeanne, Chana Orloff et Chantal Quenneville dans un autre taxi, suivirent interminablement le corbillard misérable jusqu'au cimetière de Bagneux.

C'est seulement un an plus tard, grâce aux interventions conjuguées de Giuseppe Emanuele Modigliani et de Jeanne Léger, qui parviendront à convaincre la famille Hébuterne, que Jeanne, rejoignant son Amedeo au Père-Lachaise, sera déposée dans le même tombeau. Une simple pierre blanche rectangulaire recouvre le tombeau d'Amedeo Modigliani et de sa compagne. Les plaques commémoratives sont gravées en italien :

AMEDEO MODIGLIANI

PEINTRE

NÉ À LIVOURNE LE 12 JUILLET 1884

MORT À PARIS LE 24 JANVIER 1920

LA MORT LE FRAPPA

AU MOMENT OÙ

IL ATTEIGNAIT LA GLOIRE

JEANNE HÉBUTERNE

NÉE À PARIS LE 6 AVRIL 1898

MORTE À PARIS LE 25 JANVIER 1920

D'AMEDEO MODIGLIANI

COMPAGNE DÉVOUÉE

JUSQU'À

L'EXTRÊME SACRIFICE

Les Zborowski ont continué à s'occuper de la petite Giovanna. Le 31 janvier 1920, dans une très longue lettre à Giuseppe Emanuele, Zbo écrit :

... Maintenant, c'est moi qui m'occupe d'elle. Mais pour remplacer les parents, vous êtes le seul. Ma femme et moi, nous la prendrions volontiers pour notre fille, mais Amedeo exprimait toujours le désir qu'elle soit élevée en Italie dans sa famille. Soyez tranquille absolument pour la petite. Dans quelques jours, j'irai la voir avec ma femme. En tout cas, elle est en très bonne santé et elle commence à marcher...

Le retour de Giovanna à Livourne dans sa famille paternelle ne fut pas aisé. La fillette, restée orpheline de père et de mère, n'ayant été inscrite ni à l'état civil de Nice, son lieu de naissance, ni à Paris où résidaient ses parents, n'apparaissait nulle part comme la fille de Modigliani. D'autre part, sa tante Margherita, qui voulait l'adopter, n'étant pas mariée et déjà âgée de quarante-six ans, était considérée comme une vieille fille.

Lors d'un voyage à Paris, Giuseppe Emanuele Modigliani rencontra Achille Casimir Hébuterne, un petit homme inoffensif avec sa redingote et sa barbichette, un typique brave homme aux idées étriquées. Son comportement envers Amedeo lui avait été inspiré par stupidité et incompréhension absolue plus que par méchanceté. Giuseppe Emanuele parvint à le convaincre de l'aider dans ses démarches pour faire entrer Giovanna en Italie.

Plus tard Giovanna retrouvera cette déclaration notariée, datée du 28 mars 1923 :

Procès-verbal de déclaration devant notaire

Par-devant Maître Maxime Aubron, notaire à Paris, soussigné. Ont comparu :

Monsieur Achille Casimir Hébuterne, chef de comptabilité et Madame Eudoxie Anaïs Tellier, son épouse, qu'il autorise, demeurant ensemble à Paris, rue Amyot N°8.

Lesquels ont requis le notaire soussigné de recevoir leurs déclarations faites ci-après :

327

Nous déclarons et attestons pour vérité, dans le but que nos déclarations puissent être présentées, tout aussi bien aux autorités judiciaires qu'administratives ; en France et en Italie, aux effets que nous allons expliquer ce qui suit.

De notre mariage est née, le six avril mille huit cent quatre-vingt-dix-huit, une fille Jeanne Hébuterne qui, de son vivant et jusqu'à l'âge dont on parlera, a habité avec nous à Paris. Dans le mois de juillet de l'année mille neuf cent dix-sept, notre fille connut un peintre italien nommé Amédée Modigliani de Livourne qui habitait Paris. Ils devinrent amoureux l'un de l'autre...

Après des multitudes de formalités, démarches administratives, judiciaires et notariales, entre Paris et Nice, et avec l'aide d'Alberto, un frère aîné d'Eugénie qui habite Marseille et qui aura la garde de l'enfant en attendant la solution légale, Giuseppe Emanuele finira par obtenir la reconnaissance de Giovanna par l'état civil et l'autorisation d'emmener la petite fille, qui portera désormais le nom de Modigliani, en Italie.

Après la mort d'Amedeo, les vernissages d'expositions s'enchaînent sur un rythme incroyable. Galerie L'Évêque en 1921, Bernheim-Jeune en 1922, Bing en 1925, Zborowski en 1927, trente-sept toiles à la Galerie De Hauke & Co. à New York en 1929. Suivent des expositions à Los Angelès, Boston, et en d'autres villes américaines.

Obligé de se réfugier à Paris en 1924, à la suite de l'assassinat de Giacomo Matteotti, par les fascistes de Mussolini, Giuseppe Emanuele aura l'occasion de constater, en rendant visite aux marchands d'art, qu'il était pratiquement impossible d'acheter un Modigliani tant les prix demandés pour les toiles de son frère étaient élevés.

Il n'y a que l'Italie qui refusera longtemps de reconnaître le talent de Modigliani. La première exposition en Italie, rétrospective d'une douzaine d'œuvres à la XIIIᵉ Exposition internationale d'arts de Venise, attire les plus féroces critiques et se solde par un échec total. Les premiers critiques italiens qui ont compris l'œuvre de Modigliani sont Paolo d'Ancona avec ses articles enthousiastes en 1925 et Giovanni Scheiwiller qui publie une monographie illustrée du peintre en 1927.

Alors que le monde entier admire l'œuvre de Modigliani, il faudra attendre l'année 1930 pour que la XVIIᵉ Biennale de Venise consacre enfin le peintre dans son propre pays. Et c'est en compagnie de Giovanni Scheiwiller que la petite Giovanna Modigliani, alors âgée de douze ans, main dans la main de sa tante Margherita, découvre pour la première fois les magnifiques tableaux de son père.

ANNEXES

1884. 12 juillet : Naissance d'Amedeo Clemente Modigliani dans une famille juive et cultivée de la bourgeoisie livournaise, quatrième des quatre enfants de Flaminio Modigliani et Eugénie Garsin. Il est surnommé Dedo. Les autres enfants : Giuseppe Emanuele deviendra avocat et député socialiste. Margherita deviendra institutrice et adoptera la petite Jeanne, fille d'Amedeo et de Jeanne Hébuterne, après la mort de ses parents. Umberto deviendra ingénieur des mines.

1885. Les affaires familiales dirigées par Flaminio Modigliani et ses frères périclitent, tant à Livourne qu'en Sardaigne où ils possèdent des bois, des mines et une ferme. La famille tombe dans une grande gêne financière.

1886. Suite aux difficultés commerciales de son mari, Eugénie élève seule ses quatre enfants et, pour subvenir à leurs besoins, crée avec sa sœur, Laure Garsin, et un ami, le professeur Rodolfo Mondolfi, une petite école privée.

1887. Dès l'âge de trois ans, le petit Dedo fait de longues promenades avec son grand-père maternel, Isaac Garsin, homme très érudit qui commence à l'initier à la philosophie. Leur complicité, très importante pour la formation du petit Amedeo, va durer jusqu'à la disparition d'Isaac en 1894.

1895. Dedo attrape une pleurésie pendant l'été et commence à dessiner, se lie avec Uberto, le fils du professeur Mondolfi, de sept ans son aîné, avec qui il dessine et peint. À la rentrée scolaire, il fréquente le lycée Guerrazzi de Livourne. Uberto Mondolfi deviendra maire de Livourne.

1897. Année scolaire catastrophique pour Dedo qui sera reçu de justesse à ses examens. Parallèlement, il fait son *miniam*, entrant ainsi dans la communauté hébraïque des adultes.

1898. Marqué douloureusement par la disparition d'une amie de vacances en Sardaigne, des suites d'une méningite, il fera son portrait d'après une photographie, sans doute le premier tableau signé d'Amedeo Modigliani. Autre drame familial, le frère aîné, Giuseppe Emanuele, avocat, est arrêté pour subversion lors d'une manifestation socialiste, et condamné à six mois de prison. Atteint d'une typhoïde suivie de complications pulmonaires, il déclare à sa mère qu'il veut « peindre et dessiner », et n'aura de cesse qu'en obtenant son inscription à l'atelier du peintre Guglielmo Micheli, impressionniste italien du mouvement des *macchiaioli*.

1899. Travaille avec ardeur, donne de bons résultats à l'atelier, abandonne définitivement les études de lycée pour se consacrer entièrement à la peinture. Chez Micheli, se lie plus particulièrement avec certains de ses camarades, Gino Romiti, Llewelyn Lloyd, Renato Natali, Oscar Ghiglia, qui deviendront par la suite des artistes connus et appréciés.

1900. À la suite d'une nouvelle crise de pleurésie, les médecins diagnostiquent une tuberculose et conseillent un séjour de convalescence dans le Sud.

1901. Accompagné de sa mère, découvre Naples, Amalfi, Capri, Rome et Florence ; visite les églises, les musées, les monuments. Il est pris d'un grand enthousiasme pour la sculpture. Pendant ce voyage, il écrira cinq lettres à Oscar Ghiglia, d'une importance capitale pour comprendre son cheminement.

1902. En mai, s'inscrit à l'École libre de nu de l'Académie de Florence, dans l'atelier de Giovanni Fattori, chef de file des impressionnistes toscans, les *macchiaioli*, et qui avait été le maître de Guglielmo Micheli. Il y retrouve Oscar Ghiglia et Llewelyn Lloyd.

1903. En mars, s'inscrit à l'École libre de nu de l'Académie de Venise qu'il ne fréquentera pas beaucoup, préférant dessiner dans les cafés. Visite frénétiquement les musées, la Biennale de Venise, va aux concerts, et s'encanaille avec la jeunesse vénitienne. Il restera à Venise trois ans, entrecoupés de nombreux allers-retours à Livourne, y rencontrera les peintres Ardengo Soffici et Manuel Ortiz de Zarate qui, ayant déjà eu une expérience parisienne, l'initieront aux nouvelles tendances et susciteront en lui le violent désir de se transférer à Paris.

1906. Arrive à Paris au début de l'année, s'installe dans le quartier de la Madeleine où se trouvent les plus importantes galeries de l'époque. Visite musées, galeries, découvre Picasso, et s'inscrit à l'Académie Colarossi. Puis, loue divers ateliers à Montmartre, fréquente les bistrots de la Butte, rencontre Picasso, Max Jacob, Gino Severini, et toute la bohème montmartroise. Assiste à la rétrospective Gauguin au Salon d'automne.

1907. Modigliani rencontre son premier mécène, le docteur Paul Alexandre, qui l'aide et l'encourage en lui achetant quelques toiles et dessins. Fréquente le Delta, un phalanstère d'artistes créé par le docteur Alexandre et son frère, Jean. Se rend quelques jours en Angleterre, semble-t-il pour une exposition. À la fin de l'année, participe avec deux toiles et cinq aquarelles au Salon d'automne. Mais sa situation financière se dégrade : il change souvent d'adresse et commence à boire d'une manière scandaleuse, notamment en compagnie de Maurice Utrillo.

1908. En mars, expose six œuvres au Salon des Indépendants. Fréquente assidûment l'Académie de nu Ranson, commence à sculpter la pierre en taille directe. Sa santé s'étant affaiblie, il se rabat sur le bois. Ses finances vont de plus en plus mal. Il se résigne à voler le matériau sur les chantiers avec la complicité d'amis ou d'ouvriers.

1909. S'installe à la Cité Falguière à Montparnasse. Rencontre le sculpteur roumain Constantin Brancusi. De plus en plus préoccupé par sa santé, il passe l'été à Livourne, qu'il retrouve avec plaisir. Mais ses amis, restés à son sens de petits bourgeois provinciaux, le déçoivent. Grâce à son frère, Giuseppe Emanuele, trouve un endroit pour sculpter le marbre, près de Carrare.

1910. Participe avec six œuvres, toiles et dessins, au Salon des Indépendants. Même si la critique lui est favorable, il n'a toujours pas d'acheteur, hormis Paul Alexandre. Tout ce qui compte d'art moderne à Paris est alors influencé par « l'art nègre ». Il en subit un peu le contrecoup mais refuse de s'intégrer aux courants à la mode et suit son cheminement personnel. Sans abandonner la peinture, il va se consacrer à la sculpture.

1911. Liaison et histoire d'amour romantique avec la poétesse russe Anna Akhmatova. En mars, première exposition personnelle d'un ensemble de sculptures et dessins dans l'atelier du peintre Amadeo de Souza Cardoso. À l'automne, séjour en Normandie avec sa tante, Laure Garsin, avec laquelle il entretient une complicité littéraire.

1912. Démotivé par son manque d'argent chronique, il s'aigrit devant la misère et se tue au travail. Au Salon d'automne, expose sept têtes en pierre, dont certaines sont reproduites dans la presse spécialisée.

1913. Le marchand Georges Chéron lui commande quelques tableaux, mais leur collaboration sera brève. Anémié, il retombe gravement malade. Ses amis organisent une collecte pour lui permettre de partir se reposer en Italie. Ce sera son dernier voyage à Livourne. Il passe une bonne partie de son séjour à sculpter. Ses anciens compagnons ne comprennent pas ses sculptures et lui conseillent de les jeter dans le canal. Ses forces l'abandonnent, sa tristesse augmente, il rentre à Paris où il se soûle de désespoir et se résout à abandonner la sculpture. Fréquente Foujita, Krémègne, Kisling, Soutine.

1914. Se remet à la peinture avec acharnement, rencontre le marchand Paul Guillaume qui le prend sous contrat, et la journaliste et poétesse anglaise Béatrice Hastings, avec qui il va vivre pendant deux ans une passion houleuse et désastreuse. À la déclaration de guerre, tous ses amis partent au front. Lui est réformé pour des raisons de santé. Il en conçoit amertume et culpabilité, et se réfugie un peu plus avant dans l'alcool.

1915. Vit entre Montmartre et Montparnasse, réalise beaucoup de portraits, en particulier des amis peintres et poètes, et de Béatrice Hastings. À Montparnasse, fréquente la cantine que Marie Vassilieff a installée dans son atelier pour les artistes restés à Paris.

1916. Rupture avec Béatrice Hastings. Participe à diverses expositions collectives à New York, Zurich, Paris, où il expose aux côtés de Chirico, Derain, Matisse, Kisling, Ortiz de Zarate, Picasso, et à des soirées littéraires et musicales animées par Blaise Cendrars et Jean Cocteau. Y rencontre le poète et marchand d'art polonais Léopold Zborowski. Sur le plan sentimental, aventure sans lendemain avec une jeune Québécoise, dont il refusera de reconnaître l'enfant. En fin d'année, fait la connaissance de Jeanne Hébuterne.

1917. Très admiratif de sa peinture, Zborowski devient son mécène, lui offre un contrat, le loge, lui loue divers ateliers, lui procure des modèles, l'accueille chez lui pour peindre, organise sa première exposition personnelle publique à la galerie Berthe Weill, qui fait scandale. Lors du vernissage, la police fait décrocher les nus exposés en vitrine pour outrage à la pudeur. Jeanne Hébuterne, élève à l'Académie Colarossi, est devenue sa compagne attitrée, Zborowski les installe rue de la Grande-Chaumière.

1918. Grâce aux efforts de Zborowski, commence à vendre de la peinture. Sa santé continue à décliner. Au printemps, Zborowski décide un séjour sur la Côte d'Azur. Soutine et Foujita font partie du voyage. Y retrouve Cendrars, Survage, Paul Guillaume. Sur la Côte, rencontre Anders Osterlind qui l'introduit chez Auguste Renoir. Le 29 novembre, Jeanne Hébuterne lui donne une fille qui sera prénommée Giovanna. Fait beaucoup de portraits d'enfants. En décembre quatre œuvres exposées avec succès par Paul Guillaume.

1919. Fête le nouvel an avec Survage. Se trouvant sans papiers, sans argent à la suite du vol de son portefeuille, sera dépanné par Zborowski. Rentre à Paris le 31 mai. Rejoint par Jeanne et la petite le 24 juin. Le 7 juillet, s'engage par écrit et devant témoins à épouser Jeanne. En août, participe avec grand succès à une exposition collective à Londres. Travaille intensément.

1920. Transporté à l'hôpital à bout de forces, meurt le 24 janvier. Le 26, Jeanne se suicide en se jetant par une fenêtre. Modigliani est inhumé au cimetière du Père-Lachaise. À la demande de la famille Modigliani, Jeanne sera déposée dans le même tombeau l'année suivante. La petite Giovanna sera confiée à sa grand-mère paternelle, Eugénie, puis adoptée par sa tante Margherita et vivra dans la famille Modigliani.

Les extraits de la correspondance d'Amedeo Modigliani proviennent des Archives légales Amedeo Modigliani.

Les textes de Paul Alexandre, Alfred Boucher, Georges Cheron, Jacob Epstein, Giovanni Fattori, Gabriel Fournier, Stanislas Fumet, Anna Andreevna Gorenko, Paul Guillaume, Max Jacob, Augustus John, *in Chiaroscuro*, Jonathan Cape, Londres, 1954, Jacques Lipchitz, Llewelyn Lloyd, *in Tempi Andati*, Fabio Mauroner, Bruno Miniati, Fernande Olivier, Ubaldo Oppi, Henri Ramey, *in Trente ans de Montparnasse*, Gino Severini, *in La vita di un pittore*, Edizioni La Comunità, Milan, 1965, Ardengo Soffici, Gertrude Stein, *in Picasso*, Dover Publications, New York, 1984, Lascano Tegui, Rosalia Tobia, André Warnod, Berthe Weill, Léopold Zborowski sont extraits de Christian Parisot, *Modigliani, Biographie*, Canale Arte Edizioni, Turin, 2000, et traduits par Christian Parisot.

ALFRED WERNER, *Ars Mundi*, 1987.

BILLY KLÜVER et JULIE MARTIN, *Kiki et Montparnasse*, Paris, Flammarion, 1989

JEANNE MODIGLIANI, *Modigliani, une biographie*, Paris, Éditions Adam Biro, 1990

JEAN-MARIE DROT, *Les Heures chaudes de Montparnasse*, Paris, Hazan, 1995

JEAN-PAUL CARACALLA, *Montmartre, gens et légendes*, Paris, Pierre Bordas & Fils, 1995

CHRISTIAN PARISOT, *Amedeo Modigliani, itinéraire anecdotique entre France et Italie*, Paris, ACR Édition, 1996

Modigliani, 1884-1920, sous la direction de Jean-Luc Chalumeau, Cercle d'art, 1997

Philippe Dagen, *Le Peintre, le poète, le sauvage, les voies du primitivisme dans l'art français*, Flammarion, 1998

Catalogue de l'exposition « Le Fauvisme ou l'épreuve du feu », Paris, Paris musées, 1999

Doris Krystof, *Modigliani*, Taschen, 2000.

Catalogue de l'exposition « L'École de Paris », Paris, Musée d'art moderne, 2000

Catalogue de l'exposition « La Création du monde, Fernand Léger et l'art africain », Genève, Adam Biro, 2000

Alexander Frances, *Amedeo Modigliani*, Parkstone, 2000

C. Parisot, *Modigliani*, Amateur, Paris, 2001.

C. Parisot, *Modigliani*, Editions Pierre Terrail, Paris, 2001.

C. Parisot, *Modigliani, Biographie*, Canale Arte Edizioni, Turin, 2000.

Catalogue de l'exposition « Matisse — Picasso », Paris, Réunion des musées nationaux, 2002

Catalogue de l'exposition « Modigliani : l'ange au visage grave », Skira Seuil, 2002.

Jeanine Warnod, *L'École de Paris*, Arcadia Éditions, 2004

Remerciements

Pour la coordination artistique et historique, Monique Rosenthal et Benito Merlino

Laure Nechtschein Modigliani —Paris

Modigliani Institut Archives Légales — Paris

Archives artistiques Foujita — Sylvie Buisson — Paris

Musée du Montparnasse — Paris

Casa Natale A. Modigliani — Livorno

Studio Corrado Colombo — Torino

Archives L. Lachenal-Ritter — Paris

Les éditions Gallimard remercient Giacomo Canale — Borgaro et Canale Arte Edizioni — Borgaro (Turin) ainsi que Christian Parisot, Directeur des Archives légales Amedeo Modigliani, pour l'aimable autorisation accordée pour la reproduction des textes extraits de *Modigliani*, *Biographie*, Christian Parisot, Canale Arte Edizioni, Turin, 2000.

ANNEXES

FOLIO BIOGRAPHIES

Balzac, par FRANÇOIS TAILLANDIER
Jules César, par JOËL SCHMIDT
James Dean, par JEAN-PHILIPPE GUERAND
Billie Holiday, par SYLVIA FOL
Kafka, par GÉRARD-GEORGES LEMAIRE
Pasolini, par RENÉ DE CECCATTY
Modigliani, par CHRISTIAN PARISOT
Virginia Woolf, par ALEXANDRA LEMASSON

À paraître au premier semestre 2006

Attila, par ÉRIC DESCHODT
Josephine Baker, par JACQUES PESSIS
Baudelaire, par JEAN-BAPTISTE BARONIAN
Cézanne, par BERNARD FAUCONNIER
Freud, par CHANTAL et RENÉ MAJOR
Gandhi, par CHRISTINE JORDIS
Ibsen, par JACQUES DE DECKER
Michel-Ange, par NADINE SAUTEL
Rimbaud, par JEAN-YVES MASSON

Composition Nord Compo
Impression Maury
à Malesherbes, le 3 octobre 2005
Dépôt légal : octobre 2005

ISBN 2-07-030695-X/Imprimé en France